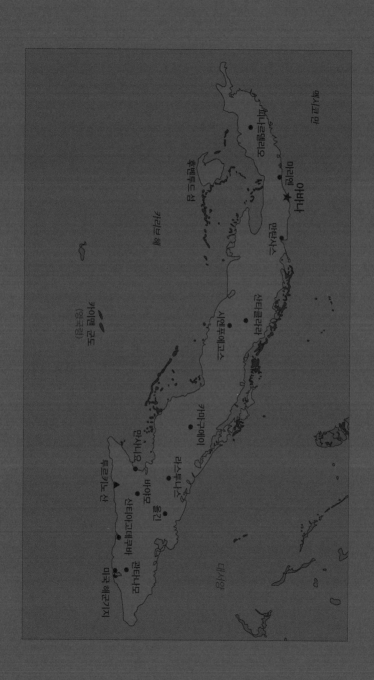

마닐라만

바탕가스

카비테

말롤로스

칼룸핏

바타안반도

루손

불라칸

산이시드로

카가얀 계곡

(정크선)

카가얀강

루손섬 동북

링가옌만

팡가시난

수비크만

카라발로 산맥

시에라마드레

타를라크

팜팡가

바콜로르

마닐라

마닐라만

민도로

파나이

카마린 해

A HISTORY OF THE CUBAN REVOLUTION

쿠바혁명사
자유를 향한 끝없는 여정

지은이 아비바 촘스키
옮긴이 정진상
펴낸이 송병섭
펴낸곳 삼천리
등 록 제312-2008-121호
주 소 121-820 서울시 마포구 월드컵로 15길 19(망원동 376-12)
전 화 02) 711-1197
전 송 02) 6008-0436
이메일 bssong45@hanmail.net

1판 1쇄 2014년 4월 10일

값 18,000원
ISBN 978-89-94898-25-4 03940
한국어판 © 정진상 2014

자유를 향한 끝없는 여정

쿠바혁명사

아비바 촘스키 지음 | 정진상 옮김

삼천리

《쿠바혁명사》가 출간된 후 나는 매사추세츠 세일럼주립대학과 캘리
포니아 포모나대학을 비롯한 대학 강의나 다양한 대중 강좌에서 이 책
을 사용하여 이야기할 기회가 있었다. 다양한 독자들에게 쿠바와 쿠바
혁명의 어떤 열정과 모순을 보여 줄 수 있어 기쁘던 차에, 한국 독자들
을 만날 수 있게 되어 특별히 더 기쁘다.

내가 마지막으로 쿠바를 방문한 것은 2013년 2월, 아바나 국제도서
전에서 발표하기 위해서였다. 그때 내 책《그들이 우리의 일자리를 빼
앗고 있다!》의 에스파냐어판이 쿠바에서 출간되어 전시되고 있었다.
그 책도 미국에서 출판된 직후 한국어로 번역된 바 있다. 한 번도 가
본 적이 없는 한국에서 내 책에 관해 보여 온 관심을 매우 영광스럽게
생각한다. 이 책을 번역한 정진상 교수와 출판에 힘써 준 삼천리출판사
에 매우 감사드린다.

부디 한국 독자들이 쿠바를 여행하여 쿠바 사람들이 최근 몇 십 년 동
안 경험한 변화에 관해 더 많이 알고 싶은 자극을 받게 되기를 바란다.

2014년 3월
아비바 촘스키

| 감사의 말 |

이 책의 기획을 제안하고 일이 진행되는 단계마다 도움을 준 피터 코벤시와 위르겐 부체나우에게 깊이 감사드린다. 몇몇 익명의 독자들은 책의 제안서와 초고에 대해 고마운 제안들을 해주었다. 또한 편집자 테사 핸포드와 색인을 만들어 준 시누이 아미 아펠에게도 감사드린다.

누구보다도 알프레도 프리에토와 그의 가족들에게 특별한 감사를 드린다. 알프레도는 지난 10년 넘게 내게는 쿠바 안내자이자 쿠바에 관련된 지적·정치적 노력을 함께한 '동업자'(socio)였다. 아바나와 메인, 매사추세츠, 마이애미에서 나눈 수백 시간의 대화는 쿠바의 복잡한 과거와 현재를 더 잘 이해하는 데 도움이 되었다. 알프레도는 또한 탁월한 편집자로서 이 책 초고의 오류를 바로 잡고 내가 놓친 것을 일깨워 주었을 뿐 아니라, 내가 새로운 발견을 하도록 밀어붙였다.

정말로 고맙습니다!(¡Muchísimas gracias!)

1

혁명과 자유

쿠바혁명은 스스로 자신들의 사회와 세계를
변화시킬 수 있다고 믿은 사람들이 만들어 냈다.
그들은 역사의 수동적인 희생자로 머물지 않고
낡고 정의롭지 못한 사회질서를 무너뜨리고
식민지 지배의 유산에 도전함으로써 스스로 역사를 창조할 수 있었다.

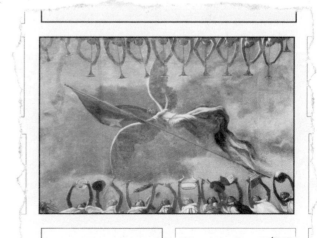

미국에서 대중 여론이 학문 분석과 차이가 나는 사안 가운데 쿠바 혁명만큼 격차가 두드러진 경우는 드물다.

쿠바혁명은 라틴아메리카 역사에서 미국 학생들이 알고 있는 몇 안 되는 사건 가운데 하나다. 내가 가르치고 있는 학생들에게, 라틴아메리카 역사에서 중요한 인물을 꼽아 보라고 하면 어김없이 나오는 답변이 피델 카스트로(Fidel Castro)라는 이름이다. 그리고 학생들이 카스트로에 대해 갖고 있는 견해는 거의 똑같다. 카스트로를 묘사하기 위해 학생들이 공통적으로 동원하는 수식어는 '위험한,' '사악한,' '나쁜,' '독재자' 따위가 대부분이다. 여론조사는 미국 국민들도 대체로 내가 가르치는 학생들의 견해와 비슷하다는 사실을 보여 주고 있다. 미국인 조사 대상자의 98퍼센트는 피델 카스트로를 알고 있으며, 82퍼센트는 그에 대해 부정적인 견해를 갖고 있었다.[1]

피델 카스트로는 분명 자신에게 걸맞은 학문적 관심을 자극했다. 수많은 전기 중에는 역사가가 쓴 것도 있고 언론인이 쓴 것도 있다. 의사가 쓴 전기도 하나 있다. 게다가 피델의 생애를 구술한 생생한 소설도 나와 있다. '구술한 자서전'에서 이 쿠바 혁명가는 몸소 자신의 생애를 이야기로 풀어냈다.[2]

하지만 쿠바혁명에 관한 진지한 연구는 대부분 피델 카스트로라는 인물보다는 쿠바혁명의 과정과 정치, 사람들에 더 큰 관심을 갖고 있다. 여기서 우리는 역사가를 비롯한 학자들이 말하려고 하는 바와 미국의 정치 지도자나 일반 대중이 믿고 있는 것 사이에 커다란 격차가 있음을 발견하게 된다. 대개 역사가들은 미국이 이 섬과 카리브 지역에 장기간에 걸쳐 개입해 온 역사와 연관 지어 쿠바혁명을 이야기한다. 하지만 정치가들과 일반 대중은 미국보다는 소련이 쿠바혁명의 성격을 설명하는 데 주요한 변수라고 보는 경향이 있다. 이런 점에서 오늘날 미국 학자들의 견해는 미국 여론보다는 오히려 쿠바 학자들의 생각과 공통점이 더 많다.

자유에 관하여

쿠바의 역사와 오늘날의 상황을 서술할 때 쿠바에서나 미국에서나 '자유'라는 말이 자주 등장한다. 이 낱말에는 여러 가지 서로 다른 의미가 포함되어 있다. 미국의 정책 결정자들은 이 낱말을 민간 기업의 자유를 표현하기 위해 사용하는 경향이 있는 반면에, 쿠바의 정책 결정자들에게 이 말은 일반적으로 미국의 간섭으로부터 자유를 의미한다. 이러한 이분법은 그다지 새로운 게 아니다. 1920년대에 한 쿠바 민족주의 조직은 "쿠바 사람들은 국기를 오용하는 외국인들뿐 아니라 국기를 훼손하고 끝내는 매장하려는 사람들로부터 자유롭기를 바란다"고 썼다. 이는 쿠바 섬에 대한 미국의 정치경제적 지배와 그러한 외국인들에게 협력한 쿠바인들로부터의 자유를 의미한다.[3] 그 무렵 쿠바공산당(PCC, Partido Communista de Cuba)을 창당한 훌리오 안토니오 메야

사진 1 "영원한 자유인가, 아니면 자유를 위해 영원히 투쟁할 것인가." 호세 마르티의 말을 인용한 광고판.

(Julio Antonio Mella)는 〈쿠바, 한 번도 자유롭지 못했던 나라〉라는 제목의 팸플릿을 발간했다.

쿠바 중부 도시 산타클라라의 한 광고판에는 검은 손과 흰 손이 사슬을 끊고 있는 그림 위에 "영원한 자유냐, 아니면 자유를 위해 영원히 투쟁할 것인가"(O libres siempre o batallando siempre para ser liberes)라는 문구가 적혀 있다(사진 1). 오늘날 이런 그림은 지난날 에스파냐에 맞선 독립 투쟁, 노예제 폐지와 인종 평등을 위한 투쟁, 지금도 진행 중인 미국의 위협에 맞선 쿠바의 독립 투쟁 사이에 유사성이 있다는 점을 분명하게 보여 주고 있다. '켄트 순교자' 고등학교에 다니는 한 쿠바 학생은 1976년에 미국의 교육학자 조너선 코졸에게 "자유란 세계 자본주의의 착취에서 벗어나는 것을 의미한다"[4]고 말했다.

쿠바혁명 직후에 미국 대사는 "카스트로는 국제 정세나 국제 공산주의의 위협 따위에는 관심이 없었다"고 불평했다. "나는 그에게 자유와 노예 상태 사이의 위대한 투쟁에서 모든 자유세계 사람들의 지지를 받는 것이 중요하다고 설명하려 했지만, 카스트로는 별 다른 반응이 없었다."[5] 혁명이 일어나고 처음 몇 달 동안 미국의 정책 결정자들은 새로운 혁명 체제가 민간 기업에 미칠 수 있는 영향에 관해 부단히 염려했다. 미국 국무부 차관 로이 러보텀은 "쿠바에서 미국의 실질적인 목표는 미국과 자유세계 자본이 수용될 수 있는가 하는 것과, 미국이 쿠바의 주요 자원에 접근할 수 있고 무역을 증가시킬 수 있는가 하는 문제"[6]라고 거듭 말했다.

2007년 말, 부시 대통령은 이른바 '경제적 자유'를 정치적 자유와 연관 지으며 민간 기업의 중요성을 다시 한 번 상기시켰다. 그리고 쿠바는 두 가지 모두에서 실패라고 말했다. 부시는 어느 중요한 정책 연설에서 "지난 세기의 가장 성공적인 역사 가운데 하나는 라틴아메리카 전역에 경제적·정치적 자유가 신장되었다는 것입니다"라고 설명했다. "민주적 정부와 자유 기업의 축복을 향유하고 있는 나라들을 대표하는 관리들이 여기에 참석하고 있습니다." 그러나, "우리 대륙에서 아직 한 나라는 자유가 주는 희망을 자기 국민들한테서 빼앗고, 실패한 체제 속에 그들을 가두어 놓고 있습니다."[7] 여기서 '한 나라'는 누가 봐도 쿠바를 가리킨다.

버락 오바마는 2008년 5월 마이애미의 쿠바계 미국인들 앞에게 한 첫 연설에서 '자유'라는 말을 서른세 번이나 사용했다. 오바마는 "내 생애 동안 쿠바 사람들은 자유란 것을 결코 알지 못했다. …… 쿠바에 대한 나의 정책 지침은 '자유'(Libertad)라는 낱말이 될 것이다" 하고 선언했다. 심지어 그는 "모든 순간은 자유를 수호하기 위해 중요하다"고 하면서 호세 마르티를 인용하기까지 했다. 오바마는 공화당의 정책과 거리를 둔다고 분명하게 밝히면서도 쿠바에 대한 통상금지령은 유지할 것이라고 약속했다.[8]

학자들의 개입

라틴아메리카를 연구하는 학자들은 미국 정부와 달리 자유시장에 대해 열광적이지 않은 것 같다. 경제학자들은 이 문제를 둘러싸고 견해가 여전히 갈리고 있는데, 시카고학파의 경우는 자유시장 원칙을 굳건히 지키고 있다. 반면에 역사학자들은 자유시장을 정치적 자유와 자동적으로 동일시하는 데 대해 조금 미심쩍어 한다.

역사학자들은 대부분의 라틴아메리카에서 경제적 자유주의가 19세기 말 멕시코의 포르피리오 디아스 같은 '자유주의적 독재'를 통해 확립되었다는 점을 상기시킨다. 디아스는 미국 투자자들을 환대하면서 억압적이고 비민주적인 정부를 유지해 간 인물이다. 제2차 세계대전 이후 라틴아메리카 원뿔 지역의 독재정권과 멕시코 같은 권위주의적 민주주의 정권은 미국에서 온 신자유주의 경제 고문들을 추종했다. 그리하여 라틴아메리카에서 자유시장의 '경제 기적'은 빈곤층에게 처참한 결과를 불러온 경우가 많았다.[9]

라틴아메리카 전문가들은 때때로 이 지역에 대한 미국의 정책 결정자들과 자신들의 견해에 차이가 있다는 사실을 깨닫게 된다. 라틴아메리카에 관한 학제간 연구는 쿠바혁명의 결과로 나온 측면이 크다. 국무부는 미국 주요 대학의 신규 라틴아메리카 연구 프로그램에 제정을 지원함으로써 미국의 정책을 입안할 수 있는 전문 요원들을 육성하려고 했기 때문이다.

1961년에 역사학자 토머스 스키드모어는 "우리는 모두 피델의 아들 딸이다"[10] 라고 말한 바 있는데, 롤레나 아도르노는 이를 두고 "인구에 회자되는 기억할 만한 표현"이라고 평가했다. 말하자면 쿠바혁명이 라틴아메리카에 대한 미국 정부의 관심을 고조시켜, 주요 대학에서 라틴아메리카 연구 프로그램에 대한 자금 지원이 급증했다는 것이다. 잔 니퍼스 블랙은 나중에 이 표현을 수정하여 미국의 라틴아메리카 전문가들을 피델 카스트로의 '서자'(庶子)라고 했다.[11]

1995년에 라틴아메리카학회(LASA)의 최고 학술상을 받는 자리에서, 스탠퍼드대학의 정치학자 리처드 파겐은 쿠바혁명의 지도자 카스트로가 수상자로 가장 적합한 인물이라고 말했다. "적어도 미국에서는 1960~1970년대에 피델 카스트로만큼 라틴아메리카에 관한 연구를 자극한 사람은 없기 때문이다."[12] 정치학자로서 라틴아메리카학회 회장을 지낸 피터 스미스는 2006년에 "우리 세대의 수많은 사람들은 피델 카스트로 덕분에 대학원 과정을 이수할 수 있었다"[13]고 되뇌었다.

스미스는 이어서 이렇게 말했다. "미국 관리들은 학문 공동체가 미국의 정책 목표를 도울 것이라고 기대했다. '국가방위교육법'(이 이름을 기억하라!)은 라틴아메리카 연구에 후한 장학금을 제공했다. 물론 그것은 새로 훈련받은 지역 연구 전문가들이 혁명운동을 예방하거나 패퇴시킬 수 있는 방안을 만들어 낼 것이라는 잘못된 가정 아래 이루어진 것이었다."[14]

스미스를 비롯한 여러 사람이 주장한 바와 같이, 그러한 시도는 대개 역효과를 낼 뿐이었다. 한편 라틴아메리카학회는 일찍이 굳건한 태도를 취했다. "장학금은 결코 미국 정책의 비밀병기가 되어서는 안 된다."[15] 라틴아메리카에서 연구하며 오랜 기간 훈련받는 새로운 라틴아메리카 전문가들은 대체로 이 지역에 대한 미국의 정책에 적대적인 입장으로 돌아섰다. 라틴아메리카학회는 특히 미국의 쿠바 정책을 비판했으며, 여행과 통상금지 조치를 비난하고 쿠바와 자유로운 학문적 교류를 요구하는 결의안을 거듭 채택했다. 학술대회에 참가하려는 쿠바 학자들의 비자 발급을 국무부가 거부한 사건은 라틴아메리카학회를 들쑤셔 놓았다. 그리하여 2007년 라틴아메리카학회는 보스턴에서 몬트리올로 장소를 옮겨 학술대회를 개최하여 쿠바 학자들이 참석할 수 있도록 했다. 나아가 향후 쿠바 학자들의 자유로운 참가가 보장될 때까지 미국에서 개최하는 것을 거부하기로 결의하기까지 했다.

그럼에도 미국에서 진행된 쿠바 연구는 이데올로기적 성향 탓에 비판을 받는 경우가 많았다. 라틴아메리카학회가 발간하는 학술지 《라틴아메리카리서치리뷰》(Latin American Research Review)에 실린 몇몇 논문은 쿠바 연구에서 정치학이 차지하는 비중을 지적했다. 1991년, 마리펠리 페레스-스타블레는 냉전 구도 속에서 소비에트 블록 연구자들에게 붙이던 이름을 딴 '쿠바문제 전문가'(Cubanologist)를, 냉전 패러다임을 벗어난 '쿠바 연구자'(Cubanist)로 바꿈으로써 쿠바를 라틴아메리카로 돌려놓고 '라틴아메리카 연구자'나 '멕시코 연구자'의 예를 따라야 한다고 주장했다. 몇 년이 지나 다미안 페르난데스도 이러한 입장을 거듭 표명했고, 1999년에는 존 커크와 피터 맥케나도 마찬가지 생각을 밝혔다.[16]

이 분야에 드리워진 이데올로기적 편향에 더해 '쿠바문제학'(Cubanology)의 접근 방법이 안고 있는 또 다른 문제점은 쿠바혁명 연구가 정치학에 지나치게 편중되어 있다는 사실이다. 1992년, 역사학자 루이스 A. 페레스는 역사학자들이 쿠바혁명 이후의 역사에 대해 한심할 정도로 무관심하다고 불평했다. "1961년 이후 역사학자들은 '쿠바문제' 전문가들인 정치학자, 사회학자, 경제학자, 인류학자에게 자리를 내주고 말았다. 그 결과 비정상적인 상태가 벌어져 쿠바문제 전문가들에게는 1959년 이전의 역사가 없고 역사학자들에게는 1959년 이후의 역사가 없다."[17]

쿠바혁명은 정치적 사건임에 틀림없다. 하지만 혁명은 사회적, 문화적, 경제적, 예술적인 것이기도 했다. 모든 혁명은 변화를 만들어 내려 하는 법이고 쿠바혁명도 예외가 아니다. 한편 쿠바혁명으로 사람들의 일상생활이 근본적으로 바뀌었다. 그런가 하면 쿠바혁명은 기나긴 쿠바 역사와 문화 속에서 성장했을 뿐 아니라 거꾸로 그것은 쿠바의 역사와 문화를 써 내려갔다. 쿠바혁명의 사회사는 사회구조와 정책, 그리고 보통 사람들의 온갖 행위가 교차하는 지점에서 성장해 간다.

왜 혁명인가

역사학자들은 사회변동에 대한 이해를 주요 목표로 삼기 때문에 특히 혁명 연구에 끌리는 경향이 있다. 왜냐하면 혁명은 정의상 지극히 제한된 기간에 일어나는 수많은 변동의 구체적인 실례를 보여 주기 때문이다. 우리는 혁명이 언제 왜 일어나고, 왜 그러한 형태를 띠게 되었는지, 그리고 혁명의 결과는 무엇인지 알고 싶어 한다. 특히 사회사 연구자들은 보통 사람들이 왜 어떻게 혁명에 가담하여 행위자로서 혁명적 변화에 어느 정도 참여했는지, 그리고 혁명이 그들의 삶에 어떤 영향을 끼쳤는지 알고 싶어 한다. 쿠바 혁명가들은 물론이고 쿠바혁명을 연구해 온 역사학자들도 자신들이 알고 있는 다른 혁명들에 관한 역사적 지식을 활용해 왔다.

노예 반란이나 농민 봉기와 마찬가지로, 억압받는 사람들의 봉기는 문명이 시작된 이래 늘 있어 왔다. 하지만 혁명은 단순한 봉기 이상이다. 혁명은 사회를 재조직하기 위한 협력적인 시도이다.

역사학자들은 대체로 혁명을 정치혁명과 사회혁명으로 분류한다. 정치혁명은 통치 구조의 변동과 정치제도에 대한 사람들의 접근성의 변화에 초점을 맞추는 반면, 사회혁명은 새로운 사회경제적 질서를 만드는 것을 강조한다.

1959년 쿠바혁명은 쿠바와 세계의 기나긴 혁명 전통에 의존했을 뿐 아니라, 1950년대 쿠바가 당면한 현실에 대응한 것이기도 했다. 그러한 혁명 전통에는 19~20세기 유럽의 정치·사회혁명, 아메리카의 반제국주의 혁명, 그리고 19세기 중반부터 국가의 독립과 사회변동을 성취하기 위한 쿠바의 혁명 시도들이 포함된다.

18세기 말 미국혁명과 프랑스혁명으로 대표되는 지구적인 '혁명의 시대'는 계몽주의라고 알려진 사상과 정치철학의 혁명을 수반했다. 이 시기에 (주로) 유럽의 지식인들은 사회질서란 신이 창조하는 것이 아니라 인간이 만드는 것이며, 따라서 사회질서는 인간의 행동에 좌우된다고 주장하기 시작했다. 계몽주의 사상은 기존의 정치·사회 질서에 의문을 제기하고 더 나은 사회를 상상하도록 사람들을 자극했다.

이러한 철학적·지적 운동으로부터 그런 사상을 실천하려고 한 무척 다양한 정치철학과 정치적·사회적 운동이 나왔다. 1688년 영국의 '명예혁명'은 권리장전을 통해 입헌 왕정을 확립했으며, 1775년에 시작된 미국혁명은 국가의 독립을 성취하고 왕정을 완전히 폐지했다. 이 두 혁명이 주로 정치혁명이었다면, 1789년 프랑스혁명은 정치체제는 물론, 한 걸음 더 나아가 사회질서에 도전했다. 또 아이티혁명은 정치운동으로 시작되는 듯 했지만, 노예들이 봉기하여 플랜테이션 제도를 해체하고 프랑스로부터 독립을 선언함으로써 거대한 사회혁명과 민족해방전쟁으로 급속하게 발전했다.

아이티혁명 이후에 일어난 라틴아메리카 독립전쟁은 그 어떤 것도 혁명적이라고 할 수 없었다. 하지만 동시에 지적해 두어야 할 점은, 노예제에 아주 크게 의존했던 식민지(브라질뿐 아니라 쿠바와 카리브 해의 다른 섬들)에서는 19세기 초에 독립전쟁이 일어나지 않았다는 사실이다. 오히려 엘리트들은 식민지 권력과 결속을 강화했다. 아이티의 사례는 엘리트들에게 사회혁명뿐 아니라 정치적·사회적 질서에 대한 그 어떤 도전에도 등을 돌리게 만들었다.

노예제 식민지에서 민족해방과 공화주의가 상층계급에서 동맹자를 찾아내기까지는 그 뒤로도 75년이라는 세월이 더 필요했다. 그동안 노예무역이 폐지되고 노예제에 대한 전 세계적 비난이 쏟아졌다. 조지 워싱턴이나 토머스 제퍼슨 같은 이들은 영국의 식민지인 북부에서 민족해방을 위해 싸웠지만, 노예제에 바탕을 둔 자신들의 사회적 지위가 위협받지 않은 범위 내에서 독립을 성취하기 위해 싸웠다. 브라질과 카리브 지역의 엘리트들은 아이티 사례에 교훈을 얻어 식민지 상태나 왕정이 어쨌든 그리 나쁜 것은 아니라는 결론에 이르렀다. 쿠바는 1898년까지 에스파냐 식민지로 남아 있었으며, 심지어 독립전쟁 와중에도 '또 하나의 아이티'가 될지도 모른다는 우려가 끊임없이 제기되었다.

20세기에 나타난 사회혁명 가운데 다수는 독일 철학자 카를 마르크스의 사상에 의존했다. 프리드리히 엥겔스와 함께 쓴 《공산당선언》(1848년)은 유럽 왕정들을 대신해 들어선 입헌적 대의 정치체제는 보편적 이상이 아니라 부르주아적 지배의 표현이라고 주장했다. 봉건제와 왕정은 지주 엘리트들의 지배를 대변했는데, 새로운 경제 질서인 산업자본주의를 강화하기 위해 정치권력을 추구한 신흥 도시 산업계급이 그들을 타도했다는 것이다. 하지만 "모든 역사는 계급투쟁의 역사"라고 마르크스와 엥겔스는 주장했다. 자본주의는 노동계급의 착취에 기초를 둔 체제였다. 이러한 노동계급 대중은 정치적·사회적으로 배제된 계급이지만, 장차 봉기하여 자신들을 억압하는 체제를 무너뜨리고 자본가들이 아닌 자신들의 이해관계를 대변하는 사회주의 국가를 건설할 터였다. 이 새로운 국가는 산업 엘리트들이 축적한 사유재산을 보호하는 대신에, 산업화를 통해(그리고 노동계급의 노동에 의해) 창조되는 부를 모든 사람들의 이익을 위해 사용할 것이다.

쿠바혁명은 스스로 자신들의 사회와 세계를 변화시킬 수 있다고 믿은 사람들이 창조해 냈다. 그들은 역사의 수동적인 희생자로 머물지 않고 낡고 정의롭지 못한 사회질서를 무너뜨리고 식민지 지배의 유산에 도전함으로써 스스로 역사를 창조할 수 있었다. 그들은 근본적인 목표인 국가의 독립과 사회정의를 동전의 양면으로 이해했다. 즉, 당시의 빈곤과 불평등을 만들어 낸 것은 식민지 또는 신식민지 지배였다. 그리고 인간 행동의 산물인 빈곤과 불평등은 마땅히 인간의 행동으로 변혁시킬 수 있었다.

자본주의와 사회주의

자본주의와 사회주의는 흔히 상반되는 두 경제체제로 여겨진다. 어떤 면에서는 맞는 말이다. 두 경제체제는 매우 다른 경제적 원리에 따라 작동한다. 하지만 한편으로 두 경제체제를 상반되는 양극단으로 정의하면 실제의 경제가 어떻게 작동하는지를 보지 못하게 된다. 거의 모든 경제체제가 실제로는 두 가지 논리의 요소들을 포함하고 있기 때문이다. 두 경제체제를 배타적이고 칸막이가 쳐진 체제로 보기보다는 스펙트럼의 서로 다른 극단에 있는 이념형으로 바라보는 쪽이 타당할 것이다.

자본주의의 논리는 생산수단(도구, 공장, 농장 등 재화의 생산에 필요한 모든 것)에 대한 사적 소유에 기초를 둔다. 자본가들은 화폐를 생산수단으로 투자하고 노동을 수행하기 위해 노동자를 고용한다. 노동자들은 임금을 받으며, 노동자들이 생산한 상품들은 자본가에게 귀속된다. 자본가들은 그러한 상품들을 수요-공급의 법칙이 지배하는 시장에서 판매한다. 재화를 소유한 자본가들은 높은 이윤을 얻을 수 있도록 높은 가격을 정하는 것이 이익인지, 아니면 더 많은 물품을 팔 수 있도록 낮은 가격을 매기는 것이 이익인지 계산해 가격을 책정한다. 될 수 있는 대로 생산비를 줄이는 것은 자본가들의 보편적인 관심사이다. 이를 위해 자본가들은 때때로 기술을 개선하는 데 투자함으로써 노동 비용을 줄인다.

될 수 있는 대로 많이 판매하는 일 또한 자본가들의 관심사다. 판매가 늘어나면 이윤이 증대되기 때문이다. 가능한 한 많이 생산하고 많이 판매하는 것이 기업의 이해관계이기 때문에 자본가들은 실제로 필요한 양을 초과하는 상품을 생산한다. 판매처를 찾을 수만 있다면, 필요 없거나 심지어 해로운 상품까지 생산하는 게 자본가들에게 이익이 된다.

자본주의 체제는 생산을 늘리고 재화의 다양성을 확대시킨다는 점에서는 더없이 좋다. 하지만 자본주의는 재화를 가장 필요로 하는 사람들에게 분배하는 데서는 성공적이지 못한 체제이다. 거의 모든 자본주의 사회에서, 심지어 가장 부유한 사회에서도 굶주리는 사람들이 존재한다. 충분한 식량이 없어서가 아니라 배고픈 사람들이 식량을 살 돈이 없기 때문이다. 그들은 식량을 원하고 필요로 하지만, 자본주의 논리에서는 그들은 식량에 대한 '수요'로 나타나지 않는다. 왜냐하면 수요는 인간의 필요에 의해 만들어지는 것이 아니라 재화를 구매할 수 있는 경제적 수단에 의해 창출되기 때문이다. 돈 한 푼 없는 어떤 사람은 부자보다도 더 우유가 필요하지만, 자본주의 사회에서는 우유를 살 수 있는 돈을 가진 사람만이 우유에 대한 '수요'로 나타난다.

모든 자본주의 사회는 '수요'라는 의미에 담겨 있는 이러한 모순을 인식하고 있다. 모든 자본주의 사회가 생산물을 분배할 때 비자본주의적인 수단을 사용하는 건 바로 이 때문이다. 예컨대 모든 자본주의 사회에서는 어린이나 노인, 실업 상태에 있는 사람 등 노동하지 않고 임금을 받지 않는 사람들이 존재한다. 하지만 자본주의 체제는 개방된 '자유' 시장에서 필요한 것을 구매할 수 없는 이 사람들에게 필요한 것들을 제공하도록 조직되어 있다. 미국에서는 사회가 자본주의적 수요-공급 시스템 바깥에서 제도를 통해 (연방 정부와 지방 정부를 통해) 모든 어린이들에게 교육을 제공한다. 사회가 암묵적이거나 명시적으로 결정하는 어떤 필요들은 모든 사람의 복지에 매우 중요하기 때문에 불완전한 자본주의 분배 시스템에 맡겨 두어서는 안 된다. 그래서 사람들이 지불할 수 있는 능력에 맡겨 두지 않고 국가가 개입하여 인간의 필요를 충족하는 공정한 분배를 보증해야 한다. 모든 자본주의 사회에는 이윤이 아니라 사람이 먼저라는 논리가 지배하는 방식으로 조직되는 공공 부문 같은 것이 존재한다.

사회주의의 논리는 무엇을 얼마나 생산할 것인가 하는 것을 이윤이 아니라 인간의 필요가 결정한다는 사상에 바탕을 두고 있다. 민주적인 체제에서는 대표들을 선출하는 일이나 주민 회의 같은 다양한 민주적 체계를 통해 의사결정 과정이 인민들의 수중에 있다. 독재 체제에서는 지배 엘리트들이 생산에 관한 결정권을 행사한다. 하지만 어떤 경우이든 의사 결정의 기초는 잠재적 이윤이 얼마나 될 것인지가 아니라 어떤 필요를 충족할 것인가 하는 점이다. 사회주의 정부가 경제를 계획하고 생산 목표를 정하는 것은 바로 이 때문이다.

물론 정부는, 특히 비민주적인 정부라면 생산의 우선순위를 정할 때 자의적이고 비현실적일 수 있다. 스탈린이나 마오쩌둥의 경우처럼 사회주의 정부는 인민들의 단기적 필요보다 산업화라는 장기적 목표에 우선순위를 둠으로써 끝내는 사회경제적 재앙을 초래할 수도 있다. 하지만 자본주의도 기아와 경제적 재앙을 피할 수 있도록 보증해 주는 것은 아니다. 20세기 아프리카에서 대부분의 기아는 사회주의보다 오히려 자본주의가 불러왔다. 수요-공급 시스템 탓에 아프리카 나라들은 제1세계의 부유한 소비자들에게 식량을 수출하면서도 자국 국민들은 굶주림에 고통받는다.

무릇 사회주의 논리의 장점이 분배에 있다면 그 약점은 생산에 있다. 구체적으로 말해서, 모든 사람들의 필요가 충족된다면 사람들이 일하고 생산을 증대시키는 데 대한 보상은 어디에서 나오는 걸까? 이 질문에 사회주의 체제는 두 가지 대답으로 대처했다. 하나는 자본주의 논리의 요소를 혼합하는 것이다. 여러 사회주의 체제는 기본적인 필요는 보장하지만, 기타 여러 소비를 자유시장에 맡긴다. 다른 하나는 도덕적 보상이라는 체 게바라(Che Guevara)의 사상이다. 체에 따르면, 인간은 자본주의로 말미암아 탐욕과 소비에 물들어 있다. 그러나 우리는 또한 이기적이지 않은 목표, 즉 사회에 참여하여 헌신하는 열정에 자극받을 수도 있다.

자본주의 사회에서도 사회주의 사회에서도 사람들은 대부분 두 가지 요소가 있다는 것을 알 수 있다. 우리는 대부분 삶에서 물질적 소유를 통한 편리함과 어떤 의미 있는 성취를 추구한다. 체의 주장은, 자본주의가 물질주의를 조장한다면 사회주의는 그 대신 이기적이지 않고 참여적인 가치를 북돋워야 한다는 것이다.

현실 세계에서는 자본주의도 사회주의도 이론처럼 순수한 모형으로 존재하지 않는다. 반대로 모든 현대사회는 자본주의와 사회주의의 요소를 포함하고 있다. 모든 사람들이 이기적인 물질주의와 다른 사람들의 필요를 돌보는 마음을 동시에 갖고 있는 것과 마찬가지 이치이다.

마찬가지로 자본주의와 사회주의 체제 가운데 어느 쪽이 더 잘 '작동하는가' 하고 묻는다면, 이 또한 어리석은 질문이다. 미국에서는 자본주의가 아주 잘 작동하는 것처럼 보이고 생활수준은 세계 어느 나라보다 더 높다. 하지만 똑같은 자본주의 체제이면서도 그렇게 잘하지 못하는 나라들도 있다. 아이티나 르완다를 척도로 삼으면 자본주의는 하나의 경제체제로서 완전히 실패한 셈이다. 거꾸로 스웨덴이나 노르웨이는 사회주의 요소를 많이 도입했지만 경제적으로 붕괴하지도 권위주의 체제가 되는 운명에 놓이지도 않았다.

세계사의 관점에서 보면 가장 잘 '작동하는' 것은 식민지 권력이 되었던 반면에, 가장 잘못 '작동하는' 것은 식민지화된 쪽인 것처럼 보인다. 이전의 식민지 권력들은 광대한 자원으로 다양한 정치적·경제적 모델이 성공적으로 작동하도록 한 것 같다. 이전의 식민지들은 1차 상품에 대한 외국 지배와 수출, 사회적·인종적 불평등, 권위주의 정치의 역사로 얼룩진 가운데, 더 나은 생활수준과 사회적 평등의 수단을 획득하고 참여적 정치체제를 만들기 위해 힘차게 투쟁해 왔다. 하지만 다양한 정치적·경제적 형태와 수많은 '경제 기적'들을 실험했음에도 불구하고, 그러한 식민지 유산을 확실하고도 효과적으로 극복할 수 있는 공식은 아직 발견되지 않았다.

1990년에 아르헨티나의 사회학자 카를로스 M. 빌라스는 "비록 사회주의가 심대한 위기를 맞고 있지만, 자본주의는 (번영하고 있든 위기에 빠진 경우든) 한때 발전도상국이라고 불린 나라들에서 급속히 증가하는 빈곤과 억압, 주변화라는 경제적·사회적·문화적 문제에 잘 대처할 수 없었다"[18]고 말했다.

빌라스는 제3세계에서 자본주의가 잘 작동할 가능성을 비판하면서도, 제3세계에서 사회주의가 전개되어 온 방식에 대해서도 비판적 입장을 취한다. 그는 마르크스가 사회주의, 즉 국가 통제경제는 고도로 산업화된 나라에서 공산주의, 즉 국가가 '사멸하고' 생산수단(산업과 토지)이 집단적으로 소유되고 노동자들이 통제하는 시기로 나아가는 과도기로 설정했음을 상기시킨다. 국가 통제경제는 사람들이 대부분 산업 노동을 수행하고 산업이 사람들이 필요로 하는 것보다 많은 것을 충분하게 생산할 수 있는 고도로 산업화된 나라에서 나타날 것이라고 마르크스는 주장했다.

마르크스는 이러한 사회주의혁명이 가장 발전된 산업화된 나라에서 일어날 것이라고 예상했지만, 실제로는 달랐다. (주로 미국과 유럽의) 산업화된 나라들의 '부르주아' 정부는 정치적·사회적 권리를 재산이 없는 노동자계급에게 점진적으로 확대하기 시작했다. 20세기에 들어설 무렵에는 서유럽과 미국에서 혁명이라는 선택지는 점점 더 주변으로 밀려났다. 유럽에서는 공산당과 사회당이 여전히 활발한 정치 활동을 벌이고 있지만, 그들은 혁명 대신에 선거 무대에서 경쟁하는 쪽을 선택했다.

한편 마르크스의 사상은 20세기에 걸쳐서 민족해방운동을 형성하게 되었다. 중국혁녕은 마르크스주의와 반세국주의를 결합하여 일본과 서구 열강의 중국 지배에 도전했다. 러시아와 마찬가지로 중국도 산업혁명을 이루어 내기 위해 마르크스의 사상을 이용하고자 했다. 아시아와 아프리카, 라틴아메리카에 걸쳐서 민족 독립운동은 유럽 제국주의가 자신들의 자원을 왜곡하고, 착취하고, 고갈시킨 방식을 비판하면서 식민 지배에 도전하기 위해 마르크스의 사상을 이용했다. 특히 20세기 중반에는 대공황이 자본주의의 생존 가능성에 의문을 제기하고, 나치즘에 대한 주요한 도전 세력으로서 소련이 커다란 국제적 정당성을 획득함으로써 소비에트 공산주의가 식민지 세계에 대안적 희망을 제공하는 것처럼 보였다.

게다가 아프리카와 라틴아메리카, 대부분의 아시아에서 식민지 억압자들은 다름 아닌 서유럽 국가들과 미국이었다. 식민지의 사람들은 대개 미국과 유럽의 생활수준을 부러워했음에도, 민주주의와 자유, 인권을 신장시킨다는 서방세계 사람들의 주장을 진지하게 받아들이기 어렵다는 사실을 깨닫게 되었다. 그들에게 자본주의는 자유가 아니라 정복과 억압, 착취를 의미할 뿐이었다. 20세기를 지나면서 점점 이들 식민시에서 나타난 혁명운동들은 민족 독립을 모종의 사회주의와 연계시키기 시작했다. 쿠바도 그런 나라 가운데 하나였다.

이처럼 사회주의혁명은 산업화되지 않은 사회에서 일어났다. 러시아와 중국, 쿠바 그리고 아프리카, 아시아, 라틴아메리카의 제3세계 나라에서 일어난 것이다. "제3세계 사회의 경제적 현실 탓에 생산력을 발전시키는 것이 사회주의로 이행하는 데 핵심 목표가 되었다"고 빌라스는 썼다. 사회주의는 "좌익 발전주의의 일종으로서 근대화를 촉진하는 하나의 방법"에 지나지 않은 것으로 되었다.

게다가 제3세계에서 혁명 국가들은 경제적 후진성 탓에 외부로부터 경제적 원조를 구하지 않으면 안 되었다. 이 '외부'는 20세기의 지정학적 현실에서는 불가피하게 소련이 될 수밖에 없었다. 소련과 코메콘(COMECON, 상호경제원조회의)에 대한 의존은 "제3세계에서 미국의 팽창에 대응하여 소련이 공격적인 정치적 경쟁을 벌이던 시대에 이러한 체제들을 '사회주의적'이라고 개념화하는 데 핵심적인 요소가 되었다. 그 시점부터 이 나라들이 걸어간 사회주의 지향이나 적어도 비자본주의적인 길은 국내에서 추진한 정책보다는 함께할 수 있는 해외 우방으로서의 기능이 더 컸다. 달리 말하면 제3세계의 체제들을 정치적으로 분류하는 것은 정치경제의 문제라기보다는 국제정치의 문제였던 것이다. 그러한 '사회주의를 지향하는' 체제들 중에서 아주 권위주의적이고 사회주의에 대한 자신들의 유일한 연계가 소련의 대외 정책을 바라보는 것에 불과한 경우도 적지 않았다."[19]

라틴아메리카의 관점

몇 해 전 내 쿠바 친구들 가운데 하나가 메인 주의 어느 대학에서 열린 세미나에서 "피델 카스트로는 하나의 아이콘이다"라고 말했다. 라틴아메리카와 다른 곳의 많은 사람들에게 피델은 권력에 대놓고 진실을 말하는 상징적인 인물이다. 2000년, 카스트로는 77개국이 참가한 '남반구정상회의' 자리에서 일어나 신자유주의 경제정책과 기업적 세계화(이름 하여 '파국을 향한 신자유주의의 경주'라고 불렸다)가 제3세계에서 빈곤과 고통을 만들어 낸 사실을 공격해 박수를 받았다. 그 연설을 그대로 옮기면 다음과 같다.

100개가 넘는 나라에서 1인당 국민소득은 15년 전보다 낮아졌습니다. 현재 16억 명은 1980년대 초보다 상황이 나빠졌습니다.

8억2천만 명이 넘는 사람들이 영양실조 상태이며, 그중 7억9천만 명이 제3세계에 살고 있습니다. 남반구에 사는 사람들 가운데 5억7백만 명은 마흔 살 생일을 맞지 못할 것입니다.

여기 모인 제3세계 나라들에서 어린이 다섯 가운데 둘은 성장 지체를 겪고 있으며, 셋 중 하나는 저체중입니다. 충분히 살릴 수 있는 사람이 하루에 3만 명씩 죽어 가고 있습니다. 2백만 명의 여성이 매춘을 강요받고 있습니다. 1억3천만 명이나 되는 어린이들이 기초 교육의 기회를 누리지 못하고 있으며, 15세 이하 청소년 2억 5천만 명이 생계를 위해 일을 해야 하는 처지에 있습니다.

세계경제 질서는 20퍼센트의 사람들을 위해서는 잘 작동하고 있지만, 나머지 80퍼센트의 사람들을 무시하고 비하하고, 품위를 떨어뜨리고 있습니다. 우리는 뒤처지고 가난하고, 착취당하는 후방 부대가 되어 다음 세기로 들어가는 것을 그냥 받아들일 수는 없습니다.[20]

누가 봐도 라틴아메리카의 많은 사람들에게 진실인 이 말은 정의롭지 못한 세계질서에 대한 분노를 웅변으로 표현하고 있다.

여론조사가 한계가 있긴 하지만 여론조사 결과는 미국에서 살고 교육받은 사람들에게는 종종 놀랍게 다가온다. 가난한 사람들 대부분이 전화가 없는 나라에서 전화로 여론조사가 실시되는 경우가 많은 라틴아메리카에서는 특히 그렇다. 예컨대 2007년 조사 결과를 보면, 쿠바 사람들 가운데 47퍼센트는 자신의 정부가 괜찮다고 한 반면 40퍼센트는 못마땅하게 생각했다(쿠바의 두 주요 도시에서 실시한 일대일 면접 조사). 조사 대상자 가운데 96퍼센트는 모든 쿠바인에게 의료 접근권이 있다고 대답했으며(라틴아메리카의 다른 나라 도시 지역에서는 자기 나라에 대해 같은 질문을 했을 때 고작 42퍼센트만이 그렇다고 대답한 것과 대비된다), 75퍼센트는 자기 나라의 의료 체계에 신뢰감을 표시했다(라틴아메리카의 다른 나라에서는 57퍼센트에 불과하다). 98퍼센트는 모든 사람들에게 교육이 제공된다고 생각했으며(라틴아메리카 다른 나라에서는 52퍼센트), 78퍼센트는 교육제도에 대해 만족하고 있었다(라틴아메리카 다른 나라에서는 59퍼센트).[21] 쿠바에서 가장 큰 문제가 무엇이냐는 질문에 대해서는 42.5퍼센트가 "낮은 보수와 높은 생활비"를 든 반면, "자유의 결핍과 정치 체제"라는 응답한 비율은 18.2퍼센트에 불과했다. 어떤 종류의 정부가 자기 나라의 문제들을 가장 잘 해결할 수 있는지를 묻는 질문에는 절반에 가까운 응답자(42퍼센트)가 대답을 하지 않았다. 단지 32.1퍼센트만이 민주적인 형태의 정부가 가장 좋은 해결책이라고 응답했다.[22]

라틴아메리카 사람들은 미국 사람들보다 민주주의에 대해서 좀 더 양면적인 태도를 보이는 경향이 있다. 거의 모든 나라에서 상당수의 사람들은 세계에서 미국의 역할에 대해 '주로 부정적'으로 본다. 전체적으로 보면 민주주의에 대해 다수가 호감을 갖고 있지만, 그러한 다수는 근소한 차이인 경우가 많다. 멕시코에서 민주주의가 가장 좋은 정부 형태라고 생각하는 사람은 54퍼센트였으며, 콜롬비아에서는 53퍼센트, 브라질에서는 단지 46퍼센트였다.[23] 2008년 갤럽 조사에서는 라틴아메리카에서 다수가 자본주의보다 사회주의를 선호했다. 오직 두 나라, 멕시코와 파나마에서만 근소한 차이로 자본주의를 선호하는 사람들이 많았다. 갤럽은 "라틴아메리카에 대한 미국의 어떤 정책도 이 지역에서는 '사회주의'가 불쾌한 낱말이 아니라는 점을 인정해야 한다"고 결론을 내린 바 있다.

미국과 라틴아메리카 사이에 지식과 신념, 태도에서 커다란 격차가 있다는 것은 분명하다. 바로 이 점이 '왜 쿠바혁명인가?'를 이해하는 열쇠 가운데 하나이다.

이 책은 쿠바혁명의 역사를 다중적인 관점을 보여 주고자 한다. 그래서 쿠바와 다른 사회의 여론, 대중운동뿐 아니라 미국과 쿠바 정책 결정자들의 입장에도 관심을 기울였다. 또한 다양한 전제와 문제의식으로 쿠바혁명을 다룬 역사학자들을 비롯한 여러 학자들의 관점도 소개한다. 무엇보다도 이 책은 쿠바 사람들의 다양한 삶의 여정과 그들에게 쿠바혁명이 갖은 의미를 보여 주는 방식으로 그들의 경험과 행동들을 조명하고자 한다.

이 책은 또한 불가피하게 나 자신의 관점을 반영하고 있다. 나는 쿠바혁명에 관한 강의의 일환으로 학생들을 세 차례 인솔한 것을 포함하여 쿠바에 여러 번 여행한 경험이 있는 학자로서, 미국의 쿠바 여행 제한 조치에 대해 강력하게 반대하는 사람이다. 나는 니카라과, 아이티, 콜롬비아 같은 나라, 특히 이들 나라의 가난한 사람들에게 미국의 정책과 해외 투자가 끼치는 해로운 영향을 지켜보고 연구하는 라틴아메리카학자로서, 근본적으로 다른 경제발전의 길을 창조하고 아메리카 대륙에서 미국 제국주의의 지배에 노골적으로 도전해 온 쿠바 정부의 대담성과 쿠바 국민들을 부러워하지 않을 수 없다.

쿠바, 1959년을 겪다

피델 카스트로 부대가 1959년 새해 첫날 아바나에 입성하면서
혁명전쟁은 끝났다고 하지만, 혁명은 이제 막 시작했을 뿐이었다.
쿠바에서 '혁명'은 수많은 상이한 국면, 뒤틀림, 전환으로 점철되면서도
끊임없이 새로운 사회를 의식적으로 만들어 나간 50년 과정을 가리킨다.

쿠바혁명은 독재자 풀헨시오 바티스타가 망명하고 새로운 혁명정부가 권력을 장악한 1959년 1월 1일에 시작되었을까? 아니면 피델 카스트로가 이끄는 게릴라 부대가 첫 번째 극적인 행동을 감행하여 본카다 병영을 공격한 1953년 7월 26일에 시작되었을까? 그것도 아니면 비록 목표를 달성하는 데는 실패했지만 쿠바혁명 정체성의 형성에 기여한 1844년, 1868년, 1895년, 1912년, 또는 1933년의 여러 미완의 유산된 혁명적 봉기를 시작으로 보아야 할까?

식민지 역사

쿠바에 관한 어떤 해석은 쿠바혁명이 1511년에 타이노(Taíno) 인디언 아투에이(그는 에스파냐의 추적을 피해 이웃 이스파뇰라 섬에서 쿠바로 도망쳐 왔다)가 에스파냐 식민 지배자를 향해 무기를 들었을 때 시작되었다고 주장한다. 쿠바의 동쪽 도시 바라코아에 있는 아투에이의 흉상(사진 2)은 그를 "아메리카의 첫 반란자"[1] 라고 선언하고 있다. 분명하게도 쿠바의 혁명가들과 역사가들은 1959년 혁명에 이르게 한 이 섬의 장구한 반식민 투쟁을 강조한다.

1492년 이전의 쿠바 원주민 인구는 적게는 10만 명에서 많게는 50

만 명으로 추정된다. 군사적 정복, 노예화, 그리고 무엇보다도 에스파냐 사람들이 들여온 질병으로 인해 그 후 몇 세대가 지나지 않아 원주민들은 뚜렷이 식별되는 인구 집단으로서는 사실상 사라져 버렸다. 그럼에도 불구하고 생존한 원주민들은 생물학적으로 문화적으로 폐허 속에서 새로운 사회를 형성해 갔다. 에스파냐 사람들은 장소나 산물들, 그리고 그들에게 새로운 현상을 표현하기 위해 타이노 말을 채용했다. 허리케인, 바비큐, 카누 같은 타이노 낱말 가운데 어떤 것은 영어로도 전파되었다. 원주민 여성들은 에스파냐 남자들과 자발적으로 또는 강제로 결혼을 하거나 아이를 낳았다. 원주민의 음식과 관습은 이 섬에서 출현한 에스파냐식 문화를 형성하는 데 기여했다.[2]

에스파냐는 식민지 기간 동안 멕시코와 페루를 중심으로 주로 대륙 본토 제국에 관심을 기울였다. 카리브 해 섬들은 에스파냐 함대가 금과 은을 본토의 광산에서 실어 나르는 길목이었고, 프랑스와 네덜란드, 영국 해적들이 노획물을 노리고 있었기 때문에 전략적으로 지정학적으로 중요했다. 에스파냐가 쿠바와 푸에르토리코, 이스파뇰라의 절반을 차지했지만, 이 나라들 또한 더 작은 섬나라들에 대한 통제권을 장악하는 데 성공했다. (프랑스는 이스파뇰라 섬의 동쪽 절반을 차지하여 생도맹그Saint Domingue라고 부른 반면, 에스파냐는 자신들이 차지한 반쪽을 산토도밍고Santo Domingo라고 불렀다.) 쿠바는 카리브 해에서 가장 큰 섬이었지만 인구는 1700년에 고작 5만 명에 불과했다.[3]

에스파냐가 아메리카 본토에서 발견한 것처럼 부의 원천이 없었던 영국, 프랑스, 네덜란드, 덴마크는 자신들이 지배하는 섬에서 사탕수수 플랜테이션을 건설하기 시작했다. 포르투갈은 브라질에서 플랜테이션

사진 2 "아투에이, 아메리카의 첫 반란자. 야라에서 화형에 처해짐." 쿠바 동부 바라코아의 중앙
광장에 있는 아투에이의 흉상.

을 경영했다. 이들 나라에서는 1600년대 중반부터 1800년대 초반까지 수백만 명의 노예를 수입했다. 특히 브라질, 생도맹그, 자메이카, 바베이도스는 거대한 설탕 수출 지역이 되었다. 하지만 에스파냐가 차지한 섬들은 1700년대 후반까지 제국의 후미진 곳으로 남아 인구도 적고 생존에 필요한 더 다양한 산물을 생산했다.

아프리카 노예들이 대규모로 유입되어 쿠바에서 설탕 수출 경제가 시작된 것은 1700년대 말이었다. 에스파냐가 제국의 경제적 효율성을 높이기 위해 부르봉 개혁이라고 알려진 일련의 정책을 채택했을 무렵이었다. 한편 미국혁명과 프랑스혁명에 이은 아이티혁명은 세계경제를 완전히 바꾸어 놓았다. 세계에서 가장 규모가 큰 설탕 생산지 생도맹그(프랑스로부터 자유를 쟁취한 노예 반란 이후 '아이티'라는 타이노 이름을 되찾았다)는 세계시장에서 완전히 철수했으며, 곧 대륙의 에스파냐 식민지들도 미국과 아이티를 따라 해방투쟁에 나서서 마침내 독립을 성취했다. 이에 따라 19세기에 에스파냐는 크게 축소된 카리브 해 제국에 온통 관심을 쏟았는데, 그 중심에 쿠바가 있었다.

한 세기도 채 되지 않아 1백만 명이 넘는 노예가 쿠바 섬으로 끌려왔다. 아프리카 노예들은 1866년까지 끝없이 쏟아져 들어왔고 1886년에 가서야 노예제가 폐지되었다. 노예는 1790년부터 1867년까지 780,000명이나 들어왔다. 오늘날 쿠바 인구의 상당 부분은 적어도 부분적으로는 이 아프리카인들의 후손들이다.[4] 그 비율은 30~60퍼센트로 추정된다.

그런가 하면 또 다른 사람들이 쿠바로 들어왔다. 노예무역을 그만두라는 영국의 압력이 커지자 쿠바 플랜테이션 경영자들은 중국으로 눈을 돌렸다. 그리하여 19세기 중반에는 약 10만 명의 중국인들이 유입되어 노예와 별반 다르지 않는 조건에서 일했다. 1898년 쿠바가 독립한 시기를 전후하여 상당수의 에스파냐 사람들이 계속 들어왔다. 미국 투자자들이 19세기 후반부터 설탕 생산을 인수하기 시작했다. 투자자들 가운데는 플랜테이션을 경영하는 개인들과 '허쉬'(Hershey)나 '유나이티드프루트'(Unite Fruit Company) 같은 잘 알려진 회사도 있었다. 20세기 초반에 미국은 플랜테이션 노동을 충당하기 위해 미국이 점령한 아이티에서 대규모 이주 노동자들을 들여왔다. 또 자메이카에서 이주한 설탕 노동자들도 있었다. 유럽에서 나치를 피해 미국으로 건너온 유대인들이나 1936~1939년 내전과 프랑코 독재를 피해 온 에스파냐 공화주의자들을 포함한 난민들이 들어오기도 했다.

1940년대에 쿠바의 인류학자 페르난도 오르티스는 영향력 있는 저작에서 쿠바 사람들에게는 '문화 이식'(transculturation)이라는 특징적인 현상이 나타난다고 주장했다. 잇따라 들어온 이민자 집단은 "자신들의 토착적인 계류장에서 떨어져 나와 부적응과 재적응, 문화 박탈(deculturation)과 문화변용(acculturation)의 문제에 직면했다"고 설명한다. 쿠바의 역사는 "아메리카의 그 어떤 나라보다도 더 인간 집단들의 문화 이식이라는 강렬하고, 복잡하고, 중단 없는 과정이었다."[5]

미국도 쿠바와 마찬가지로 다인종에 다문화적인 성격을 갖고 있는 듯하다. 실제로 여러 면에서 그렇기도 하지만 두 나라 사이에는 꽤 중요한 역사적 차이가 있다. 쿠바 사람들 중에는 아프리카인들의 비율이 훨씬 더 높은데, 이들은 19세기에 걸쳐 대규모로 계속 들어왔다. 20세기에 아프리카의 언어와 종교, 문화가 미국보다 쿠바에서 훨씬 더 많이 남아 있었던 것은 이 때문이다.

미국에서는 독립운동이 백인들(다수가 노예 소유주)에 의해 수행되었으며, 1776년에 수립된 국가는 노예제 유지를 약속했다. 흑인들에게 시민권이 허용된 것은 거의 100년이 지난 후였다. 그때까지도 미국의 백인 지도자들은 영토 확장과 인종차별 정책을 추구했다.

쿠바에서는 식민지 지배가 100년이나 더 지속되었으며 노예제는 식민지 체제의 일부로 인식되었다. 그래서 여러 독립운동 지도자들은 노예제를 결단코 거부했다. 백인 독립운동 지도자 호세 마르티는 자주 인용되는 글에서 "쿠바인이 되는 것이 백인보다 먼저이고, 흑인보다 먼저이며, 물라토보다 먼저이다"라고 선언했다. "모두와 함께 모두의 선(善)을 위해" 독립은 하나의 국가를 창조할 것이다.[6]

쿠바 독립전쟁은 1868년에 카를로스 마누엘 데 세스페데스(Carlos Manuel de Céspedes)가 〈야라의 외침〉(Grito de Yara)을 발표하면서 시작되었다.(사진 3) 플랜테이션 소유자였던 세스페데스는 자신의 노예들을 풀어 주면서 쿠바 독립을 위해 함께 싸우자고 호소했다. 그 후 '청동 티탄' 안토니오 마세오(Antonio Maseo)가 합류했다. 마세오는 베네수엘라 농부와 아프리카계 자유 쿠바 여인 마리아나 그라할레스 사이에서 혼혈로 태어났다. 세스페데스와 마세오, 마르티 세 사람은 미래 세대에게 독립운동의 다양성을 빛낸 쿠바 독립의 영웅적인 지도자가 되었다. 1957년에 아바나 시장은 공식적으로 그라할레스를 '쿠바의 어머니'라고 일컬었다. 오늘날 몇몇 쿠바 공항은 이 독립 영웅들의 이름에서 가져왔다. 아바나의 쿠바 국제공항은 호세 마르티의 이름을 땄고(국립도서관을 비롯한 주요 기관의 이름도 마찬가지다), 산티아고, 관타나모, 바야모 공항은 각각 마세오, 그라할레스, 세스페데스의 이름을 땄다.

사진 3 "반란의 상징, 야라." 쿠바 동부' 그란마 도에 있는 기념 조형물(2014년).

쿠바에서는 국가 독립과 국민 정체성이 인종 평등 및 인종 통일이라는 사상과 결합되었는데, 그 방식이 미국과는 너무도 달랐다. 물론 그렇다고 해서 쿠바에 반흑인 인종주의가 존재하지 않았다거나 지금 전혀 존재하지 않는다고 말하는 것은 아니다. 인종을 기초로 한 착취를 수백 년 동안 겪은 역사를 가진 사회가 하룻밤 사이에 체제에 각인된 구조와 사상에서 벗어날 수는 없다. 독립운동 과정에서도 세스페데스 같은 일부 사람들은 사탕수수 플랜테이션 지배 체제의 이해관계에 맞도록 인종주의를 점진적으로 폐지해야 한다고 주장하기도 했다. 하지만 반흑인 인종주의와 민족주의의 관계, 흑인과 독립운동 및 독립사상의 관계는 미국과 전혀 다르다. 1902년 이후에는 외세의 식민지 지배와 인종 불평등을 통합적으로 연결하는 민족주의 사상이 오히려 강화되었다.

더욱이 미국은 쿠바의 독립운동 과정과 쿠바 독립의 의미를 형성하는 데 중요한 역할을 했다. 쿠바는 북쪽의 이웃인 미국이 점차 지배하게 된 아메리카 대륙에서 독립을 쟁취했다. 마르티는 75년여 전 라틴아메리카 독립운동 지도자였던 시몬 볼리바르의 정서를 반복했다. "미국은…… 신의 섭리에 따라 자유라는 이름으로 아메리카를 괴롭힐 운명인 것 같다"[7]고 한 볼리바르의 말은 유명하다. 1823년 먼로독트린은 자신의 이익을 위해 아메리카 대륙의 경찰이 되겠다는 미국의 의도를 선언한 것이었다. 서쪽으로 자신의 지배 영역을 확장하여 급기야 새로이 독립한 멕시코 영토의 절반 이상을 미국 영토로 편입한 1848년 전쟁에서 절정을 이루었다. 1891년, 마르티는 자주 인용되는 에세이 〈우리 아메리카〉를 써서 미국의 위험성을 경고했다. 그가 라틴아메리카를 가리켜 '우리 아메리카'라고 표현한 것은 '다른 아메리카'인 미국과 대비하기 위해서였다.

"우리 아메리카는 우리 자체에서 비롯되는 것이 아니라 아메리카 대륙의 두 절반 사이의 기원과 방식, 이해관계의 차이에서 비롯되는 또 따른 위험을 안고 있다. 우리를 잘 모르는 이 무서운 이웃의 조롱은 우리 아메리카의 가장 큰 위험 요소이다. …… 이 이웃은 심지어 무시함으로써 우리를 손아귀에 넣을지도 모른다." 미국의 지배 위협에 대처하기 위해 라틴아메리카는 유럽 출신이 아닌 사람들(미국이 거부하는 바로 그 사람들)을 포용해야 한다고 마르티는 주장했다. 라틴아메리카는 "압제자들의 야망과 지배 관습에 반대되는 새로운 체제를 확립하기 위해

사진4 쿠바의 중소도시 중앙공원 어디서나 찾아볼 수 있는 호세 마르티의 흉상.

피억압자들과 더불어 공통의 대의를 만들어야 하며" 특히 "인디언들을 피바다에 빠뜨린" 미국의 특징인 "원주민들에 대한 사악하고 비정치적인 경멸"을 거부해야 한다.[8]

그럼에도 미국에 대한 쿠바의 태도는 확실히 복합적이었다. 상당히 많은 사람들, 특히 백인 쿠바인들은 미국을 자유와 진보의 횃불로 보았으며, 장래에 쿠바의 가장 큰 희망은 북쪽에 있는 이 나라의 일부가 되는 것이라고 생각했다. 쿠바의 역사가들은 병합주의자들을 비하하거나 악마로 보았지만(마치 18세기 말 미국 역사가들이 독립운동보다는 영국을 지지했던 많은 미국인들을 깎아내렸듯이), 그들은 독립 전에도 후에도 중요한 목소리를 냈다. 체코의 학자 조세프 오파트르니는 병합주의 정서가 에스파냐로부터 쿠바의 독립을 상상하는 씨를 뿌렸기 때문에 사실상 독립운동을 향한 첫걸음이었다고 주장했다.[9] 쿠바의 삼색 국기는 본디 1848년 베네수엘라 이민자 나르시소 로페스가 미국에서 도안한 것이었다. 텍사스 론스타를 본떠 국기를 만든 로페스는 몇몇 병합주의자들을 이끌고 쿠바로 들어갔다.[10] 미국은 또한 마르티처럼 독립사상을 가장 강력하게 고취했던 수많은 쿠바 이민자들이 거주하는 곳이기도 했다.[11]

1868년부터 1898년까지 단속적으로 벌어진 쿠바 독립전쟁의 결과, 쿠바와 미국 사이에 윌리엄 매킨리 대통령이 말한 바 있는 '단일한 친교관계'가 공고해졌다.[12] 미국은 1898년 쿠바의 독립투사들을 교전 당사자로 인정하기를 거부하고 쿠바를 점령하여 4년 동안 군정을 실시했다. 그러고는 1902년에 군대는 철수하면서 쿠바를 미국의 실질적인 보호국으로 만드는 '플랫 수정안'(Platt Amendment)을 남겨 놓았다. 미국 전쟁부 장관이 기초한 이 법안에 미군 철수의 조건으로 쿠바의 새 헌법에 포함되었다. 미국이 쿠바의 외교정책과 경제정책을 통제할 수 있게 하고, 쿠바에 있는 미국 재산을 보호하기 위해 군사적으로 개입할 수 있는 권리와 연료 보급 항구와 해군기지를 설치할 수 있는 권한을 부여했다. 쿠바의 저항에도 불구하고, 마지막 규정에 따라 미국은 관타나모 만에 해군기지를 건설하여 오늘날까지도 유지하고 있다.

미국의 정치와 군사, 경제적 영향은 1959년까지 쿠바를 지배했으며, 그 때문에 60년 동안 쿠바는 경제적 왜곡과 정치적 부패, 억압으로 얼룩졌다. 푸에르토리코를 제외하면 라틴아메리카의 그 어떤 나라도 미국과 그처럼 길고 강렬한 관계를 누리지(또는 견디지) 못했다. 이러한 두 나라의 관계는 쿠바의 문화와 경제, 정치, 국민의 정체성까지 형성했다. 쿠바인들은 독립의 타협적 성격을 표현하기 위해 1902년 이후의 시기를 '신식민지' 시대 또는 '사이비 공화국'이라고 부른다.

공화국 속의 식민지

"공화국에 식민지가 살아 있다"고 1891년에 호세 마르티는 썼다. 그 무렵 쿠바가 여전히 식민지였지만, 마르티는 식민지가 아닌 라틴아메리카의 다른 나라들이 유럽의 인종적 우월성에 관한 사상을 포함하여 문화적·지적으로 유럽 사상에 집착한 행태를 지적한 것이다. 마르티는 쿠바로 돌아와 독립전쟁을 벌인 지 얼마 되지 않은 1895년에 죽었기 때문에 쿠바 공화국에서 식민지가 살아 있는 모습을 보지는 못했다. 하지만 그는 20세기 초 몇 십 년 동안 쿠바에 나타난 새로운 사회질서를 두고 일부 비판가들과 저항자들이 표명한 견해에 동의했을 게 분명하다.

1886년에 노예제가 폐지되고, 독립전쟁과 군대에 아프리카계 쿠바인들이 참여해 전쟁을 경험함으로써 인종 불평등과 백인 인종주의에 도전하는 문이 어떻게든 열렸다. 하지만 독립 후 발전 과정에서 백인 우월주의를 복원하기 위한 일들이 수없이 나타났다. 미국 점령군은 특히 다인종적인 독립군을 해체하는 데 지체하지 않았으며, 쿠바에 이미 존재하던 인종적 복합성에 미국식 인종주의를 덧씌웠다. 쿠바인이건 미국인이건 플랜테이션 소유자들은 흑인이 동원되어 노예제가 폐지된 이후에도 노동력에 대한 통제를 재확립하려고 애썼다.

흑인들 중 일부는 중요한 독립전쟁 지도자 가운데 한 사람이었던 후안 괄베르토 고메스(Juan Gualberto Gómez)의 사상을 수용했다. 고메스는 독립을 이루고 나면 흑인들이 교육과 자기계발을 통해 개인적으로 인종 불평등을 극복할 수 있을 것이라고 주장했다. 또 다른 일부 흑인들은 사회적 변화를 위해서는 조직이 필요하다고 생각하여 흑인의 이익을 증진하기 위해 유색인독립당(PIC)을 창당했다. PIC를 겨냥한 게 분명한 군사적·준군사적 폭력 속에서 약 3천 명의 흑인이 학살당한 사건은 이후 오랜 세월 동안 흑인의 정치적 조직화를 말살시켰다.[13]

하지만 쿠바계 미국인 역사학자 알레한드로 데 라 푸엔테의 주장에 따르면, 노예제로 인해 쿠바 사회에 각인된 깊은 인종적 편견과 불평등에도 불구하고 인종 단결을 강조한 독립 이데올로기는 무엇보다도 독립 후 (남성) 보통선거를 가져왔다. 보통선거 탓에 백인 정치가들은 흑인 유권자들의 이해관계를 고려해야 했으며, 주류 정당들은 흑인 후보자들에게 문호를 개방했다. 공식적으로 호세 마르티의 반인종주의 입장을 수용했기 때문에 쿠바에서는 미국과 달리 제도화된 인종주의가 자리 잡을 여지가 없었다. 어떤 의미에서 혁명 전 쿠바의 상황은 오늘날의 미국과 닮아 있었다. 투표소에서의 차별을 포함하여 인종차별은 법에 따라 공식적으로 금지되었다. 그럼에도 인종 불평등은 광범하게 퍼져 있었고, 인종주의는 사람들의 태도와 제도에 스며들어 있었다.[14]

아이티와 자메이카 이민자들이 쿠바 동부의 미국인 소유 플랜테이션으로 유입된 것은 복잡한 민족적·인종적 경관을 만들어 낸 또 다른 요인이었다. 분명히 반인종주의를 약속했음에도 일부 백인 쿠바 지식인들은 흑인의 유입이 쿠바의 인종적 균형을 위협한다고 주장했다. 그들은 아프리카계 쿠바인들에게 반흑인 정서와 인종주의에 기초하여 민족주의적, 반제국주의적, 반이민적 입장을 취할 것을 호소했다. 그들은 쿠바 흑인들은 쿠바 국적을 갖고 있기 때문에 '진정한 의미의 흑인은 아니며,' 나라 밖에서 흑인들이 유입되면 쿠바의 인종적 조화가 깨질 것이라고 주장했다. 그리고 그들은 오래전 식민지적 지위와 노예제의 오래된 연관성을 상기하면서 식민지를 불러냈다. 백인 외국인들은 다시 한 번 자신들의 플랜테이션에 흑인들을 들여오고 있었다. 쿠바에서 인종에 대한 관념과 현실은 복잡한 경관을 보여 주었지만, 거기에는 식민지 유산이 여전히 살아 있는 것 같았다.[15]

그런가 하면 수출 경제와 그것이 초래한 경제적 왜곡에서도 식민지는 살아 있었다. 독립 후 쿠바에는 외국자본과 상품들이 쏟아져 들어왔지만, 수위가 모든 배를 띄울 만큼 높지는 않았다. 대신에 설탕 붐은 소농들을 임금노동자로 바꾸어 보잘것없는 임금을 제공했다. 농촌 사람들이 일자리와 더 나은 삶을 찾아 도시로 몰려들었지만, 도시의 하부구조는 부유층과 중산층을 위한 것이었지 급격히 늘어나는 슬럼을 위한 것이 아니었다. 제조업 부문이 취약했던 탓에 많은 가난한 이주자들에게는 비정규 고용이 유일한 길이었다. 사람들이 기대했던 것과는 달리 에스파냐로부터의 독립이 경제적 독립이나 번영을 가져다주지 않았다. 역사학자 루이스 A. 페레스는 독립의 결과를 분석하면서 마르티의 예언을 반복했다. 그는 "식민지 사회의 온갖 모순이 해결되지 않은 채 남아 있다"고 1995년에 썼다. "미국은 …… 죽어 가는 식민지 질서를 구원하여 부활시켰다. …… 공화국은 그 모든 본질적 특징과 주요한 기능에서 옛 식민지의 사회경제적 하부구조에 새로운 정치적 형태를 부여했다."[16]

쿠바 정치가 미국의 인질이 되어 있는 동안 미국의 기업과 투자자들은 쿠바 경제의 주요 부문을 장악했다. 1905년에 쿠바 농촌 토지의 60퍼센트가 미국 시민이나 기업의 소유가 되었다. 또한 미국의 투자자들은 쿠바의 담배 무역, 철강, 구리, 니켈 광산, 철도, 전기, 통신 등 주요 산업의 90퍼센트를 지배하기에 이르렀다.[17] 미국의 경제사학자 릴랜드 젠크스는 1928년에 쓴 도발적인 제목의 책《우리의 식민지 쿠바》에서 쿠바에 대한 미국의 경제적 통제를 분석했다. 스콧 니어링과 조지프 프리먼은《달러 외교: 미국 제국주의 연구》에서 쿠바를 핵심 사례로 다루었다.[18]

미국에서는 젠크스, 니어링과 프리먼의 비판적 분석에 잇따라 20세기 중반에는 보다 더 승리주의적인 서술이 나와 미국의 외교정책을 자애롭고 공평무사한 것으로 묘사했다. 새뮤얼 플래그 비미스는 1943년에 유명한 말로 포문을 열었다. "미국은 1898년부터 제국주의 권력이 되었지만, 그 비교적 부드러운 제국주의는 1921년 이후 순화되어 지금은 완전히 청산되었다. …… 미국 제국주의는…… 결코 사람들의 특질 속에 뿌리내린 적이 없었으며, 그것은 본질적으로 구세계 제국주의 권력의 개입에 대한 …… 방어적 제국주의였다. 미국 제국주의는 오래 지속되지도 않았으며 정말로 나쁘지도 않았다."[19]

오늘날 미국 외교사 분야에서 수정주의 학파의 선구자인 윌리엄 애플먼 윌리엄스는《미국 외교의 비극》(1959)에서 비미스 등의 이상화된 해석을 폐기하고 다시 한 번 미국의 정책이 제국주의적이고 경제적인 동기에 의해 움직였다고 주장했다. 필립 포너와 루이스 A. 페레스는 이러한 관점을 쿠바에 적용했다. 페레스는 1898년에 미국이 개입하면서 "쿠바의 해방전쟁은 미국의 정복전쟁으로 전환되었다"고 주장했다.[20] 1959년 이전 시기를 다룬 수많은 저작에서 페레스는 미국의 정치경제적 지배가 쿠바에 끼친 영향을 연구했다.

쿠바의 역사가들 또한 1920년대 들어 미국의 식민주의 정책에 대한 비판을 내놓았다. 데이비드 힐리의 지적처럼, 쿠바 역사가들은 더욱 일관된 궤적을 따라 일찍이 쿠바 역사를 1868년부터 1959년에 이르기까지 독립을 위한 끊임없는 투쟁으로 분석하는 저서들을 펴냈다. 1898년 미국의 개입은 1868년부터 쿠바인들이 성취하려고 싸워 온 독립을 분쇄했으며, 20세기 첫 반세기 동안 미국의 경제적 통제와 거듭된 군사적 개입으로 쿠바는 혁명이 일어날 때까지 신식민지의 지위를 벗어나지 못했다.[21]

정치적·경제적 혼란이 20세기 전반기 쿠바의 특징이기도 했다. 설탕의 가격과 수요가 올라갈 때 경제는 호황이었다. 1921년처럼 가격과 수요가 무너졌을 때는 파멸적인 결과가 나타났다. 1921년의 붕괴는 은행 파산으로 이어져 대공황의 전주곡이 되었다. 물가가 뛰어 오르고 실업률이 치솟았다. 사람들은 파업과 시위, 저항으로 대응했다.[22]

심지어 호황 시기에도 경제성장의 성과는 평등하게 분배되지 않았다. 독립의 대의를 지지하고 싸운 쿠바 노동자들과 농민들에게 "조국(patria)에 대한 꿈은 이내 악몽으로 변해 버렸다"고 페레스는 설명했다. "쿠바 프롤레타리아에게 식민지에서 공화국으로의 이행은 빈곤의 늪으로 떨어지는 것을 의미했다."[23] 호황과 불황은 단일 상품에 지나치게 의존한 경제에 내재된 것이었다.

외국의 지배와 광범한 빈곤은 혁명 전 쿠바의 또 다른 본질적 특징인 부패를 만들어 냈다. 경제적 대안이 별로 없었던 쿠바 사람들은 부를 쌓거나 생존을 위해 점점 부패한 공공 부문으로 눈을 돌렸다. "1925년이 되자 부패는 공화국 쿠바의 일상적인 경제적·정치적 삶에서 본질적인 부분이 되었다"고 세르히오 디아스-브리케츠와 호르헤 페레스-로페스가 썼다. "하위직 공무원들은 정치적 후원을 통해 임명되는 경우가 흔했는데, 그들은 지나치게 정치화된 공직 일자리가 안정적이지 않았기에 빈약한 봉급을 보충하거나 저축하기 위해 자잘한 부패에 기댔다. 그리고 자잘한 부패가 만연한 만큼 대규모 부패도 성행했다. 기업은 생존하거나 번창하기 위해 공직자들을 '돌보지' 않으면 안 되었다. 역설적이지만 가장 야심찬 기업가는 정치적 부패로 향했다."[24] 1920년대에는 "공화국 정치의 참상이 국민들 눈앞에 펼쳐졌다. 모든 정부 기구 안에서 정치적 남용에 한계가 없었으며, 엄청난 뇌물의 폭로와 관리들의 부패 목록은 끝이 없었다."[25]

1920년대에는 기존 질서, 특히 미국에 대한 종속에 분노가 수많은 지식인들과 예술가들의 운동으로 결집되었는데, 이런 운동은 부활한 쿠바 민족주의로 유럽중심주의와 미국의 지배에 도전했다. 쿠바의 지식인들은 결국 호세 마르티의 충고를 따랐으며, 마르티뿐 아니라 미국과 유럽이 우월하다는 생각에 도전하는 '우리 아메리카'를 주장하는 다양한 층의 저자들에게 관심을 쏟았다. 그들은 또한 비판적인 미국과 유럽 저작들도 읽었는데, 마르크스와 엥겔스, 트로츠키, 스탈린에서부

터 스콧 니어링, 조지프 프리먼 같은 미국 저자들과 쿠바에서 미국 제
국주의를 비난한 릴랜드 H. 젠크스에 이르기까지 다양했다.

1920년대의 지적 물결 속에는 아프리카 문물에 대한 새로운 가치
평가도 이루어졌는데, 거기에는 특히 아프리카 영향을 받은 음악 장
르 '손'(son)도 포함되었다. "그 무렵 쿠바에 밀려들어 온 북아메리카의
상품, 영화, 문학, 스포츠 행사, 음악의 집중 포화 속에서 손은 국민 정
체성의 상징으로서 중요했다"고 민족음학 학자 로빈 무어가 기록했
다.[26] 이런 점에서 쿠바인들은 자기 방식으로 전 세계적인 '네그리튀드'
(négritude, 흑인 정체성) 현상 속에서 나름대로 역할을 했다. 네그리튀드
는 독립국가 아이티에서부터 카리브 해와 서아프리카의 프랑스 식민지
에 이르기까지 프랑스어권 세계의 흑인들을 결집시켜 흑인의 경험이나
문화의 가치를 평가하고 촉진할 것을 주장했다.

또한 쿠바의 흑인 지식인들은 1920년대 뉴욕의 '할렘 르네상스'와 그
에 따른 흑인들의 지적·문화적 삶의 발전에도 관심을 기울였다. 시인
니콜라스 기옌과 칼럼니스트 구스타보 우루티아 같은 아프리카계 쿠
바 작가들은 미국 시인 랭스턴 휴스 같은 동료들은 물론, 뉴욕 공공도
서관에서 아프리카 주제 전시회 큐레이터였던 아프리카계 푸에르토리
코인 아서 숌버그와도 밀접한 관계를 맺었다. 페르난도 오르티스와 라
미로 게라 이 산체스 같은 쿠바의 백인 지식인들은 쿠바의 식민지 역
사와 당시의 경제적·정치적 종속을 분석할 때 흑인 사상 속에 있는 이
러한 사조에 큰 영향을 받았다. 쿠바에서 미국 제국주의에 대한 비판,
미국에서 백인 우월주의에 대한 비판, 그리고 인종 불평등이라는 쿠바
자신의 역사에 대한 비판은 서로 얽혀 있었다.

수많은 조직들이 1920년대의 격동 속에서 자라 나왔다. 대학생들은 1923년에 '대학생연맹'(FEU, Federacíon Estudiantil Universitaria)을 결성했다. 공산주의 정당은 1920년대 쿠바 노동운동에 뿌리를 내리고 있었다. 농촌의 노동 조직들이 성장하여 1925년에 '쿠바노동총연맹'(CNOC, Confederatión Nacional Obrera de Cuba)이라는 전국 연합체를 결성했으며, 연맹의 지도자 가운데 일부는 그해 '쿠바공산당'(PCC)을 창당했다. 쿠바공산당은 신속하게 코민테른에 가입했고, 초창기 10여 년 동안 코민테른의 지도에 따라 도시 노동운동에서 정치적 영향력을 확대하는 데 초점을 맞추어 중요한 역할을 했다. 1928년에 스탈린은 코민테른 '제3기'라고 선언하고 세계 공산주의 정당들에게 계급투쟁의 철학에 기초를 둔 전투적 노동조합을 만들도록 지시했다. 1930년대 초에 쿠바공산당은 농촌지역까지 세력을 확장하여 농업 노동자와 농민을 조직함으로써 라틴아메리카에서 가장 크고 강력한 공산당 가운데 하나로 성장했다.

대공황은 쿠바의 수출 의존 경제를 잔인하게 강타했다. 임금과 고용이 줄어들었으며 조직적인 저항이 확산되었다. 헤라르도 마차도의 부패한 정부는 평화적 저항에 대해 점점 폭력적 탄압으로 맞섰다. 마차도는 먼저 의회를 압박하여 임기를 늘인 다음, 두 번째 임기에 단독으로 출마하여 집권을 연장했다. 1930년대 초가 되자 쿠바인들은 설탕 노동자와 도시 노동자에서부터 학생과 지식인에 이르기까지 직접 행동과 무장 반란으로 치달았다.

쿠바공산당과 노동운동은 1933년의 정치적 격변에서 주요한 역할을 했다. 공산주의자들이 노동자의 조직과 저항에 집중했던 반면에, 'ABC

혁명결사'와 '대학생집행위원회' 같은 다른 조직들은 마차도에 맞서 무기를 들었다. 마차도 정부는 쿠바공산당과 쿠바노동총연맹을 비롯한 정치·사회적 조직들을 불법화하는 등 점점 거센 탄압으로 대응했다. 미국조차도 마차도를 골칫거리라고 생각하기에 이르자, 무대 뒤에서 그를 제거하기 위한 공작을 벌이기 시작했다.

미국 대사 섬너 웰스와 쿠바 군부 사이의 치열한 막후 책동 결과, 1933년 마차도가 사임하고 그 대신 잘 알려지지 않은 국외자 카를로스 마누엘 데 세스페데스로 교체되었다. 새 정부는 한 달도 지나지 않아 학생들을 비롯한 여러 세력이 신속히 결집한 또 다른 군부 봉기로 무너졌다. 이번에는 급진적 개혁가들이 열쇠를 쥐었는데, 전직 대학 교수 라몬 그라우 산 마르틴이 대통령이 되고 혁명적 반제국주의자 안토니오 기테라스가 내무부 장관에 임명되었다.

새 정부는 스스로 혁명적이라 칭하고 노동 개혁을 포함한 사회·정치적 개혁 조치를 취하고 '플랫 수정안'을 일방적으로 폐기했다. 미국 대사 섬너 웰스는 그러한 조치를 '노골적인 공산주의'[27]로 여겼다. 역사학자 루이스 A. 페레스는 다음과 같이 기록했다. "100일 동안 임시정부는 기쁨에 찬 결단력으로 쿠바를 변화시키는 과업에 헌신했다. …… 미국의 제재나 지원 없이 수립된 공화국 최초의 정부였다. '쿠바인을 위한 쿠바'라는 슬로건 아래 새 정부는 현기증이 날 만큼 빠른 속도로 개혁 법령을 제정했다."[28] 새 정부는 미국의 뉴딜정책을 떠올리게 하는(어떤 경우에는 그보다 앞섰다) 친노동 정책을 수립했는데, 거기에는 노동부의 신설과 임금 인상, 하루 8시간 노동의 법제화, 노동자 보상 제도의 도입 등이 포함되었다. 이러한 변화는 쿠바 섬에 투자한 미국 투자자들의 이해관계뿐 아니라 미국의 정치적 통제에 대한 도전이었다. 그러나 새 정부는 한 걸음 더 나아가 (미국 소유의) 전기와 수도를 비롯한 공공요금을 내리고 농지개혁 조치를 취함으로써 외국의 경제적 통제에 도전하기에 이르렀다. "쿠바의 이해관계를 보호하는 조치는 미국의 이해관계를 위태롭게 했다"고 페레스는 직설적으로 썼다.[29] 한편 노동계급의 반란은 자신들의 고유한 생명력을 얻었다. 다수가 쿠바공산당에 가입하고 있던 설탕 노동자들은 자신들이 일하는 플랜테이션을 장악하고 자치 소비에트를 건설했다. 미국은 새 정부가 자신의 목표에 비추어 너무 급진적이라고 신속하게 결론지었다. 점점 더 불안해진 웰스는 쿠바 군부로 눈을 돌렸다.

세스페데스에 맞선 1933년의 반란은 세르헤안트 풀헨시오 바티스타가 지휘하는 하급 장교 집단이 일으킨 것이었다. 그라우 산 마르틴은 신속하게 바티스타를 대령으로 승진시키고 군부의 지휘권을 넘겼다. 그런데 웰스 역시 그라우 대신에 통제하기 더 쉬운 잠재적인 인물로 바티스타를 주목했다. 웰스는 새 정부의 승인을 거부하는 한편, 몰래 바티스타한테 접근하여 "쿠바에서 상업적·금융적 이해관계를 가진 대다수 사람들은 보호망을 구하고 있는데 …… 스스로 그러한 보호망을 찾아낼 수 있을 것"이며, 미국은 혁명정부의 전복을 긍정적으로 기대한다고 암시했다.[30] 바티스타는 1934년 1월, 바로 쿠데타를 실행했는데 이번에는 오래 지속되었다. 미국은 즉각 새 바티스타 정부를 승인함으로써 그를 도왔다. 바티스타는 이때부터 1959년까지 직접 또는 배후에서 권력자가 되었는데, 1934~1944년과 1952~1959년 기간에는 직접 통치했다.

바티스타는 무장 저항을 분쇄하는 데 성공한 한편, 쿠바공산당과는 결국 화해했다. 1935년, 코민테른은 180도 전환하여 제3기의 방침을 버리고 인민전선 전략을 채택했다. 그리하여 각국 공산당들은 파시즘의 위협에 대항하기 위해 선거에 참여하고, 이른바 부르주아 정당이나 조직들과 동맹을 맺어 인민전선을 형성하도록 권고 받았다. 쿠바공산당은 이러한 지시를, 바티스타 정부와 함께 일하라는 명령으로 해석했다. 이에 대응해 바티스타는 쿠바노동총연맹이 요구해 온 노동개혁 가운데 일부를 입법했으며, 나아가 두 공산당 지도자 후안 마리넬로와 카를로스 라파엘 로드리게스를 내각에 기용하기도 했다.[31]

개혁주의의 기운이 감돌았지만, 그 목표 및 이데올로기와 정치·경제적 현실 사이의 격차는 커질 뿐이었다. 예컨대 쿠바의 다양한 정치 집단이 1940년의 새 헌법 제정에 참여했다. 새 헌법은 정치적 자유와 경제적 보장을 포함하는 1933년의 개혁주의 목표들 가운데 많은 부분을 고스란히 반영했다. 하지만 실행하는 메커니즘이 없었기 때문에 헌법은 현실이 아니라 꿈을 표현하는 문서에 지나지 않았다.

1944년, 야당이었던 정통당(Auténtico Party)이 선거에 승리하자 바티스타는 물러났다. 그러나 개혁에 대한 희망은 더 부패하고 불평등한 현실에 자리를 내주었다. "공공기관의 횡령, 뇌물, 배임, 부패가 중앙정부와 지방정부, 시정부 할 것 없이 모든 부서에 배어들었다. 공공의 금고가 개인의 서랍으로 변했다"고 페레스는 결론지었다.[32] 1952년에 바티스타가 두 번째 쿠데타를 감행했을 때 조직적인 저항은 거의 없었다.

새 군사정부도 쿠바의 뿌리 깊은 구조적 문제들인 단일 작물(사탕수수)에 대한 지나친 의존, 미국에 대한 정치·경제적 종속, 그리고 계속되는 빈곤과 불평등에 대한 해결책을 제시할 방도가 거의 없었다. 그 대신에 군사정부가 가져다준 것은 억압이었다. 저항은 심한 탄압을 받았다. 한때 바티스타가 협력했던 공산당은 1953년에 부분적으로는 미국의 냉전정책에 따라 불법화되었다. 쿠바의 노동운동은 친정부 지도자들이 장악하게 되었다. 아프리카계 쿠바인들의 클럽이나 단체들도 생존을 위해 협력이 필요해지자 같은 길을 갔다.

아프리카계 쿠바인들 가운데 빈곤층이 상대적으로 더 많다는 사실에 대해 모든 사람들이 동의하는 반면, 학자들은 바티스타 정부와 쿠바 흑인들 사이의 관계를 둘러싸고는 견해가 서로 일치하지 않는다. 1950년대 쿠바의 흑인 사회조직들은 (대부분의 공식 조직들과 마찬가지로) 숙청되거나 편입되어 본질적으로는 바티스타 정부에 의해 통제되었다. 따라서 그런 조직들이 바티스타 지지를 표명한 것은 놀랄 일이 아니다. 바티스타는 혼혈이었는데, 그를 반대하는 보수적인 사람들은 그를 '나쁜 물라토'나 '검둥이 야수' 같은 별칭으로 부르는 등, 인종을 근거로 공격하기도 했다.[33]

1950년대에는 적어도 두 개의 쿠바가 있었다고 말할 수 있다. 하나는 일자리가 없는 사람들과 농촌 빈민 150만 명이었는데, 여기에는 토지 없는 농민과 조그만 땅뙈기를 가진 '캄페시노'(compesinos)가 포함되었다. 이 가난한 쿠바인들은 대부분 약간의 콩과 쌀, 설탕물에 기대어 살아가면서, 사회학자 로리 넬슨이 1950년에 쿠바 농촌 곳곳에서 발견했던 "불균형한 영양 섭취와 기생충 감염을 말해 주는 불룩한 배를 가진 헐벗은 아이들"을 만들어 냈다. 스펙트럼의 다른 쪽 끝에는 90만 명 남짓한 가장 부유한 쿠바인들이 나라 전체 소득의 43퍼센트를 차지하고 있었다. 이들은 툭하면 마이애미로 쇼핑 여행을 갈 수 있는 돈에다 에어컨이 있는 사치스러운 집에 살면서, 심지어 죽은 뒤에도 변함없이 높은 수준의 안락을 누릴 수 있도록 "엘리베이터, 에어컨, 전화기"를 갖춘 묘를 갖고 있었다. 이 두 부류 사이에 있는 350만 명은 간신히 생계를 꾸려 가고 있었다. 쿠바가 미국 경제에 밀접하게 통합되어 있었기에 쿠바인들이 구매하는 모든 것들은 미국에서 수입된 것이었으며 생활비는 미국과 비슷하거나 더 높았다. 그러나 쿠바의 임금은 훨씬 낮았으며, 쿠바 사람들은 미국 시민들이 누리는 사회서비스나 사회보장을 받지 못했다.[34] 여러모로 쿠바에는 혁명의 기운이 무르익어 있었다.

혁명, 전쟁인가 과정인가

혁명 초기의 사건들을 연대순으로 써 내려간 음유시인 카를로스 푸에블라의 노래는 승리한 혁명의 의기양양한 낙관주의와 과거에 대한 거부를 잘 포착하고 있다.

그들은 여기에서 영원히 계속 나아갈 수 있으리라 생각했었지,
자신들의 아파트로 곱절이나 이윤을 올리면서 민중들에겐 고통을 주었지,
민중들에게 잔인한 음모를 꾸몄지,
계속 민중을 착취하기 위해 …… 그리곤 피델이 왔다네!
파티는 끝나고 말았지,

사령관이 도착하여 파티를 그만두라고 명령했네!

쿠바혁명사에 등장하는 수많은 인물과 사건은 쿠바뿐 아니라 전
세계에 걸쳐 신화적 위치로 올라갔다. 2000년에 시사주간지《타임》
(Time)은 체 게바라를 20세기의 가장 중요한 인물 100명 가운데 한 사
람으로 꼽았다. "그의 얼굴은 커피 머그잔과 포스터에서, 열쇠고리와 액
세서리 끝 딸랑이에서, 록 음악, 오페라, 미술 전시회의 광고판에서 우
리를 바라보고 있다"고《타임》은 적었다.[35] 쿠바에서는 체 게바라의 이
미지를 마주치지 않고서는 하루도 지낼 수 없다. 어린 학생들은 "우리
는 체처럼 될 거야!"(Seremos como el Che!)" 하고 외치면서 학교 수업을
시작한다(사진 5).[36]

미국은 많은 사람들이 나라의 본질이자 국민 정체성으로 생각하는
상징으로서 미국혁명과 독립선언, 조지 워싱턴, 에이브러햄 링컨, 자유
의 여신상 등을 갖고 있다. 쿠바는 19세기 에스파냐에 맞선 혁명전쟁
인물들을 영웅적 지위로 추켜올렸으며, 1959년 혁명의 핵심 인물과 사
건들도 마찬가지로 추켜세웠다. 호세 마르티의 흉상은 쿠바의 공공장
소 곳곳에 있다(사진 4, 45쪽). 더구나 마르티의 이름은 아바나 국제공항
과 국립박물관을 빛내고 있어 어느 누구도 그의 상징적 지위를 따라갈
수 없다. 하지만 1959년 혁명의 지도자들도 쿠바에서 커다란 상징적
지위를 차지해 왔다.

체 게바라는 몇 가지 이유로 누구보다도 신화적인 지도자가 되었다.
다른 혁명 지도자들과 달리 체는 본디 쿠바인이 아니었다. 그는 아르헨
티나 출신의 마르크스주의자 의사로서 자기 조국을 떠나 혁명적 대의

seremos como el che

사진5 "우리는 체 게바라처럼 될 거야!" 산드라 라모스 그림.

에 삶을 바쳤다. 그는 또한 게릴라 전쟁과 사회주의의 목표 및 성격에 관한 마르크스주의 사상에 자신의 사상 흔적을 남긴, 어떤 의미에서는 혁명적 철학자였다. 그는 모든 것이 실제로 가능하다고 여겨지던 1960년대 초 쿠바에서 진행된 가장 급진적이고 유토피아적인 경제개혁의 설계자였다. 그는 또한 국제주의에 대한 쿠바혁명의 헌신, 즉 아프리카에서 라틴아메리카에 이르는 혁명운동들과의 연대를 상징하게 되었다. 결국 그는 볼리비아 산악 지대에서 자신의 혁명이론을 전파하려고 애쓰다가 1967년 끝내 순교자로 생을 마감했다. 그리하여 체의 이미지는 수십 년 동안의 혁명 권력을 거치면서 만들어진 타협을 연상시키기보다는 혁명 초기 시절의 무한한 가능성을 떠올리게 하면서 영원히 남게 되었다.

다양한 영웅들 뒤에는 그들이 참여하거나 지도한 조직과 운동들이 있었는데, 훌륭한 과업이나 이름이 역사책에 기록되지 않은 것들도 많았다. 쿠데타 1년 후인 1953년 바티스타 정부에 대한 혁명전쟁을 처음 시작한 '7·26운동'(July 26th Movement)과 1959년 새해 전야에 아바나에 입성한 최종 승리 행진은 다양하고 복합적인 지도자들과 조직들을 묶어세웠다.

그 집단은 자신들의 첫 번째 행동, 즉 바티스타에 대한 봉기의 신호탄으로서 쿠바 동부의 몬카다 병영을 습격한 날인 1953년 7월 26일에서 이름을 따왔다. 몬카다 공격을 지도한 피델 카스트로는 함께한 대다수 젊은이들과 마찬가지로 학생운동 출신이었으며, 전 학생운동 지도자 에두아르도 치바스가 1933년 개혁운동의 이상을 부활하기 위해 1947년에 창당한 정통당과 관련되어 있었다. 카를로스 푸에블라는 이렇게 노래했다. "몬카다는 우리가 갈 길을 보여 주었지. 그리고 그 위대한 선례 이후, 우리에게 그것은 언제나 26일이었네."[37]

거사 계획은 병영을 점령하고 민중들에게 봉기하라고 호소하는 일이었다. 하지만 그 계획이 군사적으로는 처참한 실패로 끝났다. 공격은 격퇴되었고, 대원 160여 명 가운데 61명이 죽었다. 나머지 사람 중에도 다수는 그 자리에서 잡히거나 피델 카스트로처럼 현장을 피한 뒤 곧바로 체포되었다. 쿠바공산당은 몬카다 공격을 "부르주아적 오판이 이끈 모험주의로서 …… 이론적 응집성과 이데올로기가 없었다"고 비난했다.[38]

그러나 푸에블라의 노래가 암시하듯, 몬카다는 쿠바의 과거와 완전한 단절을 상징하는 사건으로서 혁명의 역사 기록에서 중요한 위치를 차지하게 되었다. 몬카다는 혁명가 피델 카스트로의 기나긴 경력의 출발점으로서뿐 아니라 대담성과 패기, 그리고 한 편의 드라마로서 해가 갈수록 그 의미가 확장되었다. 심지어 병영 건물에 새겨진 총탄 구멍들은 복원되어 관광 명소가 되었다. 더 나아가 혁명이 승리한 후 몬카다 병영은 교육 복합 건물로 전환됨으로써 그 의미를 상징적으로 표현했다.

피델은 감옥에서 변론문을 직접 썼다. 그는 몬카다 공격에 참가한 사실을 시인했지만, 화제를 바꾸어 쿠바의 1940년 헌법에서부터 몽테스키외, 토마스 아퀴나스, 마르틴 루터까지 인용하면서 바티스타 정권 전반을 비난하고 비합법적인 권위에 저항할 권리를 옹호했다. 미국 독립선언은 정부의 권위가 지배받는 사람들의 동의에 기초한다고 선언했다는 사실을 카스트로는 재판부에 상기시켰다. "나에게 유죄를 선고하라, 그것은 중요하지 않다." 그는 감동적인 결론으로 변론을 마무리했다. "역사가 나를 무죄로 하리라."[39]

그런가 하면 변론문은 혁명 프로젝트의 개요를 제시했다. 카스트로는 실업 상태의 쿠바인들, 캄페시노와 농장 노동자들, 정치적 부패로 모든 기회를 잃은 도시 전문직 종사자들에게 호소했다. 그는 몬카다 공격대가 제정하려고 한 다섯 가지 '혁명적 법률'을 제시했다. 1940년 헌법의 복원과 법제화, 경작자들에게 토지를 돌려주는 농지개혁, 고용주들이 이윤을 노동자와 나눌 의무, 소규모 사탕수수 재배 농민들에게 시장의 보장, 사기와 부패로 획득한 모든 기업의 몰수 등이 그것이었다.

피델은 이 모든 혁명적 법률이 대토지 소유를 제한하고 노동의 권리를 보장하고 있는 헌법 그 자체에 기초한 것이라고 주장했다.

그 문서는 쿠바의 분열된 저항 세력들을 하나로 통합할 수 있는 프로그램이었다. 하지만 1950년대 내내 다양한 조직과 이데올로기가 정치 변혁의 방법을 둘러싸고 대중의 지지를 얻기 위해 경쟁했다. 어떤 조직은 무장봉기를 옹호한 반면, 당시 불법화되었던 공산당 같은 다른 조직은 조직 노동운동이 핵심 주역이 되어야 한다고 생각했다. 1958년에 이르러서야 '7·26운동'이 투쟁의 확실한 지도 조직이 되었다. "1959년 1월 1일에 이르기 위해 '7·26운동'은 2년간의 군사작전뿐 아니라 바티스타 정부를 끝장내려고 한 수많은 세력들을 대상으로 정치운동을 벌였다(2년이란 카스트로가 망명에서 돌아온 1956년부터 군사작전이 시작되었기 때문이다)"고 줄리아 스웨이그는 주장했다.[40] 오늘날 몬카다 공격을 혁명의 첫 번째 총성이라고 말하는 것은 어떤 면에서는 돌이켜 본 역사이다. 당시에는 거사가 다소 미친 듯하고 실패한 시도로 보였다.

몬카다 공격이 쿠바혁명의 시작을 상징하게 되었다면, 피델 카스트로가 감옥에서 풀려나와 멕시코로 망명한 뒤 1956년에 80여 명의 혁명가들과 '그란마호'(Granma)를 타고 쿠바로 돌아온 것은 혁명의 두 번째 거사였다. 그란마는 오늘날 아바나의 혁명박물관에 자랑스럽게 전시되어 있으며, 쿠바의 주요 일간지와 공산당 중앙위원회의 공식 이름도 이 배의 이름에서 따왔다.[41]

하지만 그란마 상륙은 군사작전으로서는 몬카다 공격과 마찬가지로 성공적이지 못했다. 그란마의 상륙에 때맞추어 계획된 산티아고데쿠바의 도시 봉기는 신속하게 진압되었으며, 정부군은 그란마 상륙을 기다렸다가 미래의 반란군 82명 대부분을 사살했다. 피델과 동생 라울 카스트로는 체 게바라와 함께 쿠바 동부의 시에라마에스트라 산악 지대로 숨어들었다. "그들은 계속 앞으로 나아갈 수 있다고 생각했네, 점점 더 많은 땅을 장악하면서. 하지만 거기 산중에서 미래가 동트고 있다는 사실을 알지는 못했다네"라고 카를로스 푸에블라는 노래했다.[42]

쿠바 동부의 산악 지대는 반란을 위한 비옥한 토양이었다. 식민지 시기 이래 거기는 범법자와 무단 토지 점유자들, 그리고 반란의 무리들이 똬리를 틀고 있었다.[43] 20세기 초, 미국이 지배하는 사탕수수 플랜테이션이 쿠바 동부 지역으로 확장되면서 빼앗긴 자들과 불평분자들의 대열은 점점 더 증가했다.

농촌 봉기는 쿠바 역사 기록에서 자랑스러운 위치를 차지해 왔다. 체 게바라의 《게릴라 전쟁》은 게릴라 거점(foco)이라는 사상을 촉진하고 대중화시켰다. 그것은 소규모의 헌신적인 게릴라 전사들이 극적인 행동을 통해 대중 봉기를 촉발할 수 있으며, 농민 봉기가 라틴아메리카의 혁명에서 핵심이라는 사상이었다.

농촌 게릴라 투쟁이 쿠바혁명의 역사에서 아주 중요한 한 가지 이유는 그것이 혁명 이데올로기와 프로그램을 형성한 방식 때문이다. 피델 카스트로나 체 게바라 같은 지도자들은 산악 지대에서 싸우기 전에도 급진적 변혁을 위해 끊임없이 투쟁했다. 하지만 '7·26운동'의 목표가 발전하고 확고해진 것은 산악 지대에서 감행한 게릴라 투쟁을 통해서였다. "혁명 후 의료 이데올로기의 발전에 영향을 준 요인들 가운데 가장 중요한 것은 게릴라들이 절망적인 빈곤과 심각한 의료 문제를 겪고 있던 농촌 주민들을 직접 대면했다는 사실이었다"고 줄리 페인실버

사진 6 활짝 웃고 있는 체와 피델.

는 주장한다.[44]농촌의 빈곤은 우선 돈이 없어서였지만, 일자리 부족과 사회서비스, 교육의 결핍 문제이기도 했다. 도시 중산층의 관점에서 보면 농촌 빈곤의 뿌리 깊은 구조적 성격을 아는 게 쉬운 일이 아니었다. 농촌 빈민들과 함께 한 생활은 일종의 의식화 경험이었다. 혁명 프로그램의 두 가지 핵심적 측면은 게릴라 투쟁에서 나왔다. 하나는 농촌에 초점을 맞추어 자원을 근본적으로 재분배할 필요가 있다는 것이었고, 다른 하나는 도시 쿠바인들에게 빈곤한 농촌 현실과 대면하도록 함으로써 국가 건설과 의식화를 해야 할 필요가 있다는 것이었다.

농촌 게릴라 투쟁은 또한 국가의 독립과 사회정의를 위한 지난날의 실패한 투쟁들에 1950년대 봉기를 직접 연결하는 혁명 이데올로기에도 중요했다. 쿠바 동부는 독립 전쟁이 시작되어 급진화된 곳이었으며, 쿠바혁명의 대의가 "처음으로 열렬한 지지자들"을 발견한 곳이었다.[45]

'7·26운동'은 호세 마르티를 비롯한 수많은 혁명가들이 목숨을 바친 과업을 수행하고자 했다. 1898년 미국 점령군은 쿠바혁명군이 동부 지방 수도였던 산티아고데쿠바에 입성하는 것을 저지했다. 피델은 1958년 12월 31일, 산티아고데쿠바 경계선을 넘으면서 "1895년에 벌어졌던 일이 다시는 반복되지 않을 것입니다"라고 선언했다. "이번에는 반란군(mambises)이 산티아고데쿠바로 전진할 것입니다!"[46]

그러나 게릴라 투쟁은 군사적으로 보면 역사 기록이 암시하는 것보다 혁명에서 덜 중요할지도 모른다. 최근의 역사학자들은 관심을 돌려 '7·26운동'에서 도시의 여러 조직이 수행한 중요한 역할을 강조한다. 평지(llano) 전략은 산악 지대와 대조적으로 도시 봉기를 통해 바티스타의 퇴진을 압박하는 것이었다. 줄리아 스웨이그에 따르면, 1957~1958년 시기에는 중산층 청년들이 지도하고, 태업에서 총파업에 이르는 투쟁에 초점을 맞춘 '7·26운동'의 도시 지하조직 부문이 혁명전쟁에서 중심 무대를 차지했다. 1958년 4월로 계획된 총파업이 실패로 돌아간 뒤에야 비로소 피델과 체의 게릴라 투쟁이 혁명 동맹에서 주도적인 위치로 떠올랐다.[47]

희한하게도 《뉴욕타임스》에 기사를 쓴 미국 언론인이 예기치 않게 피델 카스트로의 게릴라 투쟁에 사기를 불어넣고 시에라마에스트라의 투쟁에 신화적인 성격을 부여하는 데 기여했다. 《뉴욕타임스》 기자 허버트 매슈는 그란마 작전이 실패로 끝나고 몇 달 뒤 1957년 2월, 피델을 인터뷰하기 위해 산악 지대로 들어갔다. 매슈의 자극적인 기사는 《뉴욕타임스》 1면에 실려 카스트로를 미국인들의 거실에 나타나게 했다. "그는 자유, 민주주의, 사회정의, 그리고 헌법을 복원하고 선거를 지켜 내야 한다는 강력한 사상을 갖고 있다"고 매슈는 썼다. 또 다른 《뉴욕타임스》기자는 나중에 매슈를 가리켜 "피델을 창조해 낸 사람"이라고 규정했다.[48]

1958년 3월까지 미국은 동맹자 바티스타 뒤에서 정부군에게 무기와 탄약을 제공했다. 반란군이 단결하여 위세를 떨치기 시작했을 때 미국이 군사적 지원을 끊자 바티스타 정부는 가장 중요한 버팀목을 잃었다. 1958년 여름, 바티스타가 반란군에 대한 마지막 공격이라고 기대한 공세 작전은 실패로 돌아갔으며, 8월에 시작된 반란군의 반격은 그야말로 파죽지세였다. 바티스타의 군대는 대규모인 데다가 잘 무장되어 있었지만, 훈련이 잘 되어 있지 않았으며 사기 또한 형편없었다. 1958년 말, 반란군이 도시를 차례로 장악하고 수도로 진격하기 시작하자 미국은 신속히 움직여 '7·26운동'의 승리를 빗나가게 하거나 미국에 좀 더 고분고분한 대안을 세우려고 안간힘을 썼으나 허사였다.[49]

쿠바혁명이 정확히 언제 사회주의혁명이 되었는지, 피델 카스트로가 언제 공산주의자가 되었는지를 파악해 내는 데 미국에서는 상당한 양의 잉크가 소비되었다. 라틴아메리카에서는 20세기에 걸쳐 공산주의를 비롯한 마르크스주의 정당과 조직들이 활동하고 있었다는 사실을 기억할 필요가 있다. 공산주의 정당이라고 하면 보통 역사적으로 코민테른과 동맹을 맺어온 정당들이었던 반면에, 다른 독립적 마르크스주의 정당과 조직들은 상이한 지도자들과 방법, 목표를 추종했다. 미국이 공산주의에 집착했음에도 불구하고, 소련과 코민테른은 라틴아메리카에서 무장 혁명 사상을 지지하지 않았으며 1950년대 쿠바의 혁명을 지지하지도 않았다. 쿠바의 인민사회당(PSP, Partido Socialista Popular)을 비롯하여 소련과 연대한 정당들은 노동의 조직화와 선거 정치에 때때로 관여한 반면 일반적으로 무장투쟁에는 관여하지 않았다. 인민사회당이 나중에 쿠바의 무장 혁명을 이끈 '7·26동맹'에 마지못해 참여한 것은 1958년 여름이었고, 그때는 사실상 바티스타 정권의 몰락이 분명해졌을 때였다.

라틴아메리카의 혁명운동에서 훨씬 더 중요한 것은 체 게바라의 이데올로기와 유산이었다. 체 게바라 전기뿐 아니라 라틴아메리카 좌파에 관한 대중 연구서를 펴낸 멕시코의 논객 호르헤 카스타녜다에 따르면, 라틴아메리카에서 체의 유산은 주로 혁명적 폭력과 게릴라 전쟁에 헌신한 것인데, 그가 죽은 후에도 지속된 영웅적 낭만주의는 좀 더 '현대적인' 좌파 대안들이 들어서는 데 장애가 되었다.[50] 이러한 관점에서 보면 체와 그의 마르크스주의 사상은 수많은 라틴아메리카 사람들(혁명가를 지망한 사람들뿐 아니라 더 심하게는 그들의 투쟁에 마지못해 이끌려 들어간 사람들)을 죽음으로 내모는 데 기여했을 뿐이었다.

그러나 쿠바와 전 세계 민중의 상상력 속에 있는 체의 위상과 유산은 그의 군사적 위업이나 게릴라 전쟁 이론을 훨씬 능가한다. 마찬가지로 중요한 점은 그가 사회주의 사상을 재구성했다는 것이다. 체는 잘 번역된 많은 글에서 공산주의는 단순히 경제의 재구성으로 환원될 수 없다고 주장했다. 오히려 "공산주의는 의식 현상"이며, 소외를 극복하는 수단으로서 '새로운 인간'을 창조하는 것이었다. "나는 건조한 경제적 사회주의에 관심이 있는 것이 아니다"라고 체는 썼다. "우리는 빈곤에 맞서 투쟁한다. 하지만 우리는 또한 소외에 맞서 투쟁한다. …… 마르크스는 경제적 요인들뿐 아니라 경제적 요인들이 인간의 정신에 미치는 영향에 관심이 있었다. 공산주의가 만약 인간의 정신에 관심을 갖지 않는다면, 재화를 분배하는 방법은 되겠지만 결코 혁명적 삶의 방식이 되지는 않을 것이다."[51]

쿠바의 역사학자이자 철학자인 후안 안토니오 블랑코는 1993년, 한 인터뷰에서 체의 사상이 지닌 이런 특징을 반복했다. "체가 소련과 사회주의 진영을 비판한 것은, 그러한 체제가 사회주의의 경제적 구성에만 집착하고 사회주의 사회의 도덕적·정신적 요소들을 무시했기 때문이었다. 체는 언젠가 인터뷰에서 자신은 경제적 사회주의에는 관심이 없다고 말했다. 만약 사람들이 정신적 요소들을 무시하고 오직 경제적 요인들만 다룬다면 사람들은 소외를 없애려고 하지 않을 것이다. 체와 피델 모두에게 사회주의는 단순히 새로운 분배 방법을 개발하는 문제가 아니었다. 그것은 동시에 사람들을 소외에서 벗어나게 하는 문제였다."[52]

'새로운 인간'(hombre nuevo)이라는 사상은 게릴라 전쟁의 이념이 시들해진 뒤에도 세계 곳곳의 대안적·혁명적 운동에서 강력한 반향을 불러일으켰다. 역사학자 반 고스는 미국의 신좌파는 새로운 형태의 인간적 사회주의를 건설하고자 한 쿠바의 시도로부터 적지 않은 영감을 얻었다고 주장했다.[53] 1960년대의 반문화(Counterculture) 운동에서 1990년대의 뉴에이지 운동에 이르기까지 자본주의와 물질주의의 정신적·인간적 빈곤에 대한 비판은 체의 입장을 원용했다. 최근에 베네수엘라의 우고 차베스 대통령은 자기 나라가 새로운 인간을 창조하는 데 헌신하고 있음을 밝혔다. "개인주의, 자본주의, 이기주의 같은 오래된 가치들을 타파해야 한다"고 차베스는 선언했다.[54]

쿠바혁명에 대한 미국의 공식적 발표는 '공산주의' 문제를 강조했지만, 당시 미국의 정부 문서를 면밀히 살펴보면 약간 다른 관심이 있었음을 알 수 있다. 혁명 초기 몇 년 동안은 소련의 영향이나 인권, 또는 미국에 대한 군사적 위협 등의 문제는 미국 외교 문서에 거의 나타나지 않는다. 대신에 국무부와 현지 외교관들이 염려한 것은 쿠바가 어떤 종류의 경제 모델을 추구할 것인가 하는 점과, 특히 쿠바에 있는 미국 기업이 어떤 영향을 받을 것인가 하는 것이었다. 나아가 그들은 쿠바의 사례가 라틴아메리카 다른 나라들로 하여금 비슷한 경제적 전환을 하도록 자극하여 미국 투자자들에게 지장을 주게 될까 봐 몹시 우려했다. 1959년 9월, 국무부의 아메리카 대륙 문제 담당국의 J. C. 힐이 언급했듯이 "만약 쿠바혁명이 성공하면, 라틴아메리카의 다른 나라들과 아마도 다른 지역에서도 하나의 모델로 활용될 조짐이 있으므로, 우리는 쿠바혁명의 성공을 바랄 것인지 아닌지를 결정해야 한다."[55]

피델 카스트로 부대가 1959년 새해 첫날 아바나에 입성하면서 혁명 전쟁은 끝났다고 하지만, 혁명은 이제 막 시작했을 뿐이었다. 쿠바에서 '혁명'은 수많은 상이한 국면, 뒤틀림, 전환으로 점철되면서도 끊임없이 새로운 사회를 의식적으로 만들어 나간 50년 과정을 가리킨다.

3

사회주의 실험

6개월이라는 짧은 기간에 수십만 명의 쿠바인들이
혁명의 성공에 즉각적이고 지속적인 주체가 되었다.
사회서비스가 크게 확장되어 무료 또는 저렴한 비용으로 이용할 수 있게 되었다.
무상으로 제공되는 "기본적 사회서비스에는 교육, 의료, 의약, 사회보장뿐 아니라
장례, 수도, 스포츠 시설, 공중전화까지도 포함되었다.
편의시설과 대중교통 요금도 대폭 인하되었다.

이 장은 경제 문제로 시작한다. 쿠바가 농지개혁에서 시작하여 경제를 실질적으로 완전히 국유화하기까지 얼마나 대담한 경제적 변혁을 실험했는지 살펴본다. 여기서는 국내 정치와 국제정치의 맥락에서 식량, 주택, 교육, 의료 영역의 일상적인 생산과 소비의 문제를 조망한다. 그리고 쿠바식 사회주의의 경제적 측면뿐 아니라 사회적·이데올로기적 측면에 초점을 맞춘다. 자발성, 여성 노동력의 대량 편입, 육아의 사회화, 배급제 등은 모두 쿠바의 '파창가 사회주의'(socialism with pachanga, 쿠바의 손과 도미니크공화국의 메렝그가 혼합된 댄스 음악의 한 장르로서 1959년에 쿠바에서 이름 붙여졌다—옮긴이)의 특징이다.[1]

'7·26운동'은 광범한 대중적 지지와 정당성을 지닌 채 1959년 1월 1일부터 통치 실험을 시작했다. 하지만 다양한 지지자들은 옛것을 대체하는 새로운 체제가 어떤 종류여야 하는지에 대해 서로 매우 다른 생각을 갖고 있었다. 어떤 사람들은 단순히 바티스타의 부패한 지배를 끝장내고 헌정질서 회복을 바랄 뿐, 근본적인 사회 변혁에는 관심이 없었다. 또 어떤 사람들은 옛 질서가 무너진 가운데 더 혁명적인 기회와 새 정부 뒤에 있는 압도적인 민중권력을 보았다. 혁명은 종속과 빈곤, 저발전을 극복할 수 있을까? 혁명은 과연 새로운 사회, 새로운 인간을 만들어 낼 수 있을까?

소련에 대한 의존이 사회주의 쿠바의 특징을 규정한 것은 틀림없다.

그러나 혁명은 그 외에도 많은 정치·사회·문화·경제적 변화를 가져왔다. 대부분의 역사학자들은 쿠바혁명을 획기적 사건과 경제의 국면으로 시기 구분을 한다. 이런 시기 구분은 1960년대를, 설탕 경제로부터 벗어나려고 했으나 나중에는 결국 설탕 경제로 되놀아간 실험의 10년으로 특징짓는 경향이 있다. 급진적이고 실험적인 국면은 설탕 생산 1천만 톤을 달성하려고 한 시도가 실패로 끝난 1970년에 종결되었다. 1970~1986년에는 소련에 대한 정치·경제적 종속이 심해졌으며, 제도화와 관료화 그리고 1980년에 시작된 시장 개방이 있었다. 1986년의 '교정운동'(Rectification Campaign)은 분석가들 사이에서 많은 논쟁이 있었지만, 모두가 동의하는 점은 그 운동이 시장 실험을 중단시켰다는 것이다.

소비에트 진영의 붕괴는 쿠바의 경제 모델을 급격히 약화시켰으며, 1991년 선포된 '평화 시기의 특별시기'(Special Period in Time of Peace)에는 주요 경제개혁이 시작되었다. 1991년 이후의 경향을 일반화하여 파악하는 것은 쉬운 일이 아니다. 사회학자 수전 엑스테인은 1990년 이후 개혁의 특징을 사회주의, 자본주의, 전자본주의 세 범주로 나누었는데 나름대로 유용해 보인다.

나중에 8장과 9장에서 1990년 이후 시기를 살펴보도록 하고, 여기에서는 혁명 직후부터 30년간 쿠바 국내의 정치적·경제적 전개를 추적할 것이다. 혁명 과정에서 어느 시점에 근본적 변화가 일어났는지를 확인하고, 어떤 사상과 정책이 전체적으로 혁명의 특징을 보여 주는지에 특히 주목할 것이다.

낙후된 경제

혁명은 정치적 독립과 사회정의를 가져와야 한다는 사상은 쿠바 자체의 혁명사에 깊이 뿌리내렸다. 새로운 지도자들은 나라의 상황을 분석하고 정책을 개발하고 수립하기 시작할 때, 혁명 프로그램을 만들기 위해 혁명적이고 개혁적인 여러 이데올로기를 폭넓게 끌어왔다. 서론에서 서술한 것들에 더해 쿠바혁명 지도자들은 경제발전의 의미와 성격에 관한 당대의 논쟁에 주목했으며 거기에 기여하기도 했다.

제2차 세계대전 이후 사회과학자들은 세계의 상황에 대한 몇 종류의 비판과 더불어 가난한 지역에서 어떻게 생활수준을 개선할 것인가를 둘러싸고 서로 다른 사상들을 발전시켰다. '근대화' 이론가들은 유럽, 미국, 캐나다, 오스트레일리아 같은 제1세계 나라의 더 높은 생활수준이 경제발전의 결과라고 설명했다. 그들은 발전을 일직선으로 나아가는 과정으로 보았으며, '낙후되었거나 저발전된' 나라들은 '발전된' 세계를 따라잡기 위해 자신들과 같은 경로의 산업화로 나아갈 필요가 있다고 주장했다.[2]

주로 라틴아메리카 출신으로 마르크스주의의 영향을 받은 '종속' 이론가들은 이런 일직선형 관점에 도전했다. 이들의 주장에 따르면, 산업화된 나라들은 라틴아메리카나 아프리카 식민지 때문에 이익을 보았으며, 나란히 (그러나 상이한 방식으로) 발전해 왔다. 이에 반해 식민지들은 '종속적 발전'을 겪었는데, 경제는 외국에 지배되고 산업화된 식민지 권력에게 수출하기 위한 1차상품 생산에 기반을 두었다. 종속적 발전은 여러 가지 방식으로 왜곡되었다. 토지 엘리트들은 농촌에서 봉건제와 흡사한 지배를 유지하면서 매우 가난한 수많은 농민들로부터 이득을 얻었다. 근대의 도시 공간은 외국자본과 연결되어 있는 소수 엘리트 집단의 필요에 봉사할 뿐이었다. 소득은 이들 엘리트의 사치품 소비에 탕진되고 생산에 투자되지 않았다. 외국자본은 경제의 핵심 부문을 통제했다. 민주적 제도들은 취약하거나 아예 존재하지 않았다. 이는 외국자본이 최고 지배자이며, 한 나라 자원의 이용에 관한 주요한 결정이 국외자들에 의해, 국외자들의 이익을 위해 이루어졌다는 것을 의미한다.[3]

쿠바 경제는 경제적 종속과 관련된 온갖 특징을 드러냈다. 경작 면적의 4분의 3이 설탕 생산에 이용되었으며, 설탕은 전체 수출의 80퍼센트를 차지했다. 농장의 40퍼센트와 제분소의 55퍼센트는 미국 회사의 수중에 있었다. 또한 미국 투자자들은 쿠바의 전화와 전기 서비스의 90퍼센트와 철도의 50퍼센트, 그리고 압도적인 비율로 은행, 축산, 광산, 석유, 여행 산업을 통제하고 있었다.[4] 일자리가 있는 사람들 가운데 거의 4분의 1이 설탕 산업에서 일했는데, 이들 대부분은 계절노동자였다. 농장주들은 기술 발전으로 20세기 초에 10개월이던 수확 기간을 1950년대 들어 3개월로 줄였다. 이는 곧 계절에 따른 실업이 치솟았다는 것을 의미한다.[5]

쿠바의 소수 중간층과 상층계급은 주로 아바나에 살면서 교육과 의료, 도시 편의 시설에 대한 꽤 높은 수준의 접근권을 누렸던 반면에, 농촌에 거주하는 인구의 대다수는 가난했다. 쿠바 사람들은 이 가난한 이들을 '과히로'(guajiros)라고 부른다. 스웨덴 경제학자 클라에스 브루넨디우스는 과히로의 전형적인 삶을 이렇게 묘사했다. "그는 맨바닥에 야

자나무 잎사귀를 엮어 지붕을 얹은 작은 집, '보이오'(bohío)에서 살았
다. 90퍼센트의 과히로에게 석유램프가 유일한 조명이었으며, 44퍼센
트는 학교를 다닌 적이 없었다. 단지 11퍼센트만이 우유를, 4퍼센트만
이 고기를, 2퍼센트만이 달걀을 먹을 수 있었다. 하루 1킬로칼로리도
안 되는 식사는 결핵과 빈혈, 기생충 감염을 비롯한 갖가지 질병이 지
속적으로 증가하는 주된 이유였다."[6]

하지만 종속은 또한 상대적으로 혜택 받은 도시 부문에도 영향을
미쳤다. 1957년, 한 미국 언론인은 "현대 쿠바인은 핫도그, 햄버거, 핫
케이크, 와플, 프라이드치킨, 아이스크림을 먹는다"고 썼다. "오늘날 아
바나에서 말랑가(malanga), 유카(yuca), 피카디요(picadillo), 아히아코
(ajiaco) 같은 토속 음식을 찾는 것은 거의 불가능하다."[7] 조금 과장된 면
이 있기는 하지만(사실은 도시 곳곳의 작은 음식 판매대에서 전통적인 쿠바
음식이 계속 공급되었다.), 그러한 관찰은 많은 쿠바인들이 확실히 은총
이자 저주라고 본 전반적 현실을 반영한 것이었다. 1920년대 한 논객
은 "쿠바 고유의 것은 불행하게도 머나먼 과거로 사라지고 있다"고 썼
다. "조만간 …… 양키 양식의 캐리커처 말고는 남아 있는 것이 없을 것
이다. …… 거기에서는 껌과 거북딱지 안경이 우리를 '미국 상품'의 꼭
두각시로 완전히 바꿀 것이다."[8] 이것은 바로 호세 마르티가 1870년대
에 비판했던 문제의식이었다. "우리 청년들은 세계로 나가서 양키나 프
랑스풍의 안경을 끼고 자신들이 잘 알지도 못하는 나라를 어설프게 지
배하고 싶어 한다." 마르티의 해결책은 이랬다. "나라 안에서 배출된 정
치가들이 나라를 떠난 소원한 정치가들을 대체해야 한다. …… 플랜테
인(plantain, 요리용 바나나의 일종)으로 와인을 만들어라. 비록 시큼할지라

도 그게 바로 우리의 와인이다!"⁹

미국에 대한 경제적·심리적 종속을 단절하는 것이 혁명의 최우선 목표가 된 것은 분명했다. 하지만 쿠바의 설계자들은 또한 후진국 산업화의 어두운 측면도 피하고 싶어 했다. 사회주의 블록뿐 아니라 자본주의 라틴아메리카에서도 산업화의 추진에 필요한 자금은 농민 계급에 대한 초과 착취로 조달되었다. 소련과 중국에서 농민들은 기아로 굶주렸다. 라틴아메리카에서는 기아가 만연하지는 않았지만 농민들은 마찬가지로 서서히 굶주려 갔다. 20세기에 농민들은 도시에서 생계를 개선하려는 간절한 희망을 안고 농촌을 탈출하기도 했다. 그들은 제멋대로 뻗어 가는 도시의 슬럼과 판자촌으로 몰려들었다.

쿠바 게릴라 전쟁의 여러 지도자들은 중산층 출신으로 도시적이며 교육받은 배경을 갖고 있었다. 카스트로는 사탕수수 농장주의 아들로 태어나 가톨릭 기숙학교에서 교육받았으며 아바나대학에서 법학박사 학위를 받았다. 쿠바 동부 산악 지대에서 겪은 경험은 게릴라 지도자들의 정치적 성향을 형성하는 데 핵심이었다. 산악 지대에서 그들은 농산물 수출 경제의 현실과 농촌 빈곤, 그리고 농촌에 절실히 필요한 것들을 두 눈으로 똑똑이 보았다.

따라서 쿠바 발전 모델의 또 다른 축은 농촌에 특혜를 주는 발전 전략을 통해 도시와 농촌의 불평등을 줄이는 것이었다. 이른바 도시의 편의 시설이라고 할 수 있는 각급 학교와 대학교, 병원, 극장, 전기, 수도 등이 농촌 지역으로 들어갈 터였다. 그러나 농촌 지향 발전 모델의 또 다른 측면은 도시 사람들이 농촌 현실을 몸소 경험함으로써 의식을 높여야 한다는 사상이었다. 1990년대까지 경제에서 엄청난 뒤틀림과 전환이 있었음에도 이러한 정신은 변함없이 유지되었다.

실험과 대논쟁, 1960년대

1959년 1월 1일 이후 처음 몇 달 동안은 부와 소득을 철저하게 재분배한 일련의 급진적 개혁이 특징이었다. "기대는 높았고 충족되었다. 그리고 다시 더 높은 기대와 충족이 있었다"고 역사학자 루이스 A. 페레스는 쓰고 있다. "노동자의 임금은 인상되었으며 실업자는 일자리를 얻었다. 도시 프롤레타리아트는 임대료와 사용료 인하의 혜택을 누렸다. 농민들은 토지와 신용을 얻었다. …… 효과는 가시적이었다. 상당한 정도로 재분배가 일어났다. 실질 임금이 약 15퍼센트 인상되고, 그에 따라 지주와 기업가들의 소득은 떨어졌다. 6개월이라는 짧은 기간에 수십만 명의 쿠바인들이 혁명의 성공에 즉각적이고 지속적인 주체가 되었다"[10] 사회서비스가 크게 확장되어 무료 또는 저렴한 비용으로 이용할 수 있게 되었다. 무상으로 제공되는 "기본적 사회서비스에는 교육, 의료, 의약품, 사회보장뿐 아니라 장례, 수도, 스포츠 시설, 공중전화까지도 포함되었다. 편의 시설과 대중교통 요금도 대폭 인하되었다.[11]

하지만 작동 가능한 평등한 경제로 생산을 재편성하는 일은 기존의 자원을 처음으로 재분배하는 것보다 훨씬 더 어려웠다. 그러한 모든 실험이 겪게 되는 두 가지 요인, 즉 자본 도피와 사회적 자본의 도피로 인해 상황이 악화되었다. 자본주의 경제에서 투자는 개인이나 기관(은행 등)으로부터 나오는데, 그들은 이윤이 생길 것이라고 보는 곳에 투자한다, 만약 혁명정부가 임금을 인상하고 기업에 대한 법적 규제를 강화함으로써 이윤을 올릴 수 있는 가능성을 줄이면 자본가들은 다른 곳을 찾기 시작할 것이다. 그들은 외국 은행에 돈을 맡기거나 외국 기업에 투자할 수 있다. 달리 말하면 자본 도피가 일어난다.

다음으로, 일반적으로 높은 학력 수준, 기능, 사업 관계망 등 '사회적 자본'(social capital)을 가진 이전의 특권계급은 종종 자신들의 특권이 사라지는 것을 보게 되면 나라를 떠날 결심을 한다. 자신들의 지위를 유지하는 데 필요한 (사립학교, 가정부, 호화 음식점 같은) 제도들과 사치스런 물건들을 더 이상 구할 수 없게 된다. 그들의 안락한 생활양식은 위협받고 훼손된다. 그들은 외국에 친척이나 친구가 있을 수 있고, 과거에 미국에서 사립학교나 대학에 다녔을 수도 있다. 말하자면 그들은 떠날 수 있는 자원을 갖고 있다. 그리고 그들 중 다수는 떠난다. 실제로 쿠바 의사 6천 명 중에서 절반이 혁명 직후 몇 년 안에 쿠바를 떠났다.[12] 쿠바는 자신의 사회적 자본, 즉 경제를 재구성하는 데 가장 필요한 기능과 교육, 관계망을 잃었다.

쿠바의 새 지도자들은 설탕 수출에 대한 쿠바의 역사적 종속을 벗어나겠다고 맹세했다. 쿠바 인류학자 페르난도 오르티스는 1940년, 설탕은 외국의 식민지 지배를 의미한다고 주장했다. 그것은 노예제와 재산이 없는 노동자들을 의미했고 종속, 후진성, 저발전을 의미했다. 1960년대의 경제학자들을 비롯한 여러 사회과학자들도 동의했다. 쿠바 지도자들은 경제를 현대화하여 농업을 다변화하고 산업화를 촉진함으로써 쿠바의 역사적 종속을 극복하고자 다짐했다. 그것은 일찍이 없었던 목표였다. 하지만 쿠바는 나라의 부와 자원을 재분배하는 혁명과 동시에 그것을 수행하고자 했다.

혁명은 이러한 과제를 두 가지 방법으로 수행하고자 했다. 하나는 정부 분배 시스템이었는데, 그것은 토지개혁에서부터 배급에 이르기까지, 존재하는 어떤 자원이든지 모두 가난한 사람들이 평등한 몫을 가질 수 있게 보장했다. 다른 하나는 대중 동원이었는데, 그것은 자원이 부족할 때조차도 몇 가지 서비스의 이용 가능성을 증가시켰다. 교육과 의료는 인적 자원이 물질적 자원의 부족을 어느 정도까지는 메울 수 있는 두 영역이었다.

혁명 후 첫 몇 년은 국가 재건을 위한 봉사에 동원된 자발성과 재분배의 기풍이 특징이었다. 일부 쿠바인들은 이에 반대하여 나라를 떠난 반면에 더 많은 사람들은 자신들의 사회를 재창조할 수 있는 기회로 고무되었다. 문자해득 운동(literacy campaign)과 대중조직들의 건설, 그리고 의료 체계의 개혁은 이 초기 열렬한 동원 시기의 대표적인 성과들이었다.

"문맹에 대한 공격은 단순히 기술적이거나 교육적인 문제가 아니었다. 그것은 사회와 경제를 혁명적으로 전환하는 데 밀접하게 연결되어 있는, 심오한 정치적 과제로 간주되었다."[13] 문맹과 교육의 결핍은 침묵, 주변화, 억압을 의미했다. 대중 교육은 불평등의 세기를 전복하고 가난한 사람들에게 권능을 부여하는 핵심 수단이었다. 또한 10만 명의 학생들을 포함한 약 25만 명의 도시 쿠바인들의 동원은 구질서 아래에서 상대적으로 물질적인 안락 속에서 살던 도시의 교육받은 사람들에게는 정치교육 프로젝트 또는 '의식화'(concientizacíon)의 일환이었다. 문자해득 운동은 "쿠바 사회에서 반복해서 언급된 근본적 가치, 즉 혁명은

사진 7 아바나 외곽 리베르타드 시에 있는 문자해득 운동 박물관(2000년).

평등한 교육을 보장한다는 사상을 생생하게 보여 주었다." 전국 곳곳의
깃발들은 "저발전으로부터 벗어나는 길은 교육이다"와 "학습 계획은
당신의 책임이다"라고 촉구했다.[14] 아바나 외곽의 이전 군사 복합건물
에 들어선 문자해득 운동 박물관은 그 운동의 성과를 기념하고 있다
(사진 7).

　문자해득 운동은 특히 농촌 빈민을 위해 거대한 자원을 교육에 쏟
아 부은 것과 마찬가지로 호세 마르티의 "농촌 교육, 직업 교육, 정서 교
육, 성인 교육에 관한 급진적인 사상을 불러냈다. 사립학교들은 폐쇄되
었으며, 기초 교육, 직업 교육, 기술 교육은 온 나라 구석구석으로 퍼졌
다.[15] 도시 학생들은 농촌에서 노동하면서 일정 시간을 보내도록 했다.
1960년대에는 농촌 노동을 위한 2주간 동원의 형태를 취했으며, 1970

년대에는 대학 진학 예비과정인 도시 인문계 고등학교 학생들은 학과 수업과 육체노동을 병행하는 농촌 기숙학교를 다녀야 했다.

혁명 전 쿠바의 빈민들은 경제·사회적으로 소외되어 있었기 때문에 의료서비스에 접근하기 힘들었다. 재산이나 교육과 마찬가지로 의료서비스도 도시 지역에 편중되어 있었다. 1960년 1월, 새 정부는 '농촌 보건서비스'를 기획하여 농촌 의료시설을 설립했으며, 모든 의과대학 졸업생들에게 의료서비스가 열악한 농촌 지역에서 1년 동안 사회서비스 노동을 하도록 했다. 1961년에는 치과 진료가 추가되었다.[16] 교육과 마찬가지로 의료서비스에 대한 접근을 개선하는 것은 기술적 문제가 아니라 사회의 혁명적 전환으로 간주되었다.

쿠바의 강력한 이웃인 미국이 혁명 과정에 대해 보인 공개적인 적대감으로 인해 혁명은 군사적 승리 이후에도 동원하고 경계하는 태세를 계속 유지해야 한다는 생각이 형성되었다. 1960년 후반, 공격과 방해공작이 계속되는 상황에서 (카스트로는 이를 "제국주의의 공격 작전"이라고 불렀다) 카스트로는 사람들에게 "혁명적 집단경계 체계를 세울 것"을 요구했다. "대중이 조직된다면, 어떤 제국주의자도, 제국주의자의 어떤 하수인도, 제국주의자들에게 빌붙어 배반한 어떤 사람도 준동하지 못할 것이다"라고 그는 촉구했다.[17] 여기에 대한 반응으로 혁명수호위원회(CDR, Comités para la Defensa de la Revolución)가 창설되었다.

"처음에 위원회는 프로그램을 위한 공식적인 지침이 없었음에도 불구하고 카스트로의 연설을 따라 거의 즉각적으로 형성되기 시작했다"고 라차드 파겐은 설명한다. "열광적인 시민들 집단이 앞장서고 절차상의 세부 사항에 크게 구애받지 않고 위원회를 조직했다. 혁명 초기의 다른 많은 기관들과 마찬가지로 처음의 CDR은 질서보다는 에너지를, 규율보다는 열정을 표현했다."[18]

혁명은 모든 사람들에게 새로운 사회를 만드는데 참여하라고 요구했다. CDR은 1962년, 쿠바에서 처음으로 종두 접종 캠페인을 벌였다. CDR은 문자해득 운동의 실행을 지원했다. 1961년 4월, 미국이 지원하는 망명자 군대가 피그 만에 침입했을 때 CDR은 반혁명분자들과 그 동조자들을 검거하도록 지시받았다. "혁명군과 민병대가 침략한 망명자 군대를 상대했다. …… 혁명수호위원회는 반혁명적인 낌새나 거동으로 의심되는 사람들을 보고하고 검거하는 등 대도시와 중소 도시에서 열정적인 활동을 벌였다."[19] 비록 수만 명이 불충분한 증거에 근거하여 감금되기도 했지만, 침입이 확실하게 패퇴하고 사흘 후에 대부분 풀려났다. 이 사건은 앞으로 수십 년 동안 반복될 쿠바의 혁명적 동원의 한 측면을 예시한 것이었다. 정부와 국가에 대한 외부의 위협이 커지면 커질수록, 사람들에 대해 결속을 강화하고, 비판을 자제하며, 동조하고 복종하도록 강제하는 압력이 더 커졌다.

1963년에는 설탕 생산을 포기함으로써 경제를 다변화하려 한 시도가 처참한 결과로 나타났다. 그럼에도 불구하고 국가의 자원을 재분배하고, 가난한 사람들의 생활수준을 끌어올리고, 새롭고 평등한 나라를 건설하기 위해 대중을 동원한 혁명 과업은 근본적인 사회변동을 가져오는 데 성공적이었다. 거시 경제지표로는 침체나 실패인 것처럼 보였음에도 가난한 사람들의 사정은 많이 좋아졌다.

1960년대 중반, 쿠바 지도자들과 조언자들은 더 큰 경제적 과업에 자금을 조달하기 위해 설탕 생산으로 돌아가는 것이 불가피하다는 점에 동의했다. 그러나 그들은 더 큰 경제적 과업의 성격과 속도에 관해 논쟁을 이어 갔다. 소련 조언자들과 소비에트 모델에 경도되어 있던 쿠바공산당 당원들은 소비에트식 '시장 사회주의,' 즉 중앙계획과 자본주의식 시장 장려책을 결합할 것을 주장했다. 투자와 임금 및 이익 형태의 보상은 생산성을 반영해야 한다. 그리하여 생산이 증가되면 모두에게 이익이 될 것이다.

그러나 처음에는 시장을 완전히 폐지하자고 주장한 체 게바라의 대안이 이겼다. 체의 생각에 따르면 사회주의적인 '새로운 인간'은 물질적 보상이 아니라 도덕적 장려책으로 자극받게 된다. 이 모델에서는 자발성이 중요한 몫을 차지했는데, 그것은 문자해득 운동의 성공에 근거했다. 그러나 혁명적 동원은 위로부터의 결정에 기초해야 한다. 충분한 혁명적 열정으로 불가능한 것이 성취될 수 있을 것이었다.

물질적 장려책과 시장을 폐지하는 사상이 통했던 것은 사람들이 재화와 서비스를 얻는 데 돈이 필요 없었기 때문이다. 사적 경제는 실질적으로 폐지되었다. 1959년과 1963년의 농지개혁은 5카바예리아(67헥타르) 이상의 모든 개인 농장을 폐지했다. 1960년의 도시 개혁법으로 국가는 모든 임대 주택을 몰수하여 가구 소득의 10퍼센트 이하의 임대료를 설정했다. 1965년과 1967년 사이에 개인 의사와 병원들이 새로운 의료 체계로 편입되어 모든 의료가 공공화되었다. 그리고 1968년에는 남아 있던 소규모 개인 사업들을 '혁명적인 공세'로 국유화했다. 사람들이 필요로 한 거의 모든 것들이 이제 민간 부문이 아니라 정부에 의해 제공되었다. 그리고 정부가 제공하는 것들 대부분은 무상이거나 매우 높은 보조금과 함께 제공되었다. 예컨대 의료, 교육, 전화 서비스,

대중교통, 어린이집 등이 그런 것들이었다.

사람들은 기본적 필요를 보장받는 대신에 참여와 헌신을 요구받았다. 바티스타에 대한 승리와 혁명 초기 운동들은 동원된 헌신적인 대중의 노력이 성취할 수 있는 것을 보여 주었다. 이제 이런 노력이 경제를 건설하는 데 바쳐질 터였다. 피델 카스트로는 1968년 연설에서 희생의 필요성을 요약했다. "발전에 투자하는 것은 필연적으로 우리가 쓸 수 있는 모든 것을 소비하지 않는 것을 의미한다"고 그는 설명했다. "우리에게는 외환 문제라는 좋은 사례가 있습니다. 만약 우리가 그것을 모두 소비재 구입에 쓰고, 기계, 관개 시설, 급수 체계나 저수지를 구축하기 위한 기계장치에 전혀 쓰지 않는다면, 그 결과는 불을 보듯 뻔합니다. 우리는 오늘 먹을 수 있겠지만, 내년에는 먹을 것이 없을 게 분명하다. …… 달리 말하면 우리는 외화로 불도저를 살 수도 있고 분유를 살 수도 있습니다. 둘 중 하나를 선택해야 합니다."[20]

또 다른 사례는 1970년 1천만 톤 설탕 생산을 시도한 일이었다. 쿠바 사회 전체가 동원되었다. 수만 명의 자원자들이 하던 일을 중단하고 사탕수수를 수확했다. 혁명의 정당성 자체가 그 목표에 투자되는 것 같았다.

그 운동은 성공이자 동시에 실패였다. 그것은 집단적 목표를 성취하기 위해 개인주의와 물질적 이익을 넘어서는 보상으로 사람들이 일할 수 있다는 사실을 쿠바인들과 세계에 보여 주었다는 점에서 성공이었다. 하지만 그것은 여러 면에서 경제적으로 실패였다. 비록 850만 톤은 쿠바 역사에서 가장 많은 설탕 수확이었지만, 1천만 톤 목표에는 도달하지 못했다. 그러나 더 큰 실패는 설탕에 모든 것이 집중되는 바람에 나머지 경제 부문에 일어난 일이었다. 투자가 줄어들고 노동이 설탕으로 향함으로써 다른 부문들은 무너져 내렸다.

제도화와 소비에트 모델, 1970년대

수전 엑스타인은 이 시기를 '사회주의로의 후퇴'라고 불렀는데, 어떤 면에서 당시의 전환을 잘 포착하고 있다. 1960년대의 급진적이고 유토피아적인 목표는 축소되었다. 후안 안토니오 블랑코는 이 시기에 일어난 소비에트화를 애도한다. 체 게바라가 경고한 대로 사회주의는 어떤 면에서 '재화를 분배하는 방법," 또는 빌라스가 주장한 바와 같이 '좌익 발전주의의 한 형태'가 되었다.

그러나 소비에트화라는 개념은 오직 한 측면에서만 유용하다. 쿠바는 카리브 사회이며, 가장 메마른 관료들조차도 쿠바 문화에 내재되어 있는 '파창가'를 지울 수 없었다. 정치적·경제적 구조는 소비에트 모델에 기초할 수 있었을지 모르지만, 사회와 문화는 누가 봐도 여전히 쿠바적이었다.

더욱이 소비에트 모델은 1930년대 이후에는 기근, 거대한 억압기구, 강제노동수용소(gulag), 테러와 정치범을 연상시켰다. 쿠바가 중앙 집중적 계획경제라는 소비에트 모델을 따랐을지 모르지만, 소련에서 일어난 인권 재앙과 아주 조금이라도 비슷한 어떤 일도 쿠바에서는 일어나지 않았다. 사실은 '사회주의로의 후퇴'가 시장의 복원과 1960년대의 급진적인 경제적 평등주의로부터 후퇴를 의미했지만, 그것은 정치 영역의 민주주의 신장과 함께 이루어졌다. 기존의 대중 조직들은 새로운 역할을 맡았으며, 참여를 위한 새로운 제도들이 만들어졌다.

10년 이상 소비에트화가 진행되고, 50년이 넘도록 미국에 의한 경제 봉쇄가 지속되었음에도 불구하고, 미국이 소련보다 쿠바에 더 결정적인 영향을 남겼다. 쿠바인들은 영어를 배우고, 미국 영화를 보고, 마이애미에 있는 친척을 방문하고 싶어 했다. 이와 대조적으로 한 쿠바 학자는 소련에 대한 대중의 반응을 다음과 같이 묘사했다. "쿠바인들은 러시아인들이 체취 제거제를 사용하지 않거나 여성들의 경우 다리털을 깎는 것과 같은 일종의 문화적 습관 때문에 거리를 유지했다. ……게다가 대부분의 쿠바인들은 아무리 상상력을 동원해도 그들의 이상하고 색다른 말을 이해할 수 없었으며, 그들의 복장은 마치 얄타회담과 제2차 세계대전 종전 사이의 어떤 시점에서 시간이 멈춰 버린 듯했다. …… 그들이 가져온 기술은 효율적이고 견고했지만, 낭비적이고 변용이 어려웠으며 무겁고 과시적이었다. 달리 말하면 너무 '러시아적'이었다"[21]

1970년대의 제도화로 노동조합과 선출되는 의회 같은, 민주적 참여를 위한 제도들이 강화되거나 새로 만들어졌다. 1960년대에 대중의 참여를 벼려 낸 의기양양한 낙관주의와 헌신 대신에 좀 더 일상적이고 체계적인 참여 방식이 구축되었다. 쿠바혁명의 민주주의는 미국식 선거 민주주의와 매우 달랐지만, 쿠바에서 대중 참여의 길이 존재한 것은 확실하다.

쿠바식 민주주의

"1959년 이전에는 정당들은 많았지만 민주주의는 없었다"고 쿠바인들은 설명하기를 좋아한다. 미국에서 자란 사람들에게는 때때로 자기 나라에서 발전된 유형의 민주주의가 유일하고 불가피하며 이상적인 형태의 민주주의인 것처럼 보인다. 그러나 사실 민주주의는 공간과 시간에 따라 매우 상이한 형태를 취한다. '민주주의'가 무엇을 의미하는지 잠깐 시간을 내어 좀 더 깊이 생각해 볼 필요가 있다.

본질적으로 민주주의는 사람들이 자신들의 사회가 어떻게 작동할지에 관해 결정하는 데 관여하는 체계 또는 기제이다. 정치학자들은 '대의'민주주의와 '직접'민주주의를 구분한다. 대의민주주의에서는 사람들이 실질적 결정을 하는 대표들을 선출함으로써 의사결정 과정에 참여한다. 한편 직접민주주의에서는 모든 사람들이 참여할 수 있는 어떤 집단적 회의체에서 결정이 이루어진다. 또한 대부분의 현대 민주주의는 어떤 식이든 기본 규칙을 정하는 헌법 또는 기본 문서에 바탕을 둔다.

민주주의는 몇 가지 다른 축으로 평가할 수 있다. 예컨대 누가 참여하는가? 어떤 종류의 권리가 보장되는가? 어떤 종류의 결정이 민주적 과정으로 이루어지는가?

첫 번째 축을 척도로 사용하면, 미국 민주주의는 시간이 지남에 따라 점점 민주적으로 변화되어 왔다. 공화국 초기에는 정치적 권리가 소수의 사람들에게 제한되었으나 점차 이러한 제한들이 제거되었다. 1965년 '투표권법'은 문맹자 제한과 인두세를 없앴는데, 그것은 남부의 아프리카계 미국인들의 참정권 박탈에 종지부를 찍음으로써 미국에서 정치 참여를 확장한 마지막 주요 개혁이었다.

개인들과 조직들에게 보장되는 어떤 기본적인 보호 장치 없이 민주주의는 별 의미가 없다는 점에 대부분의 분석가들은 동의한다. 예컨대, 언론과 결사의 자유, 임의로 체포되지 않을 권리는 핵심적인 민주적 권리로 간주된다. 반대파 인물이 수감되거나 살해된 상황에서 치러진 선거를 민주적인 것으로 생각하지는 않는다.

그러나 대부분의 민주적 국가에서는 이러한 정치적 자유에 어떤 제한을 둔다. 어떤 정부도 정부를 전복하려고 하는 집단을 허용하지 않는다. 미국에서 1798년의 '외국인 및 선동에 관한 법,' 1918년의 '선동법,' 1940년의 '스미스법,' 2001년의 '애국자법' 등은 미국 정부가 특히 국가 안보가 위험에 처할 때, 국가의 권위에 대한 실질적 또는 잠재적 도전을 처벌하기 위한 역량을 강화하기 위해 어떤 노력을 했는지를 보여 주는 사례들이다.

끝으로 정치체제는 어떤 영역이 민주적 통제에 복속하는가에 따라 달라질 수 있다. 이것은 자본주의 체제와 사회주의 체제가 상당히 차이가 벌어지는 지점이다. 사회주의는 경제적 결정이 정부에 의해 이루어져야 한다고 주장하는 반면에, 자본주의는 경제적 결정이 개인들과 기관들에 의해 이루어져야 한다는 생각에 기초하고 있다. 민주주의라면 사회주의가 더 민주적일 수 있다. 왜냐하면 민주적 제도들이 경제에 관해 결정을 할 수 있기 때문이다. 하지만 만약 정부가 비민주적이라면 경제를 개인들에게 맡기는 것이 적어도 정부에 대한 잠재적 평형추가 될 것이다.

1970년대 쿠바는 어떻게 작동했나

소련과의 밀접한 관계와 소비에트 모델에 기초한 계획경제 체계는 1970년대 쿠바의 특징이었다. 쿠바는 1972년에 코메콘(경제상호원조회의)에 가입했으며 1975년에는 제1차 5개년 계획을 수립했다. 또한 정치적으로도 쿠바 정부는 소비에트 모델로 재조직했다. 쿠바공산당(PCC)은 1975년에 첫 번째 당대회를 열었으며, 1976년에 쿠바 정부는 새로운 사회주의 헌법을 제정했다. 헌법은 민중권력(Poder Popular) 체계를 확립했다. 쿠바인들은 지역 문제에 관해 상당한 통제력을 갖고 있는 시의회 의원들을 투표로 선출했다. 시의회 의원들은 도의회와 국가의회의 대표들을 선출했다.

사회주의 블록과 함께 쿠바는 자본주의 세계와도 밀접한 관계를 맺었다. 쿠바에 경제적 봉쇄를 계속한 미국은 예외였다. 쿠바는 '국제설탕기구'와 '라틴아메리카와 카리브 설탕수출연합'에 가입했으며, 상당한 양의 설탕을 서방 국가들에게 판매했다(1974년에는 41퍼센트였다). 1970년대 말엽부터 정부는 자본주의 국가들의 쿠바 투자를 장려하기 시작했다. 엑스타인의 설명에 따르면, "외국 투자자들에게 개방된 부문은 관광, 경공업, 의료 설비, 약품, 건설, 농기계 등이었다. 투자자들은 토지를 세금 없이 사용하고, 수입품에 대해 면세 혜택을 받고, 이윤을 자유롭게 송금할 수 있다는 약속을 받았다." 1982년에 쿠바는 투자자들의 권리를 보장하기 위해 외국투자법을 통과시켰다. 쿠바가 소비에트 블록에 통합된 것보다 서방에 대한 개방이 1970년대 초의 경제 호전에 더 중요한 요인이었다고 엑스타인은 주장했다. 1970년대 말 설탕

가격이 떨어지자 쿠바는 소련과의 관계에 더욱더 의존하게 되었다.[22]

또한 설탕 수출과 소련의 신용 및 석유 수입은 산업 성장의 자금을 조달하는 데 도움을 주었다. 설탕 산업은 점점 기계화되었다. 쿠바는 소비재는 물론 기계류의 생산도 증가시켰다. 쿠바의 공장들은 농기계, 비료, 농약뿐 아니라 선박과 어업에 필요한 시설들, 그리고 니켈 광산의 기계류와 인프라를 생산했다.

1970년대 초반의 높은 설탕 가격은 정부가 사회적 목표를 수행할 수 있는 능력을 높이는 데 기여했다. 의료와 교육, 농촌 전력, 문화 기관들에 상당한 투자가 있었다는 것은 사람들이 물질적·문화적 재화에 대한 접근 기회가 높았다는 것을 의미한다. 쿠바의 외국 지원 프로그램은 1960년대에 시작되어 1970년대에는 봇물을 이루었다. 쿠바는 원조 임무를 띤 교사, 의사, 건설 노동자들을 외국에 파견하고, 앙골라를 비롯한 아프리카 지역의 해방운동에 군사적 지원을 했다.

배급제는 사람들의 기본적 필요를 제공했을지 모르지만, 소비자 수요를 만족시키기 위해 생산을 증가시키는 것은 끊임없는 도전이었다. 국가 통제체계 밖에서는 암시장과 회색시장이 번성했다. '회색시장'에서는, 예컨대 담배를 피우지 않는 사람이 배급으로 받은 담배를 누구에게도 해를 주지 않고 친구와 다른 물품으로 교환할 수 있었다. 암시장에서는 사람들이 수입품이나 귀한 물건을 비싼 값으로 팔았다.

낮은 생산과 부족한 물자 문제를 해결하기 위해 1970년대에 화폐가 공식적으로 복귀했다. 정부는 다소간 물질적 장려책을 복원했다. 임금과 상여금은 노동자의 생산성에 연동되고 이전에 정부가 무상으로 제공하던 서비스에 요금이 부과되었다.

1970년대 중반에는 시장에 관한 소규모의 실험이 다시 도입되었다. 정치학자 호르헤 도밍게스는 이것을 "부차적 사회서비스의 점진적 탈사회화"라고 불렀다.[23] 이러한 실험은 식료품이라는 훨씬 더 중요한 부문에서 사설 시장을 만든 1980년에 최고조를 이루었다. 개인 농민, 협동조합, 국영 농장은 대중에게 직접 생산물을 팔고 스스로 가격을 정할 수 있도록 허용되었다.

그러한 생각은 '식량 우선'(Food First) 분석가 메디아 벤저민과 그의 동료들이 생산을 자극하기 위한 '자본주의의 질주'라고 부른 것을 추가하는 것이었다.[24] 그것은 잘 작동했다. 시장이 번성하고 양질의 다양한 생산물을 공급한 점에서 그랬다. 하지만 그 실험은 사회주의가 만들어낸 특정한 문제들, 즉 장려책의 결핍과 낮은 생산성 문제는 해결했지만, 자본주의의 문제점들도 동시에 불러왔다. 가격이 비쌌기 때문에 단지 소수의 사람들만이 시장에서 파는 물건들을 살 수 있었고, 판매자들은 과도한 이윤을 남길 수 있었다.

자본주의는 또한 미국으로 떠난 쿠바인들에게 취해진 공식적 개방을 통해서도 들어왔다. 1970년대 말에 정부는 나라를 떠난 사람들을 구사노(gusano, 벌레)라는 별칭으로 부르는 것을 중단했다. 이민자들은 쿠바를 방문하도록 초대받았으며, 특별한 달러 상점에서 쇼핑을 하고 쿠바에 있는 친척들에게 선물을 할 수 있도록 허용되었다. 나아가 정부는 외국에서 은행 송금을 할 수 있는 제도도 만들었다. 하지만 이러한 모든 조치들은 제한을 포함하고 있었다. 특히 쿠바인들은 달러를 소지하거나 사용하는 것이 금지되었다. 선물은 현물이어야 했으며, 달러 현금은 국립은행에 예치하고 페소화로 교환해야 했다.

불평등을 만들어 낸 장려책 실험은 단지 그런 정도에 그쳤다. 다른 부분들, 특히 보건의료 영역에서 정부의 평등에 대한 헌신은 일관되게 진행되었다. 보건의료의 제도화는 소비에트 모델에 따라 지역적 구조를 만드는 것을 의미했다. 하지만 소련과 달리 쿠바인들은 보건의료 체계에 꾸준히 많은 투자를 했으며, 1차 진료와 이웃공동체 보건의 주도성을 강조했다. 쿠바의 혁신적이고 포괄적인 의료 체계는 국내 어디서든 접근할 수 있는 전문진료소를 설치했을 뿐 아니라, "그것을 이웃공동체 수준으로 가져왔다."[25]

의사-간호사 팀은 전문진료소에서 환자들을 맞았을 뿐 아니라, 일상적인 장소, 즉 가정, 학교, 어린이집, 일터를 방문하여 환자를 돌보았다. 1984년에 쿠바는 새로운 '가정의' 프로그램을 수립했다. 수많은 1차 진료 의사들을 훈련시켜 모든 이웃공동체에 배치한 것이다. 그러한 생각은 1차 진료를 이웃공동체에 통합하는 것이었다. 보건의료 노동자들의 수는 1970년에서 2005년 사이에 3배가 되었으며, 의사 숫자는 "1970년 인구 1,393명당 1명에서 2005년에는 인구 159명당 1명으로 늘었다."[26]

인간 자본 또한 자발성과 대중조직을 통해 극대화되었다. 노동자들은 집을 짓는 '소작업단'(micro-brigades)에 자원하도록 요청받았다. CDR과 쿠바여성연맹(FMC, Federacíon Mujeres Cubanas)은 보건의료 체계에서 핵심적 역할을 했다. "둘 다 쿠바의 모든 이웃공동체에 다가갈 수 있다. 왜냐하면 CDR은 도시와 농촌의 모든 구역에 존재하기 때문이다"라고 1976년에 어느 교육 관료가 조너선 코졸에게 설명했다. "예컨대 어떤 노인이 며칠 동안 거리에 보이지 않으면, 그 노인의 집에 찾아가서 정상적인 상태로 생활할 수 있는지 확인하는 게 CDR의 의무이다. CDR과 FMC는 보건부와 긴밀히 협력하면서 일한다. 적절한 출산 전 관리는 전문진료소를 이용하도록 되어 있지만, 만약 어떤 여성이 약속을 지킬 필요성을 알지 못한다면 병원은 아무 소용이 없을 것이다. …… 만약 어떤 여성이 약속 날짜에 나타나지 않으면, CDR에서 누군가 그녀의 집에 가서 무엇 때문에 약속을 지킬 수 없게 되었는지 알아내려고 노력한다."[27]

교정운동, 1986년

1986년의 교정운동(Rectification Campaign)은 어떤 면에서는 혁명 초기 시절로 되돌아가는 것처럼 보였다. 피델은 여러 차례 연설에서 시장 개혁의 결과로 나타난 불평등과 특권을 성토하고 혁명적 이상주의의 상실을 비판했다. 체 게바라의 사상이 부활했다. 농민시장이 폐쇄되고 소규모 사업들이 금지되었다. 망명자 방문도 축소되었다.

쿠바 사회학자 아롤도 디야는 교정운동의 본질을 "강력한 반시장 구호, (미국과 소련 페레스트로이카 둘 다에 대항한) 민족 자율성의 회복, 그리고 상징적인 인물 호세 마르티와 체 게바라의 윤리적·민족주의적 주장에 대한 강력한 의존"이라고 특징지었다.[28]

교정운동은 소련에서 정반대의 경향으로 보였던 글라스노스트와 페레스트로이카 시기에 벌어졌다. 쿠바 상황에 대한 어떤 분석가들은 쿠바는 소련의 증가하는 경제적·정치적 개방에 대해 강경책으로 엄중

단속함으로써 반응한 것이라고 결론지었다.[29] 또 어떤 사람들은 교정 운동을 보다 더 긍정적으로 평가하여, 쿠바는 불평등, 빈곤, 부패의 길로 떨어지는 소련을 순종적으로 따라가는 대신에 쿠바혁명에 고유한 근원으로 되돌아간 것이라고 주장했다. 이는 확실하게 쿠바의 지도자들이 대중에게 상황을 설명한 방식이었다. 그러나 다른 사람들은 설탕 가격의 하락과 대외 부채의 증가로 야기된 위기에 대응하기 위해 쿠바 지도자들이 선택할 수 있는 유일한 방식이었다고 주장했다. 그들은 국내 소비를 줄이고 수출을 늘이는 조치를 취해야 했던 것이다.[30]

하지만 교정운동은 오래가지 못했다. 1989년 소비에트 블록의 붕괴로, 적어도 1960년대 중반부터 쿠바 경제의 진로를 이끌어 오던 전제가 산산조각 났기 때문이다. 그동안 쿠바 경제는 소련의 원조와 설탕의 "공정 가격"을 보장해 온 동구권 시장에 의존해 왔던 것이다.

쿠바식 사회주의와 민주주의

쿠바 관리들은 쿠바의 정치경제 체제가 대단히 민주적이라고 주장했다. 이와 정반대로 대부분의 서방 정부들은 쿠바가 극도로 민주주의의 결핍을 겪고 있다고 주장했다. 양쪽 학자들은 1960~1970년대에 수립된 체제와 1980~1990년대에 진화된 형태를 탐구했다.

많은 미국인들에게 사회주의라는 이념은 정치적 억압, 언론과 기타 정치적 자유에 대한 제약, 독단적 지배, 그리고 인권 유린과 거의 같은 말이다. 검열, 억압, 강제노동수용소는 미국인들이 사회주의를 바라보는 방식에서 핵심적 역할을 한다.

'7·26운동'은 1959년 1월, 나라 전체를 장악했을 때 거의 만장일치의 지지를 누렸지만, 그러한 지지자들이 혁명이 나아가야 할 방향에 관해서 똑같은 생각을 했던 것은 결코 아니었다. 혁명 후 몇 달 안에 이전의 바티스타 경찰과 군대, 보안 요원들을 사형에 처한 혁명재판소는 쿠바에서보다 오히려 외국에서 훨씬 더 큰 비난을 받았다. 그러나 '7·26운동'이 권력을 공고히 하자, 자유주의자들은 혁명 과업에 대한 처음의 열정을 잃었다. 정부의 재산 몰수가 확장되자, 재산 소유자들과 때로는 그들의 노동자들은 소외되었다. 자발적 노동, 그리고 혁명에 대한 지지가 고용의 조건이 되었다. 시민들은 혁명수호위원회(CDR), 쿠바여성연맹(FMC), 시민 민병대에 가입을 요구받았다. 의심하여 머뭇거리거나 참여를 선택하지 않은 사람들은 자신들이 점점 밀려나는 느낌을 받았다.

환멸을 느끼거나 자신들의 생각이 혁명 과업의 주변으로 밀려나게 된 사람들은 자유주의자들뿐만이 아니었다. 1960년대 초 혁명의 리더십은 한편으로는 증가하는 미국의 침략으로 인한 압력 때문에, 그리고 다른 한편으로 제도를 발전시키고 운영할 유능하고 경험 있는 간부들이 필요했기 때문에 오래된 공산주의 정당인 인민사회당(PSP)에 더 가깝게 다가갔다. 역설적이게도 인민사회당은 혁명동맹에서 가장 보수적인 세력이었다. 이 역사적 정당의 당원들은 강경 노선을 취했으며, 혁명의 의미와 범위에 관해 편협한 견해를 갖고 있었다. 그들은 지적·문화적 실험을 냉소적으로 보았다.

지적 자유에 대한 혁명 정책은 '지식인들에게 드리는 말씀'이라는 제목으로 자주 인용되는 1961년 피델 카스트로의 연설로 요약되었다. "혁명 안에서는 모든 것이, 혁명에 반대하는 것은 아무 것도"라고 그는 말했다. 즉 예술에서 문학과 학문에 이르기까지, 혁명에 '반대하는' 지적 활동과 혁명을 반대하지 않는 지적 활동 사이에 구분이 이루어졌다. 그리고 혁명에 반대하는 활동은 허용되지 않았다. 이는 본질적으로 쿠바 헌법에 명시되어 있는 것과 동일한 구분이었다. 헌법에 따르면 '언론의 자유'는 헌법이나 법률 또는 사회주의에 반하여 행사될 수 없었다.

하지만 이러한 입장은 해석의 여지를 많이 남기고 있으며, 실제로 '혁명 안에서'라고 생각되는 것과 '혁명에 반대하여'라고 하는 것 사이의 경계가 시간이 흐름에 따라 상당히 바뀌었다. 1965년과 1966년에 몇 달 동안 쿠바를 방문하여 혁명을 연구한 미국 언론인 리 록우드는 "쿠바에서는 혁명이 느슨하게 관리하는 후원 아래에서 예술이 꽃을 피웠으며, 다른 사회주의 문화들에 공통적인 이데올로기적 영향과 제약으로부터 자유롭게 생기를 되찾고 있었던 사실"에 감동을 받았다.[31] 1970년대에는 허용 한계가 상당한 정도로 축소되었으며, 정부가 소련과 더 밀접하게 제휴하게 되면서 그때까지 "혁명 안에서"라고 간주되던 많은 지식인들과 사상들이, 갑자기 "혁명에 반대하여"로 규정되었다.

오늘날 쿠바 지식인들은 1971년부터 1976년까지 5년 동안 문화적 삶이 격심한 소비에트화를 겪었기 때문에 그 시기를 "잿빛 5년간"이라고 부른다. 그 시기에 강요된 '사회주의 리얼리즘'은 "'노동계급의 가슴' 속에서 일어날 수 있는 어떠한 갈등도 치유할 수 있는 '긍정적인 영웅들'을 개발하는 것을 목표로 하는 교육과 청송 전기로서의 문학을 요

구했다"고 뒷날 쿠바 작가 암브로시오 포르네트가 설명했다.[32] 1976년
부터 문화부 장관으로 아르만도 하르트가 임명되면서 규제가 풀리기
시작했으며, 1980년대는 일반적으로 '새로운 개방'으로 간주되었다.[33]
대부분의 지식인들은 1991년 제4차 당대회가 토론과 비판 사상을 더
욱 더 합법화하는 데 중요한 긍정적 진전을 가져왔다고 느꼈다. 소비에
트 블록의 붕괴는 경제적으로는 실질적인 붕괴를 가져온 반면에, 쿠바
지식인들에게는 확대된 지적 개방과 토론의 시대를 알렸다. 6장에서는
혁명 하에서 지적·예술적 자유 문제를 좀 더 자세히 다루고, 8장과 9
장에서는 '특별시기'에 지적·예술적 자유가 처한 상이한 측면들을 검
토할 것이다.

4

대미 관계

1975년 미국 상원위원회 조사는 1960년부터 1965년 사이에
CIA가 관여한 적어도 여덟 차례의 피델 카스트로 암살 시도를 보고했는데,
물론 쿠바인들은 이보다 훨씬 많은 다른 시도들을 입증했다.
미국 정부는 미국의 의도와 행동에 관한 쿠바의 '피해망상'을 맹렬하게 비난하면서
실제로는 1961년 4월의 피그 만 침입과 피델 카스트로 암살을 계획하고 있었다.

쿠바혁명은 물론 고립된 채 일어나지 않았다. 1959년에 이르는 쿠바의 역사적 발전이나 혁명지도자들의 경험과 사상은 모두 세계적 맥락 속에 뿌리박혀 있었다. 혁명 자체는 의도했든 의도하지 않았든 전 세계에 커다란 충격을 주었다. 또한 세계 다른 곳에서 이루어진 결정들과 사건들은 쿠바에 중요한 영향을 끼쳤다. 쿠바혁명이 추진한 적극적인 대외 정책은 세계적 사건들에 대한 대응으로 나온 동시에 세계적 사건들에 영향을 끼쳤다.

페르난도 오르티스는 1940년에, 쿠바 사람들의 다양성과 그들이 오랜 기간 상호작용하면서 쿠바인이 된 방식을 설명하기 위해 '문화 이식'(transculturation)이라는 개념을 제시한 바 있다. 앵글로색슨 문화가 지배적인 미국과 대조적으로 쿠바에서는 완전히 새롭고 혼합된 문화가 나타났다. 아프리카, 아메리카, 유럽, 아시아에서 온 사람들은 "저마다 자기 태생지의 계류장 밧줄이 끊긴 채, 부적응과 재적응 문제에 부딪혀 문화 박탈(deculturation)과 문화변용(acculturation), 요컨대 문화 이식을 겪어야 했다"고 오르티스는 서사시 《쿠바의 대위법: 담배와 설탕》에 썼다.

쿠바의 국민 정체성을 상징하게 된 인물들도 대부분 다른 장소와 관련되어 있었다. 1500년대 초 에스파냐에 대항하여 일어난 원주민 반란자 아투에이는 이스파뇰라(아이티 섬) 출신이었다. 안토니오 마세오의 아버지는 베네수엘라인이었다. 카를로스 마누엘 데 세스페데스는 에스파냐에서 대학과 법률학교를 다녔으며, 호세 마르티는 에스파냐 이민자의 아들로서 성년 시기 대부분을 미국에서 일하고, 글을 쓰고, 조직하면서 보냈다. 체 게바라는 아르헨티나 출신이었으며, 피델 카스트로의 아버지는 에스파냐 북부 갈리시아에서 온 이민사였다. '7·26운동'은 멕시코 망명 중에 계획되었다. 전형적인 쿠바인이 된다는 것은 어쩌면 세계시민이 되는 것을 뜻하는 것 같다.

혁명 후 사람들이 세계 곳곳에서 쿠바로 갔다. 어떤 이들은 혁명 과정을 지원하기 위해, 어떤 이들은 혁명을 해치거나 무너뜨리기 위해 갔다. 쿠바 사람들도 또한 세계 곳곳으로 나갔다. 어떤 이들은 혁명을 피하거나 반혁명운동을 위해, 또 어떤 이들은 다른 지역, 특히 아프리카와 아메리카 지역의 혁명운동과 연대하기 위해 갔다. 또한 혁명 후 쿠바는 비동맹운동의 지도자로서 외교 부문에서 커다란 관심을 끌었다. 그리고 다른 나라들, 특히 미국과 소련의 대외 정책은 쿠바혁명의 영향을 받았으며 거꾸로 혁명에 영향을 주기도 했다.

이 장과 다음 장에서는 쿠바와 세계의 관계가 어떻게 쿠바혁명을 만들어갔는지, 그리고 쿠바혁명이 세계와 쿠바의 관계를 어떻게 형성했는지 살펴본다. 또한 우리는 쿠바혁명의 세계적 중요성과 영향에 주목할 것이다. 미국과의 관계가 혁명의 형성과 방향에 기본적인 토대를 이루기 때문에 이 문제부터 시작한다.

미국과 쿠바

1959년 이후의 미국-쿠바 관계에 관한 설명은 크게 두 가지 범주로 나뉜다. 어떤 사람들은 냉전의 맥락에 특히 주목하여 혁명의 공산주의적 성격과 쿠바와 소련의 관계, 그리고 20세기 후반 미국의 정책에 동기를 부여한 냉전 이데올로기를 강조한다. 반면 미국의 수정주의 역사학자들은 카리브 지역과 라틴아메리카에 대한 미국의 제국주의적 입장이 냉전과 혁명보다 앞서는 가장 중요한 요인이라고 생각한다. 물론 대다수의 쿠바 역사학자들도 그렇다.

쿠바의 싱어송라이터 실비오 로드리게스는 1979년 니카라과 혁명과 미국의 대응에 관한 노래에서 후자의 입장을 전형적으로 보여 주었다.

이제 독수리는 가장 큰 상처로 고통 받고 있다네.
독수리는 사랑으로 상처받기에 니카라과로 인해 마음이 아프다네.
독수리는 어린이들이 건강해지고 학교에 가게 되자 마음이 아프다네.
왜냐하면 예전처럼 박차를 벼릴 수 없기 때문이지.[1]

이러한 관점에 따르면, 미국은 라틴아메리카에서 경제적 이익을 추구하며, 이 지역의 실질적인 민주주의와 경제적 발전은 미국이 이웃들을 착취할 수 있는 가능성을 축소하기 때문에 종종 그것을 반대한다.

여러 면에서 미국과 쿠바혁명 사이의 갈등은 불가피했다. 혁명은 민족주의와 재분배적 사회정의를 강조함으로써 반세기가 넘는 미국의 지배와 미국이 강요한 경제적·정치적 모델에 도전했다. 혁명 직후 미국 관리들은 새로운 쿠바 정부가 미국 투자자들을 어떻게 다룰지를 조종하고 지배할 수 있을 것이라고 희망하고 그렇게 되리라고 믿었다. 하지만 1959년을 넘기면서 미국 정책 결정자들은 사태의 전개 과정을 통제할 수 있는 자신들의 능력에 대해 점점 좌절하게 되었다. 1959년 말이 되자 미국 정부는 확고한 적대감을 가지고 쿠바혁명을 무너뜨리기로 작정했다.

1959년부터 현재까지 미국은 쿠바의 혁명적 실험을 통제하여 그것을 해치고 무너뜨리거나 파괴하기 위해 현기증이 날 정도로 온갖 책략과 방법을 동원했다. 그 대부분은 은밀하게 진행되었다. 아바나의 내무부 박물관은 미국 요원들이 수행한 수많은 방해공작과 암살 시도의 증거들을 전시하고 있다. 1975년 미국 상원 청문회에서 중앙정보국(CIA)과 여타 관리들이 피델 카스트로 암살 시도에 관여했다고 증언하기 전에는 미국의 대중들이 그러한 사실들을 거의 알지 못했다. 그때 폭로되었음에도 불구하고, 쿠바에서는 상식이 되어 있는 그러한 역사가 미국에서는 여전히 잘 알려져 있지 않은 편이다.

미국 대중들에게 가장 잘 알려진 것은 물론 은밀한 공작이 공공연한 대결로 확대된 두 사건, 즉 1961년 4월의 피그 만 침입과 1962년 10월의 쿠바 미사일 위기이다. 이 두 사건은 쿠바에서도 잘 알려져 있지만, 전혀 다르게 알려져 있다. 미국에서 피그 만과 가장 밀접한 단어는 '낭패'(fiasco)라는 말이다. 반면에 쿠바에서는 '히론 해안'이라고 부르는 피그 만에서의 침입자들에 대한 승리를 "라틴아메리카에서 제국주의의 첫 패배"로 기념하고 있다(사진 8). 미국의 관점에서는 쿠바 땅에 소련이 미사일을 설치한 것은 미국의 안보와 세력균형에 참을 수 없는 위

사진8 "히론, 라틴아메리카에서 당한 양키 제국주의의 첫 패배" 히론 해안 근처 광고판.

협이었다. 쿠바의 관점에서는 미사일은 미국의 또 다른 침입에 대한 방어였으며, 아메리카 반구에서 자신들만이 핵무기를 가져야 한다는 미국의 주장은 또 하나의 제국주의적 오만의 표본이었다. 나아가 '위기'는 미사일의 존재가 아니라 소련에 핵전쟁을 도발한 미국의 독단적인 결정이었다.

좀 더 넓은 라틴아메리카의 관점에서 보면 피그 만은 다른 나라들에 대한 미국의 침략과 점령의 길고 지루한 목록 가운데 하나에 불과하다. 물론 미국에서는 이런 사실 대부분이 잘 알려져 있지 않다. 여기에는 1898년 이후 대규모 군대의 쿠바 상륙, 니카라과, 아이티, 도미니카공화국에 대한 오랜 점령, 1954년 과테말라의 아르벤스 정부 전복, 1980년대 중앙아메리카에서의 반혁명과 '저강도 전쟁' 등이 포함된다. 피그 만이 독특한 사건이 된 유일한 이유는 미국의 침략이 성공하지 못했기 때문이다.

피그 만 침입은 1960년 3월부터 시작되었는데, 그때는 혁명이 막 1년을 넘겼을 무렵이었다. 많은 연구들이 그 침략 사건의 정확한 경위를 기술했다. 여기서는 다음과 같은 질문을 던짐으로써 피그 만 사건의 위치를 역사적 맥락 속에서 이해하고자 한다. 쿠바혁명 지도자들의 행위는 쿠바와 미국의 관계에 어떤 영향을 미쳤는가? 미국의 행위는 쿠바혁명의 결정과 방향에 어떤 영향을 미쳤는가? 그리고 끝으로 피그 만 침입 이후에 변한 것은 무엇이며 변하지 않은 것은 무엇인가?

쿠바혁명과 미국 정부

혁명 전의 쿠바와 미국의 오랜 관계는 새 혁명정부에게는 일련의 도전을 만들어 냈다. 민족주의와 사회정의라는 한 쌍의 목표를 달성하기 위해서 쿠바는 미국과의 관계에서 중요한 변화가 필요했다. 혁명은 미국으로부터의 정치적·경제적 독립을 추구했으며, 쿠바인들은 이를 확고하게 지지했다. 경제적 민족주의와 재분배적 사회정의는 불가피하게 쿠바 경제에서 주도적인 역할을 해 온 미국 기업에 대한 도전을 의미했다. 1954년 과테말라에서 아르벤스 정부를 무너뜨린 것과 같은 방해공작과 무력 개입을 야기하지 않으면서 쿠바인들이 어떻게 그러한 목표를 성취할 수 있었겠는가? 미국 관리들이 직접 한 말들은 미국의 정책을 이해하는 데 도움이 될 뿐 아니라, 쿠바혁명 초기 몇 년 동안 쿠바에 대한 독특하고도 직접적인 관점을 보여 준다.

미국의 정책 결정자들은 오로지 쿠바에 있는 미국 투자자들의 이해 관계에만 초점을 맞추어 쿠바혁명을 받아들였다. 그들이 고려한 주요한 문제는 다음과 같은 것들이었다. 혁명정부는 쿠바에 있는 미국 기업의 이해관계를 보호할까? 미국은 새로운 혁명적 상황에서 그러한 이해관계를 가장 잘 촉진하기 위해 어떻게 헤쳐 나갈 수 있을까? 혁명 승리 직후 쿠바 주재 미국대사로 임명된 필립 본살은 말했다. "카스트로 아래 쿠바-미국 관계의 전망을 평가할 때 쿠바에 있는 수많은 미국인들의 사적 이해관계가 가장 중요하다."[2]

처음 몇 달 동안 정책 결정자들은 새 정부가 미국 투자자들에게 호의적인 태도를 유지하도록 설득당하거나 압박당하기를 희망했다. 그들은 우선 투자자들에게 자신들의 이해관계를 가장 잘 지원할 수 있는 방법에 관해 자문을 구했다. 혁명이 승리하고 불과 며칠 후, 쿠바에 있는 미국 기업 대표들을 만난 대사관 관리들은 다음과 같이 보고했다. "참석한 모든 사람들은 하나같이 가능한 한 빨리 임시정부를 승인하는 것이 미국의 이해관계와 쿠바에 있는 미국 기업의 이해관계에 부합한다고 강조해서 말했다. …… 기업을 운영하는 데 가능한 한 가장 호의적인 분위기를 만들기 위해 즉각적인 승인이 필요하다고 그들은 생각했다."[3] 다음날 이러한 조언이 받아들여져 미국은 혁명정부를 승인했다.

미국 기업가들이 카스트로를 승인하라고 주장하고, 미국 정부가 그러한 주장을 따랐던 이유들 가운데 하나는 혁명의 배후에 있던 압도적인 대중 동원을 무시할 수 없었기 때문이었다. 본살 대사의 설명에 따르면, 미국 관리들은 "카스트로에 대해 열광해서가 아니라 다만 사람들이 하나같이 우상화하는 것처럼 보이는 새로운 통치자를 효과적으로 다루기에 가장 나은 결정을 한 것이었다."[4]

다음 과제는 새 정부를 지도 또는 조종하여 미국의 기업 및 경제발전 목표에 따르도록 하는 것이었다. 이것은 부분적으로는 "카스트로와 쿠바 정부를 완화 내지 안정화시키는 영향력을 강화"함으로써 달성할 수 있을 것이었다.[5] 나아가 미국은 "'7·26' 세력과 공산주의자들 가운데 '급진적' 인자들의 영향력을 소외시키거나 줄여야만" 했는데, 이를 위해 미국은 "카스트로의 프로그램을 깎아내리는 것으로 보이는 자리에 그들을 배치하는 책략을 썼다."[6]

1959년 5월 8일, 카스트로는 혁명의 목표와 정책에 관해 중요한 성명을 발표했다. 그것은 쿠바에 공산주의의 영향이 있다는 미국의 비난에 대한 암묵적인 대응이었다. 미국 대사는 카스트로의 연설을 듣기 위해 모인 60만 명의 군중을 "거의 히스테리에 가까운 예찬"으로 가득 찬 것이라고 묘사하고, "이것은 '대중'의 인정을 온전히 받는 1인 지배다"라고 적었다. 대사는 카스트로의 입장을 다음과 같이 요약했다. "혁명은 자본주의도, 공산주의도, 중도도 아니며, 이 모든 것보다 더 나아간 것이다. 오늘날 이른바 세계의 갈등은 한편으로 민주주의를 주는 대신 사람들을 굶어죽게 하는 개념과, 다른 한편으로 먹을 것을 주는 대신 자유를 억압하는 개념 사이에서 벌어지고 있다. 쿠바의 해결책은 '사회권'을 포함한 모든 인권을 촉진하는 것이다. 인류의 물질적 필요와 정신적 필요 모두를 만족시키는 사상만이 번영을 누릴 것이다."[7]

1959년 5월, 한 농장 면적을 3,333에이커로 제한한 농지개혁으로 쿠바 정부의 목표와 미국 투자자들의 이해관계 사이의 갈등은 위기 국면으로 들어갔다. 이 규모를 초과하는 토지는 몰수되어 20년 만기 정부 채권으로 보상될 것이며, 토지의 가치는 소유자들이 세금 납부를 위해 신고한 가격으로 정해질 것이었다.[8] 영향을 받은 재산 가운데 많은 부분이 미국인 개인이나 미국 회사의 소유였다.

"만약 쿠바 정부가 그처럼 중요한 문제에 관해서 결정을 내리기 전에, 염려하는 쿠바 거주 미국인들에게 귀띔이라도 해주었더라면 두 나라 모두에게 이익이 되었을 것이라고 나는 생각했다"고 본살 대사가 약하게 항의했다.[9] 미 국무성은 "농지개혁법이 미국 정부와 미국 설탕업계에 커다란 실망을 안겨주었다"고 의견 일치를 보였다.[10] 미국 소유 제당공장 34곳 가운데 30곳은 다음날 대표를 파견하여 미국 대사를 만난 자리에서 농지개혁으로 자신들의 사업이 심각하게 타격받을 것이라고 항의했다.[11]

미국 관리들은 "미국의 이해관계를 침해하는 토지개혁 법안의 조항들을 개선하려는 미국의 노력을 지지하는 쿠바 내의 온건 세력들"과 협력하려고 했다.[12] 본살은 1959년 5월과 6월, 쿠바 관리들과의 반복된 회합에서 미국의 이해관계를 거듭 말했다. 그는 쿠바의 설탕 수출이 줄어들어 미국 시장에 공급 부족이 일어날지도 모르며, 쿠바에 있는 미국의 자산 소유자들에게는 적절하게 보상해야 한다고 말했다. "경제 발전의 기초로서 민간 기업에 대한 미국의 신념을 요약해서 설명했다. …… 나는 쿠바 경제에서 미국 회사들의 건설적인 역할을 강조했다"고 본살은 보고했다.[13]

하지만 쿠바인들은 자기 국가의 우선 사항을 스스로 결정할 권리가 있다고 주장했다. "토지소유 체계를 바꾸는 것은 …… 모든 저발전 국가에서 산업적·정치적·사회적·문화적 진보를 위해 반드시 필요한 선결요건이다"라고 국무부 장관은 본살에게 말했다. 그는 계속했다. "대규모 토지소유가 폐지되지 않는다면, 쿠바는 끝없이 경제가 정체되고 실업률이 증가할 것이다. …… [농지개혁은] 쿠바의 가장 중요한 이해관계이며, [정부가] 다른 어떤 것보다도 우선적으로 생각하는 관심사다." 그는 쿠바 정부가 국가 발전의 전략으로 추진하고 있는 산업에 미국 투자자들이 투자함으로써 경제발전을 위한 쿠바의 계획을 지원할 것을 촉구했으며, "미국 정부는 농지개혁으로 영향을 받은 미국 투자자들로 하여금 수행 중인 정책에 따라 쿠바 경제의 전반적 발전을 촉진하는 데 도움을 주도록 유도하라"고 촉구했다. "농지개혁이 주춧돌이 된 이러한 창조적 정책의 목표는 생산성을 높이고, 투자를 고무하고, 생활수준을 올리고, 실업을 없애는 것으로, 이는 쿠바의 생산물을 미국 소비자에게 공급하는 것을 완전히 보장할 것이다."[14]

워싱턴은 설득당하지 않았다. 미국 국무장관은 7월 24일, 몇몇 미국 대지주들과의 회합 이후 쿠바 대사에게 전문을 보내 "귀하는 GOC(쿠바 정부)가 농지개혁법을 미국인 소유지에 적용하는 경솔한 행동을 하지 못하도록 설득해야 한다"고 말했다.[15] 또 다른 관리는 직설적으로 결론지었다. "농지개혁법의 서명으로 우리가 품고 있던 애초의 희망은 물거품이 되었다. 카스트로 정부는 구할 만한 가치가 있는 종류의 정부가 아니다."[16]

미국 대사는 쿠바 사람들이 새 정부와 정부의 개혁을 압도적으로 지지한다는 점을 부정할 수는 없었다. 반대한 사람들은 오직 바티스타에 가까운 지지자들과 군부 요인들, 그리고 자기 재산이 위협받는 재산 소유자들뿐이었다. 미국 대사는 새 정부에 대한 공산주의의 영향을 찾으려고 각고의 노력을 했으나 허사였다. 반공산주의자들이 혁명정부의 군부, 경찰 및 보안 기구를 지배하고 있었다. 소련이나 중국 조언자들에 관한 소문은 어떤 것도 "근거가 없었다." 카스트로 정부가 쿠바의 공산당에 대해 "자애로운 관용"을 베풀었으며, "이 문제에 대해 기대한 만큼 전심전력하지 않았다"고 말할 수밖에 없었던 것은 최악이었다.[17] 그는 다음과 같이 설명했다.

> 카스트로는 국제 정세나 국제 공산주의의 위협 따위에는 관심이 없었다. …… 나는 자유와 노예 사이의 거대한 투쟁에서 자유세계의 모든 사람들의 지지가 중요하다고 설명하려고 노력했지만, 그가 특별히 깊은 인상을 받았다고 생각하지는 않는다.[18]

그러나 본살은 민간 기업과 외국 투자의 중요성을 쿠바인들에게 이해시키기 위해 계속 노력했다. 7월 23일, 한 회합에서 본살은 쿠바 국무부 장관을 설득하려고 했다. "미국의 민간 기업들은 쿠바의 농업 부문 경제에 크게 기여했다. 우리 설탕 기업과 축산 기업은 이전에는 사람도 없고 생산도 없던 곳에서 고용과 부를 창출했다. 이러한 회사들은 신중하게 대우받을 만한 권리가 있다. …… 나는 또한 공공 편의 시설 회사들에 관해서도 언급한 바 있는데, 이러한 회사들이 확장하는 쿠바 경제의 요구에 부응하기 위해 필요한 자본을 계속 유지할 수 있도록 허용하는 조치를 취하는 것이 중요하다."[19]

본살조차도 라틴아메리카에서 미국의 경제적 통제가 그 지역 사람들에게 반드시 이익을 준 것은 아니라는 점을 알고 있었다. "카스트로 정권은 지금까지 쿠바가 겪었던 사회적·경제적 상황에 대한 깊고 넓게 퍼진 불만으로부터 탄생한 것으로, 변화와 개혁을 바라는 압도적인 요구에 대한 반응인 것처럼 보인다"고 그는 썼다. "카스트로 정권이 미천한 사람들과 중하층 계급으로부터 받는 전반적인 지지는 이러한 요구의 힘을 반영하는 것이다. …… 만약 우리가 그들에게 등을 돌린다면, 그들을 공산주의자들의 품으로 밀어 넣는 위험을 무릅써야 한다."[20]

또 우려스러웠던 점은 쿠바혁명과 혁명의 재분배적 경제개혁이 인기를 얻게 되면 라틴아메리카의 다른 나라들이 미국의 정치·경제적 지배에 도전하도록 자극받을 수 있다는 것이었다. 미국 국무부의 한 관리는 "만약 쿠바혁명이 성공하면 라틴아메리카와 여타 지역의 나라들이 쿠바를 모델로 삼을 것이다. 우리는 쿠바혁명이 성공하도록 내버려두어야 할지 결정해야 한다"고 설명했다.[21]

다른 미국 관리들도 이러한 폭넓은 평가에 의견 일치를 보였다. 1959년 말, 국무부 차관 로이 러보텀은 다음과 같이 경고했다. "지금까지 우리의 태도가 나약하게 보여 라틴아메리카의 다른 곳에서 카스트로의 프로그램과 비슷한 것을 추진하려고 하는 공산주의·민족주의 분자들에게 용기를 줄 수 있다. …… 그러한 프로그램이 만약 실행된다면 …… 미국인 재산 소유자들이 쿠바에서 받았던 것과 비슷한 취급을 받게 될 것이며, 전체적으로는 사적 자본투자에 크게 의존하는 미국의 라틴아메리카 경제발전 프로그램에 악영향을 끼칠 것이다."[22] 재무부 장관에 따르면, "현재 라틴아메리카에 투자하기로 계획된 대규모의 자본이 유보되어 있는데, 왜냐하면 미국이 쿠바에 대처할 수 있을

지를 투자자들이 지켜보며 기다리고 있기 때문이다."²³ 쿠바에서 미국의 목표는 라틴아메리카 다른 곳과 마찬가지로 "미국을 비롯한 자유세계 수용 가능성 및 무역의 증가"와 "쿠바의 중요한 자원에 대한 미국의 접근 기회"를 포함한다고 러보텀은 거듭 말했다.²⁴

그래서 국무부 장관은 "미국 정부의 모든 활동과 정책은 쿠바와 라틴아메리카 다른 곳에서 카스트로 정권의 극단적이고 반미적인 과정에 반대하도록 계획을 세워야 한다"고 강조했다.²⁵ 1959년 12월의 CIA 비망록은, 쿠바혁명이 "만약 성공하도록 허용된다면 그것은 라틴아메리카 다른 나라들에서 미국 재산에 대한 비슷한 행동을 조장할 것"이라고 반복했으며, "현정부의 붕괴를 촉진"하기 위해 "피델 카스트로의 제거를 빈틈없이 숙고해야 한다"고 권고했다. CIA 국장은 손으로 쓴 메모로 그 권고를 승인했다.²⁶

1975년 미국 상원위원회 조사는 1960년부터 1965년 사이에 CIA가 관여한 적어도 여덟 차례의 피델 카스트로 암살 시도를 보고했다. 물론 쿠바 쪽에서는 이보다 훨씬 많은 다른 시도들을 입증했다.²⁷ CIA 요원들은 카스트로가 좋아하는 상표의 시가에 보툴리눔 독을 탔는데, 그 독소는 복용 후 몇 시간 안에 치명적 질환을 일으킬 수 있었다. 그 시가들은 1961년 2월, 카스트로와 관계있는 사람에게 전달되었지만, 카스트로의 손에 들어가지 않은 것이 분명하다. CIA가 준비, 획득, 배달, 배치한 다른 살인 무기들 목록에는 한 쿠바 관리가 카스트로의 음식에 넣으려고 한 치명적인 알약, 펜으로 위장하여 치명적인 살충제를 채워 넣은 주사바늘, 고성능 소총 등이 들어 있었다. 고려했지만 채택하지 않은 다른 아이디어들 중에는 카스트로가 스킨스쿠버다이빙을

하러 가는 지점에서 폭발하도록 장치된 외래 조개를 설치하는 것과 방사능으로 오염된 잠수복을 선물하는 것도 포함되어 있었다.[28]

CIA는 이러한 살해 시도를 수행하기 위해 쿠바에서 활동하던 미국 노박 소식과 연계를 냈고 암살 성공 사례로 15만 불을 제시하면서 1960년 8월부터 공작에 들어갔다.[29] CIA와 도박 조직의 관계망은 1960년부터 1963년까지 독약으로 카스트로를 죽이려는 몇 차례의 시도에 연루되었다. 카스트로의 내부 보안대가 이러한 음모 가운데 어떤 것들은 저지할 수 있었음이 확실하다.[30]

미국의 반대가 확고해짐에 따라 오히려 쿠바에서 카스트로의 인기는 더 굳건해졌다. 미국의 정책 결정자들은 "국가의 상징과 같은 피델 카스트로에 대한 대다수 쿠바인들의 계속되는 정서적 지지"와 함께 "오직 카스트로의 혁명 프로그램에서 시작된 사회·경제적 변화의 필요에 대한 모든 쿠바인들의 계속되는 신념"을 고려할 필요가 있다고 본살대사는 경고했다.[31]

미국 국무부 아메리카문제 특별차관보 J. C. 힐은 "특히 실무 영역에서 진정한 솔직함이 사람들에게 준 영향"과 "대다수의 쿠바인들이 …… 열광적으로 사회경제적 개혁을 요구하는 데 눈을 떴다는 사실"을 염려스럽게 언급했다.[32] 하지만 그는 미국의 목표는 정확하게 그 반대라고 주장했다. "우리는 차기 정부가 우리의 이해관계에 따라 처신하도록 보증해야 한다."[33]

미국 관리들은 실제로 정책이 침입, 테러, 암살 음모로 바뀌었을 때조차도 공식적으로는 계속 불개입 입장을 역설했다. 그들은 카스트로가 자신들이 저지른 일을 정확하게 묘사하여 비난하자 짜증스럽게 결백을 가장했다. 미국 대통령 아이젠하워는 "카스트로 총리를 비롯한 쿠바 정부 대변인들은 쿠바 정부를 겨냥한 공격적인 행동과 음모적인 책동이라는 환상을 만들어 내어 미국 관리들과 요원들에게 덮어씌우는 경향"이 있다고 공개적으로 비난했다.[34] 미국 정부는 미국의 의도와 행동에 관한 쿠바의 피해망상을 맹렬하게 비난하면서, 실제로는 1961년 4월의 피그 만 침입과 피델 카스트로 암살을 계획하고 있었다.[35] 아이젠하워의 발언이 나온 시점은 덜레스가 CIA의 카스트로 '제거' 권고를 승인한 한 달 후로, 그날은 첫 번째 CIA '특무대' 회의에서 "카스트로 정부의 전복을 위한 은밀한 긴급 대책"을 논의한 꼭 하루 뒤였다.[36]

은밀한 전쟁과 피그 만 공격

은밀한 전쟁은 '카스트로 정권의 교체'를 노골적인 목표로 삼았다. 이러한 '교체'는 "미국의 개입되어 있다는 어떠한 모양새도 피하는 방식으로" 이루어져야 했다. "이러한 목표를 달성하는 방법은 기본적으로 지지를 끌어내는 것이어야 하며, 가능한 한 쿠바 안팎에서 스스로 주도권을 가질 수 있으리라고 예상되는 선택된 쿠바인 집단들의 직접 행동이 될 것이다."[37] 그 계획은 실제로 쿠바 정부가 국내의 조직된 반체제 인사들을 의심하도록 설계되었다.

쿠바에 대한 공격은 1959년 말에 시작되었는데, 그것은 미국 관리들이 카스트로 정권은 "유지할 만한 가치가 있는 종류의 정부가 아니다"[38]라고 결정한 다음이었다. 1960년 1월, 미국 관리들은 공식적으로는 계속하여 "미국은 카스트로 정권과 더 나은 관계를 촉진하기를 바란다"고 주장했으며, 미국 비행기에 의한 약 30차례의 폭격으로 225,000톤의 설탕이 피해를 입었다는 카스트로의 주장을 강력하게 부인했다. 하지만 1960년 2월, 폭탄을 실은 미국 비행기가 아바나 외곽 에스파냐 제당 공장에 추락한 사건이 발생했다. 카스트로가 조종사인 미국인 로버트 엘리스 프로스트의 여권을 가지고 직접 텔레비전에 등장하자 미국은 그 증거를 부인할 수 없었다. 《뉴욕타임스》는 이 사건이 "미국 정부에 당혹감을 안겨주었으며, 미국 비행기가 쿠바의 사탕수수 농장에 방화를 해왔다고 과거 수차례 제기한 쿠바의 비난에 상당한 무게를 실어 주었다"고 유감스럽게 보도했다. 사망한 조종사 사체 위에 놓인 지도들에는 지난 여러 주 동안 폭격 받은 다른 제당 공장들로 가는 길이 표시되어 있었다.[39]

또한 1960년 3월 초, 미국 관리들은 75~100명을 죽이고 300명이 넘는 부상자를 낸 폭탄 폭발에 아무 관련이 없다고 "단정적으로 그리고 강력하게 부인했다." 프랑스 선박 라쿠브르는 쿠바인들이 구매한 탄약과 수류탄을 싣고 안트베르펜을 출항했다. 그 배는 하역 후 아바나 항에서 폭발했는데, 쿠바 측 조사는 벨기에를 떠나기 전에 그 배에 폭발장치가 설치되어 있었다고 결론을 내렸다. 미국 관리들은 그러한 시도들이 어쨌든 미국의 정책과 일맥상통한다는 점을 알고 있었다.[40]

경제적 길등은 쿠바가 1960년 2월, 소련과 무역 거래에 서명했을 때 고조되기 시작했다. 소련은 매년 수십만 톤의 설탕을 구매하는 대신에 쿠바에 석유와 공산품들을 공급하기로 했다. 그해 6월에는 쿠바의 미국 정유회사들이 소련 원유의 정제를 거부했다. 그러자 쿠바 정부는 즉

각 정유회사들을 몰수했다. 7월에 아이젠하워는 쿠바 설탕 쿼터를 급격히 줄였다. 아이젠하워는 10월에 쿠바에 대한 경제봉쇄를 선언했으며, 급기야 1961년 1월에는 모든 외교관계를 단절했다.[41]

한편, 1960년 3월 17일, 아이젠하워는 쿠바 망명자 부대의 창설을 명령하고, 1961년 4월 피그 만 침입에서 절정에 이른 훈련과 계획을 시작했다. CIA는 베테랑 요원 E. 하워드 헌트를 뽑아 쿠바 망명자들을 조직하고, 새 정부에 복무할 엄선한 "저항 지도자들"을 아바나에서 호송해 왔다. 헌트는 자신의 역할을 "쿠바 망명자 정부를 구성하여 지도하고, 그 구성원들과 해방된 아바나에 동행하여, 카스트로 이후 첫 선거가 치러질 때까지 우호적인 조언자로 남는 것"이라고 설명했다.[42] CIA는 새로운 쿠바 망명자 조직의 충성에 대한 대가로 그 조직에 후한 자금을 지원했다. 헌트는 봉급과 임대료로 한 달에 115,000달러를 지급했으며, CIA는 직접 "쿠바 침투에 필요한 무기와 선박, 통신시설"과 '민주혁명전선'(FRD, Frente Revolucionario Democrático)의 경비를 제공했다.[43]

때때로 다른 부서에서 무얼 하는지 잘 모르는 CIA의 여러 부서들을 포함한 미국 정부의 다양한 출처에서 거액의 돈이 여러 쿠바 망명자 조직들로 흘러 들어갔다. 1961년 초, 플로리다 남쪽 키웨스트에서 쿠바로 잠입해 들어간 CIA 요원 펠릭스 로드리게스는 해안에서 쿠바인 이삼십 명의 영접을 받아 아바나의 '안가'에 자리를 잡고 '저항자들'과 만나고 돌아다니는 한편, 끝내 도착하지 않은 무기 수송선을 기다리면서 아바나 지하에서 한 달을 보냈다. 로드리게스가 아바나와 다른 곳을 잇는 안가의 연결망과 다양한 잠입자들에 관해 묘사한 것을 보면, 왜 쿠바의 보안 관리들이 그러한 일을 걱정했는지 잘 알 수 있다.[44] 로드리게스는 또한 피그 만 침입이 있기 몇 주 전에 발생한, 아바나 최대의 백화점 엘엔칸토 화재에 CIA가 책임이 있다고 주장했다.[45]

암살 또한 피그 만 침입과 함께 계획되었다(아마도 시도되었을 것이다). E. 하워드 헌트는 침입의 선주곡으로 암살을 세안했을 때 그 문제가 이미 CIA '특무대'의 수중에 있다는 확인을 받았음을 상기했다.[46] 역사학자 토마스 패터슨은 "CIA는 3~4월에 암살 음모를 가동했다. 암살은 피그 만 계획이라는 큰 그림의 일부였던 것 같다. [피그 만 침입에 관여한 CIA 요원] 리처드 M. 비셀은 상륙 이전에 카스트로가 죽기를 바랐음을 인정했다"고 기록했다.[47]

'2506부대'라고 알려진 망명자 군대는 플로리다 남부에서, 그리고 파나마와 과테말라의 미군 기지와 CIA 기지에서 훈련을 했다. 1961년 4월 17일, 침입자들은 히론(피그 만) 해안의 늪지대에 상륙했다. CIA 정보원들은 그들에게 육상에서 상당한 지원을 받을 수 있다는 기대를 갖게 했다. 하지만 그러한 기대와는 달리 쿠바 군대가 침입자들을 물리치는 작전을 신속하게 수행하여 침입자들은 사흘 만에 격퇴되었다. 혁명의 인기는 나라 안팎에서 한층 올라갔다. 하지만 국내에서 반체제 인사에 대한 쿠바 정부의 의심이 커지고, 적대적인 미국에 대항하기 위한 외국 지원에 대한 욕구 또한 커졌다.

1961년 12월, 피델 카스트로는 자신을 마르크스-레닌주의자라고 선언했다. 또한 쿠바 정부는 장차 미국의 공격을 단념시키거나 격퇴하는 가장 좋은 수단으로서 소련에 눈을 돌렸다. 그러나 쿠바와 미국의 갈등은 이제 겨우 시작되었을 뿐이었다.

계속되는 공작

한 미국 정부 보고서는 피그 만 직후에 "카스트로가 잘해 나가는 한, 그의 중대한 위협은(작동하는 공산주의 혁명의 사례와 자극제로서) 지속될 것이다"라고 경고했다.[48] 한 연구에 따르면, 침입 시도 이후 케네디 행정부는 새로운 활력으로 은밀한 행동에 돌입했다. "연방 정부의 거의 모든 기관들이 명단에 올랐다. ······ 국무부, 재무부, FBI, 무역부, 이민국, 세관 등이 모두 쿠바에 피해를 줄 수 있는 책략을 찾아내기 위해 부서위원회에 함께했다."[49] 로버트 S. 맥나마라가 설명한 바와 같이, "우리는 피그 만 시기와 그 이후에 카스트로에 대해 신경질적이었으며, 카스트로에 대해 무언가 해야" 하는 분명한 압력이 있었다.[50]

미국이 패배한 직후 CIA는 비밀 전쟁을 도모하기 위해 마이애미대학 캠퍼스에 새로운 기지를 열었다.[51] 기지의 운영 예산은 연간 5천만 달러가 넘었으며, 몇 천 명의 쿠바 행동대원들을 감독하는 300명이 넘는 전담 요원들이 상근 직원으로 있었다. 기지는 또한 세계 전역의 CIA 거점들을 통해 정보를 수집하고, 쿠바와의 관계를 단절하도록 다른 나라들을 설득하고, 반카스트로 선전을 고무하기 위한 국제적 노력을 조정했다. 심지어는 쿠바 관리들이 외국 여행을 할 때면 자기 나라를 배반하도록 "설득하고, 매수하고, 협박했다."[52]

전 CIA 부국장 레이 클라인이 "징벌적 경제 방해공작"이라고 지칭한 것이 주요한 활동들이었다. 유럽의 요원들은 화물 선적을 방해했으며 쿠바에 가지 말라고 선주들을 설득했다. 버지니아 랭레이의 특별 요원은 쿠바의 설탕 수출 화물선에 오염물질을 놓아두는 데서부터 쿠바로 향하는 기계를 망가뜨리는 일에 이르는 과업을 수행했다.

우리는 실제로 사람들이 상상할 수 있는 거의 모든 일을 하고 있었다. 가장 정교한 공작들 중의 하나는 독일 프랑크푸르트의 볼베어링 제조업자에게 축을 뺀 볼베어링을 선적하도록 한 것이었다. 또 다른 하나는 어느 제조업자에게 톱니바퀴 기어에 같은 짓을 하도록 시킨 것이었다…….[53]

기지는 또한 비밀스럽게 준군사적인 육군과 해군, 훈련장과 거점, 선박, 무기를 보유하고 봉급과 군수품을 지급했다. 한 행동대원은 자신은 이 기간 동안 거의 매주 CIA 급료를 받고 임무를 수행했는데, 거기에는 쿠바 해안에 행동대원 '팀'을 내려다 주고 데려오는 임무뿐 아니라 "정유시설과 화학공장을 폭파하기 위한 대규모 폭격"도 포함되었다고 주장했다.[54] 또 다른 행동요원은 텍사코 정유공장을 비롯한 공장들, 쿠바 항구에 정박된 러시아 선박에 대한 공격을 포함하는 임무를 폭로했다. 7명이 한 팀이 되어 철도 교량을 폭파하여 기차를 탈선시키고 설탕 창고를 불태우기도 했다.[55]

미국은 피그 만에서 패배하자 '몽구스 작전'을 수립했다. "그럴듯한 사실 부인"을 위해 정부 관리들에게 공작을 감추도록 되어 있는 CIA와는 달리, '몽구스'(MONGOOSE)는 케네디 수석 보좌관들을 포함하여 새로 만들어진 (보강된) 특별 집단'의 감독을 받게 되어 있었다.[6] 방해 공작과 전복을 위한, 행정적으로 분리된 작전이었던 '몽구스'는 에드워드 랜즈달 장군이 감독했는데, 1962년 여름과 가을에 가속도가 붙었다. 그해 8월 '특별 집단'은 카스트로 전복을 위한 전방위적 노력에 관해 토론했으나 "세계 여론의 관점에서 보면 미국을 해칠 것"이라는 결정이 내려졌다. 테일러 장군은 "우리는 카스트로 정권을 전복하는 것을 그만두고 경제 방해공작을 통해 정권의 실패를 야기하는 방향으로 전반적인 목표를 변화시킬 것을 고려해야 한다"고 주장했다.[57] 로버트 S. 맥나마라는 "정보활동, 방해공작, 게릴라 행동의 영역에서 가능한 모든 공격 단계로 들어갈" 시간이 왔다는 데 동의했다. 그 달 말에 케네디 보좌관들은 쿠바 마타암브레 구리 광산에 대한 중대한 공격을 승인했다.[58]

1962년 8월 쿠바 망명자 조직 '알파 66'은 "소련 군사 기술자들이 모여 있다고 알려진" 해변 호텔을 폭격하여 "다수의 러시아인과 쿠바인을 죽였다. 비록 미국이 이 폭격을 승인하지 않은 것은 분명하지만, '알파 66'은 플로리다에 거점을 두도록 허락받았다"고 레이먼드 가토프가 설명했다. 9월에 '몽구스'는 "쿠바에 대한 더 많은 폭격을 요구하는" 새로운 국면에 접어들었다. '알파 66'은 9월 10일에 영국과 쿠바 화물선에, 10월 7일에는 쿠바 섬에 폭격을 퍼부었다. 9월 27일에는 또 다른 CIA 방해공작 팀이 쿠바에서 체포되었다. 10월 4일의 '특별 집단' 회합에서는 "방해공작 팀을 쿠바에 파견하는 것을 포함하여 공작을 단계적으로 증가시키는" 또 다른 결정이 내려졌다. 며칠 후에는 이 문제를 논의하기 위해 세 차례의 회합이 열렸는데, "백악관에서 있었던 두 차례 회합 사이의 10월 16일 회합에서는 쿠바 미사일에 관한 논의가 있었다"고 가토프는 기록하고 있다.[59]

가장 중요한 공격은 실패한 마타암브레 구리 광산 공격이었다. 1961

년 말의 첫 번째 공격은 기술적 문제가 발생하여 특공대를 수송하는 배가 도착하지 못해 실패했으며, 두 번째 시도는 1962년 여름 쿠바 민병대의 정찰에 포착되어 도주해야 했다. 세 번째 시도는 1962년 10월 22일로 이 또한 쿠바 군대에 격퇴되었는데, 이 날은 케네디 대통령이 쿠바 섬에 소련 미사일이 있으며 쿠바는 미국의 공격으로부터 자신을 방어할 필요가 없다고 발표한 바로 그날이었다. 폭격에 참가한 사람들 가운데 한 사람은 피나르델리오 해안에서 사라진 두 동료를 기다리다가 떠나는 배에 올라 케네디의 연설을 들었다.[60]

쿠바인들이 마타암브레에 대한 10월 공격은 막을 수 있었지만, 카스트로에 따르면 400명 노동자의 생명을 앗아간 11월 8일의 산업시설 폭격은 막을 수 없었다. 이 폭격을 수행한 팀은 11월 13일에 체포되었다. 카스트로는 유엔 사무총장에게 서한을 보내 항의했다. "CIA의 훈련을 받고 지령을 받은 간첩 집단의 주모자가 여기 쿠바에서 체포됨으로써 정찰 비행기가 찍은 사진이 그들의 방해공작과 작전에서 안내 역할을 했음이 드러났으며, 또한 다른 무엇보다도 우리 산업시설에 있던 400명이나 되는 노동자들의 죽음을 도발함으로써 혼란을 야기하려는 욕망이 드러났다."[61]

쿠바 미사일 위기 전야에 '몽구스'는 진전이 없다고 비판받았다. 리처드 헬름스의 메모에 따르면, 1962년 10월 한 회합에서 "로버트 케네디는 '몽구스'에 대한 대통령의 전반적인 불만을 표현하면서 ['몽구스'는] 1년 동안 활동해 왔는데 …… 방해공작이 한 건도 없고 시도된 한 건도 두 번이나 실패했다(구리 광산 폭격 시도를 말한 것이 틀림없다)고 지적했다." 그는 또한 케네디 대통령은 "몽구스 프로그램의 진전에 관심을 갖고 있으며 방해공작을 확대하는 것을 더 강조해야 한다고 생각한다"고 언급했다. 그는 '대규모 활동'을 주장했다. 로스웰 질패트릭은 이러한 견해를 다음과 같이 확인했다. "법무부 장관의 불평은 그때까지 CIA가 취한 행보와 계획이 너무 작고 가벼워서 효과를 내기에 충분하지 않았다는 것이다."[62]

미사일 위기

· 미사일 위기에 관해서는 수많은 책과 그보다 더 많은 교과서 항목들에 서술되어 있다. 미국에서는 일반적으로 '위기'라고 규정된 시기 동안 몇몇 개인들의 정책 결정 과정에 초점을 맞춘 로저 도널슨의 영화《13일간》에서 전형적으로 표현된 것처럼 미국과 소련 관리들이 벼랑 끝 전술이라는 위험한 게임을 했다고 보았다. 이런 해석에 따르면 미국이 완강하게 버티자 소련이 무릎을 꿇었다는 것이다.

미국에서는 몇몇 냉전 논리에 기초한 추정들이 13일간의 드라마와 사건의 초기 역사를 에워싸고 있다. 첫째로, 낡은 설명은 미국과 소련 사이에 상대적 세력균형이 있었으며 쿠바에 미사일이 배치됨으로써 그러한 세력균형에 위험한 변화가 일어났다고 추정했다. 둘째로, 낡은 설명은 소련이 패배를 인정하고 미사일 제거에 동의하도록 설득한 것은 케네디의 비타협적인 강력함이었다고 추정했다. 셋째로, 쿠바는 미국에 맞서 자신을 방어할 필요가 없었으며, 미사일은 공격 능력을 목적으로 했음에 틀림없다고 대부분의 설명은 추정했다.

1980년대 말에 첫 번째 판의 수정주의 역사가 기술되기 시작했다. 조지워싱턴대학의 국가안보기록보관소는 정보자유법을 이용하여(결국에는 국무부에 대한 소송까지. 갔다) 이전에 비밀로 분류되었던 미사일 위기 관련 문서들을 확보했다.[63] 하버드 대학과 브라운대학의 학자들은 쿠바와 미국, 소련에서 온 사람들이 함께 참가한 일련의 학술대회를 열어 새로이 비밀 해제된 문서에 관해 토론하여 새로운 결론에 도달하려고 했다. 분석을 통해 미국의 주요 '선수'들이 영웅적이라기보다는 무모했다는 사실을 드러났기 때문에, 그러한 분석 물결은 위기 후 첫 10년 동안의 학문에 비교하면 축하할 만한 일이 아닌 것이 분명했다.[64]

1990년대에는 미국 문서의 비밀 해제에다가 소련과 쿠바의 기록들이 공개됨으로써 미사일 위기에 관한 자료들이 역사학자들에게 개방되었다.[65] 1992년 미사일 위기 30주년과 2002년 40주년 두 차례에 걸쳐 아바나에서 열린 대규모 학술대회에서 학자들과 참가자들이 한 데 모여 주요한 역사적 문제들에 관한 심도 깊은 토론과 분석이 이루어졌다. 이전 세대의 냉전적 학자들에게는 아마도 놀라운 일이었겠지만, 소련과 쿠바가 제기한 많은 주장들이 사실로 드러났다. 쿠바인들은 또 다른 미국의 침입을 두려워했는데, 사실 그러한 침입을 위한 계획이 진행 중에 있었다.

소련의 핵 능력은 사실상 미국보다 한참 뒤쳐져 있었다. 미국 관리들은 소련 국경 근처인 터키와 이탈리아에 전략 미사일을 배치하면 불균형이 증폭된다는 사실을 알고 있었다. 쿠바에 미사일을 배치한 소련의 목적은 실질적 위협에 대한 대응이었다. 즉 미국의 공격에 대항하여 쿠바를 방어하고 미국이 세계전략 및 정치에서 누리던 핵 우위에 대응한 것이었다. 소련이 미사일을 철수하는 데 동의한 것은 케네디의 강경한 결단력 때문이 아니라, 미국이 쿠바 침입 계획을 포기하고(미국은 공개적으로 그렇게 했다) 터키에 배치된 미사일을 철수하라는 소련의 요구에 미국이 동의했기 때문이었다(미국은 비밀리에 동의했다). 비밀 해제된 문서가 공개되기 전에 미국 관리들은 소련과 어떤 거래도 없었다고 강력하게 부인했다. 흐루쇼프는 케네디의 강고한 의지 때문이 아니라 그의 무모함과 미국의 입장이 핵 파괴를 초래할 수 있는 현실적 위협 때문에 흔들렸던 것이다.

미국은 불개입 약속을 했지만 약속에 대한 국제적 감독을 거부했으며, 쿠바 정부를 전복하려는 미국의 시도가 실제로는 조금도 누그러지지 않고 계속되었다. 미국이 흐루쇼프에게 앞으로 쿠바 침략 시도를 포기할 것이라고 약속한 지 불과 며칠 후, 펜타곤은 그 약속에 단서를 다는 문서를 준비하고 있었다. "대통령은 단지 '미군에 의한 군사적 장악'에 관해서만 이행한다고 약속했을 뿐, '피그 만 유형의 작전' 같은 다른 행동들은 배제되지 않았다"고 정치학자 라스 슐츠는 국방부 문서를 요약, 인용하면서 설명했다. 한편 케네디는 보좌관들에게 그 약속은 허풍이었으며 "우리의 목표는 쿠바 침입의 권리를 유지하는 것"이라고 말했다.[66]

로버트 맥나마라는 2002년 학술대회 이후의 학문의 변화를 요약했다. "수많은 세월 동안 나는 쿠바 미사일 위기가 지난 반세기 동안의 대외 정책 중에서 가장 잘 처리된 것이었다고 생각했다." 대신에 문서와 두 학술대회에서 드러난 것은 사건 전개 과정에서 충격적인 수준의 무지, 의사 불통, 허세, 순전한 우연 등이었다. 맥나마라는 미사일이 세력균형에 어떤 영향도 미치지 않았다는 사실을 인지하고 있었다. 하지만 케네디는 자신이 사건 전개 과정에서 위협적인 행동을 할 것이라고 한 이전의 진술에 발목이 잡혔기 때문에 무언가 힘으로 대응해야 한다고 느꼈다. 1992년 학술대회에서 소련의 아나톨리 그립코프 장군은 미국이 해상봉쇄를 하기 전에 162발의 핵탄두가 쿠바에 설치되었다고 폭로했으며, 카스트로는 만약 미국이 공격을 했더라면 핵탄두를 사용할 준비가 되어 있었다고 선언했다. 사실 위기가 진행되는 바로 그 순간에 '몽구스' 지도자들은 세 개의 방해공작 팀을 쿠바에 파견했으며 10개가 넘는 팀이 출발할 준비를 갖추고 있었다.[67] 이처럼 벼랑 끝 위기는 그 무렵 대중들이나 후대의 역사가들이 알았던 것보다 훨씬 가까이 있었다.

위기와 그 해결 과정은 또한 쿠바와 소련 사이에 진전되던 관계의 토대를 흔들었다. 흐루쇼프가 미사일을 철수하기로 한 결정은 쿠바인들과 어떤 상의도 없이 이루어졌다. 이에 따라 쿠바인들은 자신들의 주권이 강대국 정치의 볼모가 되고 있다는 점을 다시 한 번 느꼈다. 한 관찰자는 회상했다. "사람들은 콩가(congas, 아프리카에서 유래된 쿠바 민속춤 음악−옮긴이)를 부르고, '니키타(소련 여자 이름), 마리키타(여자 같은 남자), 당신이 준 것, 당신은 못 가져가!'(Niquita, marquita, lo que se da ¡no se quita!)를 연호하면서 거리로 쏟아져 나왔다."[68]

CIA

미국이 쿠바 침입을 그만둔다고 케네디가 개인적으로 약속한 것은 진심이 아니라 그냥 해본 소리였다. 방해공작은 일시적으로 중단되고 '몽구스'는 공식적으로 해체되는 대신 부처 간 기구인 '쿠바조정위원회'로 대체되었다.[69] 그러나 폭격과 방해공작은 계속되었을 뿐 아니라 늘기까지 했다.[70] 존 F. 케네디 암살로 은밀한 전쟁은 순간적으로 마비되었다. 카스트로 암살 시도에 연루되어 있던 CIA 관리들은 쿠바 세력이 CIA의 카스트로에 대한 공격의 보복으로 케네디 암살에 개입했을지도 모른다고 우려했다. CIA와 FBI 관리들은 리 하비 오스왈드와 잭 루비(케네디 암살자들)가 카스트로 암살 음모에 연루되어 있는 무리들과 친쿠바 및 반쿠바 인물들이나 조직들과 연결되었을 가능성을 우려스럽게 기록했다. 미국 정부가 케네디 암살에 대한 조사를 덮어 버리려고 한 여러 가지 이유가 있었는데, 관리들은 그중에서도 특히 카스트로와 쿠바에 대한 미국의 더러운 전쟁이 조사에서 드러날까 봐 두려워했다. 어떤 정부기관도 이런 식의 조사가 드러낼지도 모르는 것에 대한 위험을 감수하고 싶지 않았다. 감추어야 할 것이 너무 많았던 것이다.

CIA는 도박 조직에 선을 댔을 뿐 아니라 쿠바 정부 '고위층' 장교 롤란도 쿠벨라 소령을 1961년 초부터 접촉했다.[71] CIA는 1963년과 1964년에 쿠바에 있던 쿠벨라에게 무기 배달을 주선했다. 게다가 1963년 11월 22일에 CIA 요원들은 파리에 있던 쿠벨라에게 '독 펜'을 배달하면서 거기에 쉽게 구할 수 있는 치명적인 살충제 '흑엽 40'을 채우라고 지시했다. "케네디 대통령이 저격당한 그 순간에 한 CIA 요원은 파리에서

쿠바 행동대원을 만나 카스트로에게 사용할 암살 도구를 전달했다"고 CIA 보고서는 결론지었다.[72]

1965년 6월, CIA 관리들은 "쿠벨라의 계획과 그의 CIA와의 관계를 알고 있는 쿠바인들이 점점 많아지고 있다"는 사실을 알아차렸다. 쿠벨라가 보안에 위험 요소가 되자 CIA는 그 집단과 모든 연락을 끊었다. CIA의 지원이 없어지자 음모는 휘청거렸다. 음모에 연루된 쿠벨라를 비롯한 몇 사람은 1966년 3월에 아바나에서 체포되어 징역 25년형을 선고받았다.[73]

1964년 4월, 존슨 대통령은 방해공작 폭격을 그만둔다고 선언했다. 존슨은 나중에 "우리는 카리브 해에서 빌어먹을 살인 주식회사를 운영하고 있었다"고 불평한 것으로 인용되었다.[74] 딘 러스크는, 방해공작은 "높은 수준의 잡음"을 내어 미국의 개입을 감추기가 너무 어려웠다고 주장했다.[75] 존슨 시기에 CIA가 조직한 마지막 주요 폭격은 1963년 12월이었는데, 이때 쿠바 망명자들은 쿠바 해군기지 근처 해역에 지뢰를 설치하여 선박 몇 척을 폭파하고 사람들을 몇 명 죽이거나 다치게 했다.[76]

CIA의 준군사 공작은 해체되고 멈추었지만, CIA가 무장시키고 돈을 대고 훈련한 사람들과 CIA가 공급한 무기들은 하루 밤에 사라지지 않았다. "마이애미나 랭레이에 있는 사람은 비밀 망명자 군대가 해산하는 것에 대해 큰 관심을 둔 사람은 아무도 없었다"고 언론인 데이비드 콘은 설명한다. 1960년대, 70년대, 80년대에 CIA가 훈련시킨 이러한 망명자들은 쿠바와 쿠바인에 대한 공격에서, 미국과 다른 곳에서 벌인 준군사적인 테러 공격에서, 마약 운반과 돈세탁에서, 워터게이트 절도 사건에서, 니카라과에 대한 반군 전쟁에서, 그리고 '구출을 위한 형제들' (Brothers to the Rescue) 같은 '인도주의적'이라고 주장하는 조직들에서 거듭 거듭 모습을 드러냈다.[77]

중지 내지 중단 명령은 1960~1970년대에 계속된 경제 방해공작에는 적용되지 않았다. 방해공작의 목표는 분명히 1960년대 초와 동일했다. 쿠바 사회주의 실험의 신망을 떨어뜨리는 것이었다. "우리는 가게에 빵이 떨어져 사람들이 굶주리기를 원한다"고 반카스트로 공작 임무를 맡은 한 CIA 관리가 존 마크스에게 말했다. "우리는 배급이 효과적으로 되지 않고 가죽이 동이 나서 사람들이 1년 반 동안 오직 한 켤레의 신발만을 신게 되기를 원한다."[78]

끝나지 않은 전쟁

1960년대 중반, 부분적인 중단이 있었지만 쿠바에 대한 은밀한 공작이 끝난 것은 아니었다. 레이먼드 가토프에 따르면, "1969년, 닉슨이 취임 후 취한 첫 번째 조치는 쿠바에 대한 은밀한 공작을 강화하라고 CIA에 지시한 것이었다."[79] 포드 대통령 시기(1974~1977) 쿠바에 대한 잠깐 동안의 개방은 쿠바가 앙골라에 병력을 파견하여 아프리카에 처음으로 중대한 군사적 개입을 시작하면서 중단되었다. 지미 카터는 재임 기간(1977~1981) 중 일찍이 쿠바가 앙골라에서 철수한다는 조건으로 개방의 신호를 보냈다. 이 개방 역시도 현지 사정으로 쿠바가 점진적 철수를 번복하고 나중에 에티오피아에 병력을 파견하게 되면서 어굿나 버렸다. 쿠바의 아프리카 개입에 관해서는 5장에서 자세히 논의하기로 한다.

라틴아메리카에 대한 미국의 직접 개입은 레이건 시기(1981~1989)에 증가했으며, 쿠바는 레이건 독트린의 발전과 수립에 핵심적인 구실을 했다. 레이건은 냉전 지역에서 투쟁하기 위해 비정규 병력을 창설하여, 훈련하고 무장시키고 지원한 것을 강조했다. 냉전 지역에는 소련 점령이 계속되고 있던 아프가니스탄, 쿠바 병력이 남아프리카공화국의 침입에 맞선 앙골라인들을 돕고 있었던 앙골라, 그리고 레이건이 짐짓 쿠바의 원조와 고문관이 있다는 것을 구실로 니카라과에 반군 전쟁을 도모하고 과테말라와 엘살바도르의 우익과 군부정권에 '묻지 마' 지원을 하고 있던 중앙아메리카 등이 포함되었다. 1986년, 레이건은 "소련과 쿠바는 니카라과를 하나의 기지로 사용하여 지배적인 권력이 될 수 있다. …… 니카라과에는 이미 수천 명의 쿠바 군사 고문관들이 모여 있다"고 경고했다.[80] 미국은 카리브 해의 조그만 섬 그라나다에 1983년 군사쿠데타 후에 침입했는데, 표면적인 이유는 미국 의학생을 '구출'하는 것이었지만, 적어도 어느 정도는 새로운 공항 건설에 쿠바 건설 노동자들이 참여하고 있었기 때문이었다. 미국과 쿠바 병력이 실제로 전투를 치른 것은 이때가 피그 만 이후 처음이었다. 많은 쿠바인들은 다음 차례는 미국의 쿠바 침입이 될 것이라고 믿었다.

쿠바 망명자들 가운데 많은 이들이 이전부터 끊임없이 CIA와 접촉해왔다. 그들은 또한 1964년 체 게바라가 연설할 때 유엔 본부에 바주카포 공격을 한 것을 시작으로 1980년대에 미국에서 끊이지 않은 일련의 테러 공격의 배후에 있었다.[81] 쿠바를 목표로 한 테러 공격 중 CIA

가 지원한 것과 독립적인 쿠바 망명자의 소행으로 생각되는 것 사이의 구별은 언제나 모호했다. 우익 쿠바 조직들은 그들이 활동한 플로리다, 뉴욕, 뉴저지에서 지방정부의 지원을 누렸으며, 그들의 공작에 대한 공식적 조사는 불가사의하게도 거듭 수렁에 빠졌다. 1980년《빌리지보이스》(Village Voice) 기자 제프 스타인은 쿠바 망명자 조직 '오메가 7'(Omega 7)에 관해 조사한 뒤 다음과 같이 썼다. "데이드 카운티 경찰서에서 테러 전문가들은 CIA가 반카스트로 쿠바 망명자 활동에 개입했는지를 묻는 질문을 받으면, 서로 미소를 교환하고 눈을 내려다본다. 그들은 대답하기 위해 우선 서로 쳐다보고 목을 가다듬은 다음, 자리를 서로 바꿔 앉는다. 대답은 '예'이다." '오메가 7'은 1970년대 후반 뉴욕 시와 뉴저지 주에서, 혁명에 대해 자신들의 강경노선을 따르지 않는 외교관과 쿠바 이민자들을 주 대상으로 20여 차례 폭탄 테러를 했다고 주장했다.[82]

'오메가 7'은 상부 조직인 통일혁명조직특공대(CORU, Comando de Organizaciones Revolucionarios Unidos)의 한 분파인데 1976년에 73명의 승객을 죽인 '쿠바항공 455기'를 폭파하는 공훈을 세우기도 했다. CORU는 1976년 6월, 도미니카공화국에서 열린 한 회합에서 설립되어 2506부대원들과 다른 수많은 소규모 망명자 조직들을 끌어 모았다. 1976년 말, 칠레 외교관 올란도 레텔리에르와 정책연구소 연구원 론리 모피를 살해한 자동차 폭발사건 조사의 일환으로 CORU를 조사한 존 딩게스와 사울 란다우는 수많은 관련자들을 대상으로 미국 정부와 CORU의 관련 정도에 관해 인터뷰를 했다. 두 사람은 CORU가 적어도 암묵적으로, 어떤 경우에는 직접적으로 CIA와 FBI의 지원을 받았다고 결론지었다. "마이애미 경찰의 대테러 전문가인 한 소식통은 다음과 같이 말했다. '쿠바인들은 CIA의 요청이 있으면 CORU 회의를 소집한다. 1970년대에 쿠바 망명자 조직들(FNLC, '알파 66,' '쿠바의 힘')이 미친 듯이 날뛰어 미국은 그들을 통제하지 못했다. 그래서 미국의 통제 하에 모두 동일한 방향으로 나아가도록 할 수 있는 CORU 회의를 지원했다. 기본적인 신호는 '미국 바깥에서라면 당신들이 원하는 대로 계속해서 행동하라'였다."[83]

쿠바를 대상으로 한 테러 공격은 CORU가 설립된 이후 미국 안팎에서 우후죽순처럼 발생했다. 1976년 쿠바 항공기 폭파 이외에 다른 쿠바항공 사무소와 비행기에 대한 공격, 라틴아메리카에 있는 쿠바 외교관들에 대한 공격, 워싱턴 거리에서 전 칠레 외교관 올란도 레텔리에르와 그의 비서 살해 등이 그러한 테러 공격에 포함되었다.[84]

1978년 말 미국에 있던 한 무리의 쿠바인들이 쿠바 정치에서 우익의 옭죄기를 깨기 위해 '75위원회'를 설립하여 본국과의 관계 개선을 공개적으로 지지하고 나섰다. 그해 11월, 그들 중 몇 사람이 쿠바로 가서 정치범의 석방과 망명자들의 쿠바 방문에 관해 카스트로 정부와 협상했다. 그 여행은 협상에 관한 한 성공적이었다. '75위원회'의 여행 몇 달 후 3천 명의 정치범이 석방되고 수십만 명의 쿠바 망명자들의 쿠바 방문이 허용되었다. 그러나 '오메가 7'은 찬성하지 않았다. 협상 여행 다음 해에 '75위원회'의 두 구성원이 푸에르토리코와 뉴저지에서 각각 암살되었으며, 다른 구성원들도 주기적으로 살해 협박을 받기 시작했다.[85]

1960년에 취해진 통상금지령은 미국의 쿠바 정책에서 변함없는 기등이었다. 통상금지령은 쿠바에 심각한 경제적 타격을 주었지만 쿠바를 정치적으로 고립시키지는 못했다. 사실, 그것은 미국을 더 고립시켰다. 해마다 유엔총회는 통상금지령을 비난하는 결의안을 거의 만장일치로 채택했다. 때로는 엘살바도르나 루마니아 같은 나라들이 정치적 충성심에서 미국에 투표하는 경우가 있었지만, 믿을 수 있는 유일한 동맹자는 이스라엘뿐이었다. 하지만 이스라엘도 비록 통상금지령을 비난하는 결의안은 거부했지만, 쿠바와 온전한 경제적 관계를 유지하고 쿠바에 상당한 투자를 했다. 수많은 학자들, 인권 조직들 및 국제기구들은 통상금지령이 쿠바 사람들의 복지에 미치는 해로운 결과를 비난했다. 그들의 연구는 통상금지령이 실제로 쿠바혁명의 경제적 목표를 저해하는 역할을 해왔다고 주장했다.[86]

미국 시민의 쿠바 여행 금지는 1960년대부터 시작되어 카터 행정부 시기에는 없어졌다가 1980년 로널드 레이건 때 다시 복원되었으며, 클린턴 때는 이완되었다가 부시 행정부 2기에 다시 강화되는 등 상당한 부침이 있었다.

아프리카계 미국 언론인 윌리엄 워시는 1961년 쿠바를 여행하고 미국에 귀국했을 때 체포되었다. 그는 이미 몇 년 전 중국을 여행할 때도 소환된 적이 있었다. "윌러엄 워시는 우리 문을 들어올 만한 가치가 없어"라고 포크송 가수 필 오크스가 풍자적으로 노래했다. "쿠바로 가 버려, 그는 더 이상 미국인이 아니야. 하지만 국무부가 하는 소리를 들으면 왠지 이상해, '당신은 자유세계에 살고 있는 거야, 자유세계에 당신은 머물러야 해.'"

5

이민과 국제주의

쿠바는 아프리카에서 반식민지 혁명을 지원하면서
후원자라고 간주되던 소련의 정책을 그저 추종한 것이 아니라 종종 주도했다.
제3세계 여러 나라들에게 의료 및 교육 원조를 해 온 쿠바는
미국의 원조 임무를 반영하기도 하고 때로는 능가하기도 했다.
쿠바는 비동맹운동에서 중요한 역할을 함으로써 수시로 독자적인 외교정책을 펴
제3세계에서 위상이 높아졌다. 피델 카스트로는 1979년부터 1983년까지 의장이었다.

쿠바인들은 1959년 이전에 플로리다 남부로 곧잘 여행하고 이민을 가기도 했다. 시가 제조업자들과 노동자들은 19세기 독립전쟁의 피난처를 구해 탐파로 작업장을 옮겼다. 1950년대에는 "많은 중산층 쿠바인들에게 플로리다 남부 휴가는 연례 행사였으며, 부자들에게는 매일 하는 여행이었다"고 알레한드로 포르테스와 알렉스 스테픽은 썼다.[1]

그래서 혁명에 저항하고 혁명에서 배제되거나 스스로 점점 소외되고 있다고 느낀 쿠바인들에게 이민은 종종 첫 번째로 의지하는 것이었다. 1960년부터 1962년까지 20만 명의 쿠바인들이 쿠바를 떠났고 대부분 마이애미로 갔다.[2] 혁명 후 첫 10년 동안 50만 명이 넘는 쿠바인들이 이민을 갔다.[3] 2004년 미국에는 140만 명의 쿠바인들이 있었는데, 그들 가운데 90만 명은 이민자이고 나머지 50만 명은 미국에서 태어난 쿠바계 미국인이었다.[4]

이처럼 대규모 인구의 탈출은 쿠바 사회에 복합적인 영향을 주었다. 20세기 말에는 인구의 10퍼센트나 되었다. 1960년대에 떠난 사람들은 대부분 상층계급으로 백인들이었다. 쿠바는 수많은 의사, 전문가, 사업가들을 잃었다. 이는 한편으로 새로운 사회를 건설하는 데 정교한 기술을 가진 사람들이 참여할 수 없었다는 것을 의미했다. 다른 한편으로 이런 현상은 쿠바 사회가 밑바닥에서부터 완전히 새로운 방식으로 재건되어야 한다는 생각을 갖게 했다. 혁명은 새롭고 혁명적인 방식으로 사회를 재건하기 위해 새로운 의사, 전문가, 경영자를 양성해야 했다.

쫓겨난 상층계급이 머물면서 구질서를 회복하기 위해 싸우는 다른 나라의 혁명 상황들과는 대조적으로, 쿠바에서 쫓겨난 상층 계급은 그야말로 없어져 버렸다. 그들은 쿠바의 미래를 위한 자신들의 전망을 복원하기 위해 여전히 싸웠지만, 일부 쿠바인들이 '외부자'(el exterior)라고 부르게 된 것처럼 나라 바깥에서 투쟁했다. 역사학자 마리아 크리스티나 가르시아가 주장하듯이 카스트로는 "반체제 인사들을 수출"할 수 있었다.[5] 또는 아마도 반체제 인사들은 스스로 수출한 것이다. "미국으로 간 쿠바인들은 대부분 그들의 체류가 일시적일 뿐, 곧 고국으로 돌아갈 것이라는 가정 하에서 그곳으로 갔다. …… 이민자들 대부분은 미국이 개입하여 혁명정부를 타도하는 것은 시간문제라고 믿었다."[6] 미국의 개입에 대한 이런 지지는, 쿠바에서는 오랫동안 신뢰를 잃은 플랫 수정안의 이름을 따서 플랫주의(plattismo)라고 조롱받는다.

어떤 면에서 20세기 후반 쿠바의 이민 경험은 중앙아메리카와 카리브 지역에서 전형적인 것이다. 카리브 해 섬 대부분에서 10퍼센트 또는 그 이상의 인구가 이 기간 동안 이민을 갔다. 푸에르토리코는 인구 5백만 가운데 40퍼센트가 미국으로 떠나 단연 두드러진다. 도미니카공화국은 약 1천만 명의 인구 가운데 110만 명이 미국으로 이민을 떠났다.

하지만 여러 면에서 쿠바의 이민은 독특했다. 미국으로 이민 가려는 대부분의 사람들이 합법적으로 이민 허가를 얻는 일은 지극히 어렵다. 1965년 이래 미국 법률은 각 나라에 매년 약 2만 명의 이민비자 제한을 두었다. (1965년 이전에는 아메리카 반구에서의 이민에는 수적 제한이 없었다.)

 2만 명은 '이민' 비자에 해당한다는 사실에 주목하라. 미국에 일시적으로 방문하기를 원하는 사람들은 학생이나 여행 같은 다른 종류의 비자를 신청할 수 있다. 이민법은 또한 특별히 '난민'(refugees)이란 범주를 만들었다. 제2차 세계대전 이래 미국은 특정한 사람들에게 난민 지위를 적용하도록 했다. 대부분 공산주의 국가들에서 온 사람들이었다. 1962년 '이민 및 난민 지원법'과 1966년 '쿠바조정법'은 미국에 가고자 하는 모든 쿠바인들에게 실질적으로 난민 지위를 획득할 수 있도록 허용했다. 1990년대까지 백만 명이 넘는 쿠바인들이 이러한 기회를 이용했다.

 이처럼 쿠바인들은 미국 이민법 아래에서 독특한 지위를 누렸다. 라틴아메리카의 다른 나라에서 온 수많은 사람들은, 쿠바인들이 겪었던 것보다 더 큰 규모로 전쟁, 억압, 처벌을 피해서 온 사람들조차도 난민으로 인정받는 것이 거의 불가능하다는 사실을 알게 되었다. 중앙아메리카에서 피비린내 나는 1980년대 10년 동안, 암살단, 폭탄 테러, 초토화 전술을 피해 온 엘살바도르인과 과테말라인들 가운데 난민 지위를 얻은 사람은 5퍼센트 미만이었다.

 오직 쿠바인들만이 미국 정부로부터 실제로 자동적인 난민 지위를 포함한 따뜻한 환영과 함께 연방 정부의 일자리, 교육, 주택 프로그램의 혜택도 받았다. 미국 시민인 푸에르토리코인조차도 쿠바인들을 위해 마련된 특별한 혜택을 받지 못했다. 다른 라틴아메리카인들 대부분은 가혹한 이민 제약을 받아 사회보장 프로그램 혜택에 거의 접근할 수 없었다.

 미국 정부가 그들을 난민이라고 생각한 것처럼 쿠바인들은 대부분은 스스로 공산주의를 피해서 온 정치적 난민이라고 생각했다. 멕시코인과 푸에르토리코인들은 이와 대조적으로 경제적 이민자로 간주되었다. 즉 정치적 이유가 아니라 경제적 기회를 찾아서 미국으로 온 사람들이라는 것이다. 그러나 '정치적' 이민자와 '경제적' 이민자의 차이는, 언뜻 보기와는 달리 칼로 자르듯 분명한 것은 아니다. 자본주의 국가든 사회주의 국가든 간에 정부는 특히 자원의 분배에 영향을 미치는 경제 정책을 추구한다. 멕시코에서 경제적 선택지를 잃은 사람들은 농촌 빈민들이었는데, 이들은 종종 비참한 조건에서 고향에 있는 가족들을 부양하기 위해 미국으로 갔다. 쿠바에서는 혁명으로 인해 경제적 선택지가 잘린 것을 알게 된 사람들은 도시 전문직 종사자들이었다. 그러나 내가 다른 곳에서 주장한 바와 같이 "미국의 정책은 공산주의 국가에서 경제적 어려움은 정부 정책의 결과이므로 정치적이라는 전제에 기초하고 있었다." 하지만 멕시코 같은 자본주의 국가의 경우에는 "미국의 정책은 빈곤은 순전히 경제적인 문제이지 정치적 문제가 아니라는 생각에 기초하고 있었다."[7]

쿠바 이민의 또 다른 독특한 점 가운데 하나로 미국 정부와 가톨릭 교회가 추진한 '피터팬 작전'이라는 프로그램을 통해 부모를 동반하지 않은 약 14,000명의 어린이들이 들어왔다. 역사학자 마리아 크리스티나 가르시아의 설명에 따르면, "쿠바에 있는 많은 부모들은 나중에 재결합을 기대하면서 자기 아이들을 먼저 미국으로 보냈다. 이들 중에는 쿠바 학교에서 정치적 교화를 우려한 부모들도 있었고, 군대 징집에서 자기 아이들을 구해 내기를 바란 부모들도 있었으며, 정부가 쿠바 어린이들을 소련이나 동구권에 훈련을 보내려고 한다는 소문에 자극받은 부모들도 있었다."[8]

쿠바 이민자들은 정치적 정체성의 측면에서도 다른 라틴아메리카 이민자들과 매우 다르다. 그들은 라틴아메리카에서 가장 많은 두 이민자 집단인 멕시코인과 푸에르토리코인들이 나중에 제3세계가 되는 반제국주의 정체성을 형성하고 가꾸어 간 1960년대에 들어오기 시작했다. 쿠바혁명은 그 자체가 치카노(Chicano, 멕시코인)와 보리쿠아(Boricua, 푸에르토리코인)의 국민 정체성과 의식 운동의 성장에 중요한 역할을 했다. 푸에르토리코와 멕시코 이민자 활동가들은 자기 나라 사람들이 미국에서 식민화된 소수자라고 분석하고, 쿠바혁명을 비롯한 반식민 투쟁에 정체감을 형성했다. 그러나 미국으로 온 쿠바인들은 혁명을 반대한 사람들이었다. 쿠바혁명과 미국 제국주의에 대항한 저항은 치카노와 보리쿠아 활동가들에게는 강력한 반향을 얻은 반면에, 마이애미의 쿠바인들은 쿠바 섬의 새로운 정치적·사회적 질서를 무너뜨리기 위해 열심히 노력했다.

마이애미

쿠바 탈출은 그 규모와 지리적으로 집중된 지역, 그리고 인종적·사회적 구성의 특징으로 인해 쿠바를 변화시켰을 뿐 아니라, 쿠바인들이 섬을 떠나 향한 주요 목적지였던 마이애미까지 변화시켰다. 특히 혁명 후 처음 20년 동안 떠난 사람들 대부분은 백인이었기 때문에 쿠바는 백인 인구 구성이 줄어든 반면에 마이애미는 밝은 색조를 띠게 되었다.

그리고 라틴아메리카 이민자들 대부분이 미국 사회에서 사회경제적으로 낮은 지위에 있었기 때문에 마이애미 쿠바인들은 급속히 상층으로 올라섰다.

알레힌드로 포르테스와 알렉스 스테픽은 마이애미에서 일어난 변화의 특이함을 이렇게 썼다. "이 미국 대도시는 너무 빨리 변하여 원래 거주민들은 종종 더 친숙한 문화적 배경을 찾아 북부로 떠나는 선택을 했다." 쿠바 이민자들은 동화되기보다는 '병렬적인 사회구조'를 구축했다. 그 결과는 에스파냐어와 쿠바 문화가 지배적으로 된 '역전된 문화변용' 과정이었다.[9]

1980년 4월, 소수의 쿠바인들이 아바나의 페루 대사관 정문을 트럭으로 부수고 들어가 망명을 요청했다. 이때부터 시작된 '마리엘 해상수송' 기간에 약 125,000명의 쿠바인들이 들어온 후 마이애미의 경관은 한층 복잡해졌다. 며칠 만에 약 1만 명이 페루 대사관에 모여들었다. 펠릭스 마수드-필로토의 설명에 따르면, 사람들이 쿠바를 떠나려는 이유는 가족과의 재결합, "덜 엄격한 미국 생활에 대한 욕구," 소비재에 대한 욕구, 정치적 환멸 등이었는데, 이는 사실 라틴아메리카 모든 나라의 이민자들을 자극한 동기와 동일한 것이었다. 하지만 "이러한 설명은 쿠바 바깥에 있는 관찰자들이나 논평가들을 납득시키지 못했는데, 왜냐하면 그들은 거의 변함없이 엄격하게 정치적 관점에서 사태를 설명하려고 했기 때문이었다." 비록 유엔 난민위원회 위원장이 대사관에 모여든 쿠바인들은 난민이 아니라 단순히 이민을 가려는 사람들이라고 결론을 내렸지만, 미국 대통령 카터는 "공산주의 지배를 피해 자유를 찾으려고 하는 수만 명의 난민들에게 가슴을 열고 두 팔을 벌리는"데 동의했다. 한편 카스트로는 마이애미 쿠바인들에게, 원한다면 와서 자신들의 친척을 태워 가라고 쿠바의 마리엘 항구 개방을 제안했다. 수만 명이 두 대통령의 제안을 받아들였다.[10] 미국은 급히 수용소와 처리 센터를 세워 대규모 유입에 대응하는 한편, 쿠바 정부에 항구를 봉쇄하라고 압력을 넣었다. 1980년 10월, 카스트로는 항구를 닫았고 해상 수송은 끝났다.

마리엘 이민자들은 미국의 쿠바인들과 다른 라틴계 집단들 사이, 그리고 마이애미 쿠바인들과 쿠바 섬에서 일어난 변화 사이의 사회·문화·정치적 분열이라는 문제에 부딪혔다. 마이애미 쿠바인들은 쿠바와 라틴계 집단들을 미국으로 쏟아 넣은 1960년대의 사회변동이 일어나기 전인 1950년대의 쿠바를 재건하거나 유지하려고 했다. "1980년 마리엘 해상 수송 기간에 마이애미에 온 쿠바인들은 이전에 온 쿠바인들이 과거를 똑같이 재현하려고 하는 것을 보고, 1950년대 쿠바라는 정지된 시간 속으로 되돌아갔다고 종종 놀렸다"고 마리아 가르시아 크리스티나는 설명한다.[11]

그리고 1980년대에 새로 쿠바인들이 도착했을 때, 기존의 마이애미 쿠바 공동체는 혁명 후 20여 년 동안 진화해 온 쿠바가 마냥 마음에 들지 않았다. 왜냐하면 20여년 이후의 쿠바는 자신들이 마이애미에서 재창조하려고 그렇게 노력해 왔고 기억하고 있는 과거의 쿠바 위에 겹쳐져 있었기 때문이다. "정착한 쿠바 망명 공동체는 혁명과 더불어 성장한 새로운 망명자들 대부분의 인종, 이데올로기, 가치 및 문화를 못마땅하게 생각했다."[12] 마리엘 해상 수송으로 온 이민자들을 대상으로 한 조사에서, 자신들이 미국에서 차별을 경험했는가 하는 질문에 대해

앵글로 미국인들이 차별했다는 응답은 30퍼센트였다. 이에 비해 기존에 정착한 쿠바인들이 차별했다고 한 응답자는 80퍼센트였다![13]

미국에서 사는 대부분의 라틴아메리카 이민자들, 특히 1세대의 경우에는 자기 고국과 강한 연계를 유지하고 있다. 이러한 연계에는 잦은 고국 방문이나 전화 및 송금, 그리고 20세기 말에는 비디오와 인터넷 통신이 포함된다. 쿠바와 미국의 관계가 적대적이라는 사실은 이러한 커뮤니케이션이 훨씬 어렵고, 정부의 자의적인 정책에 의존한다는 것을 의미한다. 미국으로 가기 위해 쿠바를 떠남으로써 가족 간의 유대가 몇 년에서 심지어 수십 년 간 깨어지는 경우도 흔한 일이었다. 쿠바 자체가 급속하게 변하고 있었던 반면에, 쿠바 이민자들은 오래된 쿠바에 대한 자신들의 새로운 관점을 마이애미에서 만들어 냈다.

쿠바에서 오랫동안 살았던 미국의 영화 제작자 에스텔라 브라보는 다큐멘터리 《마이애미-아바나》에서 정치적 적대감이 가족들에게 미친 영향을 다루었다. 그녀는 수년 동안의 이별로 경계의 양쪽에 있는 가족 성원들이 엄청난 충격을 받고 있으며 서로를 방문할 수 있기를 갈망하고 있다는 점을 보여 주었다.

또한 그 영화는 쿠바인들 사이의 세대 간 분열을 보여 주었는데, 이런 현실은 많은 연구들이 언급해 왔던 것이다. 나이든 쿠바인들은 포르테스와 스테픽이 마이애미 문화의 "도덕적 공동체"라고 부르는 것에 집착했다. "마이애미 쿠바인이 되기 위해서는 쿠바를 탈출한 것으로는 충분하지 않다. 마이애미의 에스파냐어 라디오 방송과 신문의 편집자들이 끊임없이 반복해 온 관점을 옹호해야 마이애미 쿠바인이 될 수 있다." "광신적인 우익 프레임"이라 할 수 있는 이 관점은 마이애미 쿠바인

들이 미국 주류 정치의 관점을 훨씬 능가한다는 사실을 보여 준다.[14]

하지만 젊은 세대는 1959년 이전 쿠바의 정치적 배경과 피그 만 침입 동안 나타난 미국 정부의 배신을 공유하고 있지 않다. 그들 중 일부는 1960년대 이후 미국에서 성장하여 미국 주류 정치를 지배하는 일종의 다원주의를 더 편하게 여긴다. 쿠바에서 성장하여 1980년대 이후에 미국으로 온 다른 일부는 혁명의 의미를 자신들의 세계를 파괴한 것으로만 보는 망명자들과 비교할 때, 혁명에 대해 뉘앙스가 다르고 더 현실주의적인 관점을 갖고 있다. 어떤 마리엘 해상 수송 이민자가 포르테스와 스테픽에게 설명했다. "이들 나이든 쿠바인들은 무척 까다롭다. 만약 어떤 사안에 대해 그들의 편협하고 반동적인 관점에 반대하면, 한바탕 소동을 벌이고 피델과 한패라고 비난한다. 그들은 매우 독단적이다. 나는 교육받은 사람으로서 내 자신의 생각을 가질 권리가 있다."[15]

냉전을 넘어 세계로

쿠바 역사는 초강대 국가들 사이에서 찢긴 것으로 묘사되는 경우가 많지만, 쿠바의 국제관계는 사실은 훨씬 더 다면적이고 복합적이다. 쿠바는 미국과 소련이 냉전 국면을 유발한 전장이었을지 모른다. 그러나 냉전은 쿠바의 민족주의 및 국제주의와 복잡하게, 때로는 예기치 않은 방식으로 얽혀 들어갔다.

쿠바혁명은 미국에서 탈공산주의적 '신좌파'와 전 세계 곳곳의 반제국주의 운동의 성장에 기여했는데, 이들은 오래된 (공산주의) 좌파의 정통성을 거부했다. 쿠바는 아프리카에서 반식민 혁명을 지원하면서 후원자라고 간주되던 소련의 정책을 그저 추종한 것이 아니라 때로는 주도했다. 제3세계 여러 나라들에게 의료와 교육 원조를 해 온 쿠바는 미국의 원조 임무를 반영하기도 하고 때로는 능가하기도 했다. 쿠바는 비동맹운동(Non-Aligned Movement)에서 중요한 역할을 함으로써 수시로 독자적인 외교정책을 펴 제3세계에서 위상이 높아졌다. 피델 카스트로는 1979년부터 1983년까지 비동맹운동의 의장이었다.

국제주의와 세계혁명을 수사적으로 표방한 마르크스주의는 20세기 라틴아메리카에서 다양한 형태를 띠었다. 인민전선 시기 동안 세계 전역의 공산당들은 스탈린의 지도에 따라 이른바 '부르주아 정당들'과 동맹을 맺고 선거 정치에 참여했다. 이는 라틴아메리카의 많은 마르크스주의자들이 무장 혁명을 반대했다는 것을 의미한다. 라틴아메리카 혁명가들은 종종 마르크스주의의 일부 측면을 끌어들였지만, 동시에 영감을 얻기 위해 라틴아메리카의 전통과 자기 나라의 과거 민족해방과 사회정의 운동에 눈을 돌렸다. 라틴아메리카의 역사는 에스파냐인들에 저항한 원주민과 노예 반란에서부터 20세기의 노동운동과 민중 투쟁에 이르기까지 광범위한 스펙트럼의 혁명적 사상가들을 배출했다. 라틴아메리카 혁명가들은 자신들 고유의 국제주의를 발전시켰다.

예컨대, 체 게바라는 라틴아메리카 전역을 여행하면서 경험한 빈곤과 차취에 자신의 혁명 의식을 접목시켰다. 그는 1954년 과테말라에서 미국이 훈련하고 지원한 반혁명군이 민주적으로 선출된 하코보 아르벤스 정부를 전복했을 때 미국의 첫 번째 냉전 개입을 목격했다. 아바나의 반바티스타 출판물들은 프랑스에 반대하는 알제리의 1950년대 반식민 투쟁과 자신들을 동일시했다. "바티스타 정권을 직접적으로 공격하는 것이 언제나 가능하지는 않았기 때문에 그들은 대신에 알제리의 혁명 투쟁을 다루었다"고 어느 쿠바 논객은 설명했다.[16]

쿠바와 흑인 국제주의

아프리카의 식민지 억압과 라틴아메리카 및 카리브의 식민지 억압 사이의 연계를 끌어낸 사람들은 쿠바인들만이 아니었다. 마르티니크 출신의 혁명적인 흑인 정신과 의사 프란츠 파농은 1950년대에 알제리에서 일하고 알제리혁명에 관한 글을 쓰면서 식민지 억압에 관한 자신의 분석을 펼쳐 나갔다. 흑인 국제주의(때로는 아프리카 민족주의라고도 한다)는 흑인 억압을 세계적 식민지 현상의 일부로 보고 세계 전역의 흑인들에게 식민지에 대항한 공동 투쟁을 벌이라고 호소했다. 그의 주장은 지난날 특히 1920년대의 가비주의 운동(흑인분리주의 독립운동)과 1930년대의 네그리튀드 운동에 뿌리를 두었다. 그러한 사상은 1960년대에 반식민 운동이 아프리카 대륙 전역에서 성장하면서 융성했다. 범아프리카 해방투쟁과 동질감을 가졌던 카리브 지역의 저자에는 파농만 있었던 것이 아니다. C. L. R. 제임스는 1938년에 《블랙 자코뱅》을, 그의 동료 트리니다드인 에릭 윌리엄스는 1944년에 《자본주의와 노예제》를, 가이아나 역사가 월터 로드니는 1972년에 반식민주의 고전 《유럽은 어떻게 아프리카를 저발전시켰나》를 썼다.[17]

또한 정치에 관여한 아프리카계 미국인들도 카리브 지역의 흑인 해방운동과 관계를 유지했다. 조라 닐 허스턴, 카트린 던햄, 랭스턴 휴스 같은 저명한 아프리카계 미국인들은 쿠바혁명 이전에 아프리카계 카리브인들에게 연대 정신을 기대했다. 1860년에 보스턴의 흑인 인구 가운데 20퍼센트기 키리브 출신이었으며, 1920년대 '힐렘 르네싱스' 동안에 뉴욕 흑인의 25퍼센트가 카리브 출신이었다.[18] 마커스 가비에서부터 클로드 맥케이와 아서 숌버그에 이르는 흑인 카리브 지도자들은 미국의 아프리카 지향적인 흑인 민족주의의 성장에 중요한 역할을 했다. 리사 브록은 이 주제에 관한 인류학 저작의 서문에서 다음과 같이 썼다. "아프리카계 미국인들과 쿠바인들 사이의, 잘 알려지지 않았지만 풍부하고 다양한 연계의 역사에 관한 암시들은 랭스턴 휴스 전기의 각 주에서, 디지 질레스피 레코드의 해설에서, 프레더릭 더글러스의 정치 연설에서, 그리고 연기자 조세핀 베이커에 대한 처리를 비난하는 아바나 신문의 대담한 머리기사에서 나타난다."[19]

역사학자 반 고스는 백인 자유주의자들이 쿠바와 급속하게 거리를 두기 시작한 1959년 초, 흑인 상원의원 애덤 클레이턴 포웰이 피델 카스트로와 쿠바혁명을 받아들인 점을 흑인 공동체에서 훨씬 큰 공감을 받은 상징으로 주목한다. "포웰은 카스트로가 아프리카계 미국인들과 뉴욕의 늘어나는 라틴계 사람들에게 커다란 인기를 누리고 있다는 사실을 분명히 알고 있었다. 그러면서 그는 1970년대 이후에 시, 주, 연방에서 흑인 관리들 세대가 나타날 것이라고 예견했다. …… 넬슨 만델라에서부터 야시르 아라파트에 이르는 제3세계 지도자들과의 연대는 그들에게 위협이 아니라 대중적 지지를 보증하는것이었다." 그리고 "포웰은 실제로는 주류 흑인 공동체의 어지간한 사람들보다 쿠바에 관해서 더 보수적이었다"고 고스는 지적한다. "흑인 미국인들은 식민지 세계와 강한 연대감을 느껴 식민지의 상황과 민족해방의 현실을 어렵지 않게 인식할 수 있다"고 고스는 결론짓는다. "하인만큼 주인을 잘 아는 사람은 없다"고 맬컴 엑스는 피델과 만나 설명했는데, 그 장면은 잘 찍힌 사진으로 남아 있다.[20]

매닝 마라블도 동의하면서 2000년에 다음과 같이 썼다. "어떤 백인 정치 지도자도 문자 그대로 아프리카계 미국인 공동체의 모든 부문에서 그처럼 인정을 받은 경우는 드물었다. …… 카스트로가 흑인 미국인들 안에서 누렸던 도덕적 권위와 정치적 신뢰를 능가했던 유일한 인물은 남아프리카공화국의 넬슨 만델라 뿐이다."[21]

1995년 피델 카스트로가 35년 만에 할렘에 다시 왔을 때, 그는 이번에는 에티오피아 침례교에서 또 다른 세대의 흑인 및 라틴 지도자들의 환영을 받았다. (35년 전인 1960년, 유엔에 역사적으로 나타났을 때 그는 수행단을 위해 마련된 최고급 호텔을 마다하고 대신 할렘의 테레사호텔에 묵은 적이 있다.) 1,300여 명의 청중 가운데는 미국 하원의원 찰스 란젤, 호세 세라노, 니디아 벨라스케스, 종교 지도자로 콘래드 무하마드와 캘빈 O. 버츠, 학자나 저자로 안젤라 데이비스, 레너드 제프리스, 존 헨릭 클라크 등이 있었다.[22]

아프리카와 라틴아메리카

냉전과 초강대 국가의 정치에서 쿠바는 스스로 중요한 '선수'가 되었다. 이 조그만 나라는 동서 역학 관계를 벗어나 아프리카, 아시아, 라틴 아메리카의 이전 식민지를 위해 국제적 목소리를 내려고 한 비동맹운동에서 적극적인 역할을 맡았다. 또한 쿠바는 미국과의 관계가 악화되자 미국 통제 아래 있던 세계은행과 새로 설립된 아메리카개발은행 같은 몇몇 국제기구들에 일찍이 도전했다. 비록 미국이 1962년 아메리카국가기구(OAS)에서 쿠바를 축출하는 데 성공했지만, 많은 라틴아메리카 나라들은 그러한 움직임에 반대했다. 카를로스 푸에블라는 그 무렵 대중가요에서 "아메리카국가기구는 웃음거리야"(La OEA es cosa de risa)라고 노래했다. "내가 어찌 OAS에 대해 웃지 않을 수 있겠는가?"

이러한 단절이 쿠바의 고립을 의미한 것은 아니었다. 오히려 쿠바는 매우 적극적인 외교정책을 펼쳤다. 전 세계 곳곳에서 쿠바의 군사적 활동은 미국 다음이었고 소련을 앞섰으며, 이 때문에 제2의 초강대 권력으로 간주되었다.[23] 쿠바의 민간 원조 프로그램은 세계에서 가장 큰 규모로서 심지어 유엔이나 세계보건기구와 같은 국제기구도 능가했다. 2006년까지 쿠바는 거의 40만 명의 병력과 약 7만 명의 원조 노동자들을 해외에 파견했다.[24] 1978년에 쿠바계 미국인 정치학자 호르헤 도밍게스가 썼듯이, "쿠바는 작은 나라이지만, 대국의 대외 정책을 갖고 있다."[25]

미국, 쿠바 및 여타 나라의 일부 학자들은 쿠바 외교정책의 규모와 성격에 관해 이견을 보였다. 호르헤 도밍게스는 그것을 현실 정치의 한 형태로 보았다. 작고 고립된 나라인 쿠바는 동맹자들을 만들 필요가 있었다. 제3세계의 혁명운동들은 자연스레 쿠바의 동반자였다. 그들을 성공하도록 돕는 것은 쿠바의 이해관계가 걸려 있는 문제였다. 도

밍게스의 책 제목이 암시하듯이 쿠바의 목표는《혁명에 안전한 세계를
만드는 것》(To Make a World Safe for Revolution)이었다.

피에로 글레이헤세스는 여기에 동의하지 않는다. 그는 쿠바의 외교
정책이 현실 정치와는 거리가 멀고 혁명적 이상주의에서 나온 것이었
다고 주장한다. 쿠바는 아프리카에서의 활동으로 막대한 위험을 유발
했다. 앙골라 같은 곳에서 미국에 정면으로 도전함으로써 쿠바는 미국
과의 관계뿐 아니라 서유럽 및 아메리카국가기구와의 관계도 위태롭게
했다. 어떤 점에서 쿠바는 소련을 소외시키는 위험까지도 무릅썼다. 글
레이헤세스는 "카스트로는 인종적 정의에 충실했기 때문에 군대를 파
견했다. 오늘날 어떤 나라에서도 외교정책에서 이상주의가 그처럼 핵
심적인 요소가 되지는 않는다"고 결론짓고 있다.[26]

카를로스 무어는 이와 정반대의 견해를 취한다. 그는 쿠바의 아프리
카 개입에 초점을 맞추어, 쿠바의 대외 정책이 흑인 해방에 헌신한다
는 환상을 자아냄으로써 국내의 인종 불평등 현실을 은폐하는 데 기여
했다고 주장한다. 그것은 다분히 의도적이고 실질적으로는 마키아벨리
적인 정책이었다는 것이다.[27]

1970년대와 1980년대에 쿠바의 가장 큰 규모의 개입은 1975년 좌파
앙골라인민해방운동(MPLA)이 포르투갈로부터 독립하는 데 성공한 앙
골라에서였다. 쿠바는 MPLA가 미국의 지원을 받은 남아프리카공화국
의 군사적 침입을 격퇴하고 이웃나라 나미비아의 독립을 돕기 위해 약
36,000명의 병력을 보냈다. 앙골라에 주둔한 쿠바 병력의 규모는 1988
년에는 약 52,000명까지 늘었다. 또한 쿠바는 1978년 초 에티오피아가
소말리아의 침략을 받자 약 16,000명의 병력을 보내 지원했다. 쿠바 군

대는 1970년대 말과 1980년대에 남아프리카공화국이 지원하는 반군의 공격으로부터 모잠비크의 항구와 석유 시설의 보호를 위해 도왔다. 그리고 쿠바는 콩고공화국, 기니, 기니-비사우, 베냉 등에서 소규모 군사 임무(수백 명 규모의 병력)를 수행했다.[28]

라틴아메리카에서 쿠바는 혁명운동과 좌파 정부를 다각도로 지원했다. 1960년 말 미국의 강요로 리우조약 회원 국가들이 쿠바혁명을 암묵적으로 비난한 산호세 선언을 채택한 직후, 쿠바는 이에 대응하여 제1차 아바나 선언을 발표해 아메리카 대륙의 혁명운동을 지원할 것이라고 선언했다. 1960년대 중반, 볼리비아에서 혁명을 일으키려고 한 체 게바라의 시도는 1967년 CIA가 지원한 볼리비아 군대에 체포되어 살해됨으로써 무참하게 끝나고 말았다. 하지만 쿠바는 1970년 칠레에서 사회주의자 살바도르 아옌데가 대통령으로 선출되자 그와 강력한 동맹을 형성했다.

니카라과의 산디니스타 혁명은 쿠바인들에게 많은 빚을 졌다. "1959년의 쿠바혁명은 [니카라과 혁명 지도자] 카를로스 폰세카의 정치적 이력에서 결정적 전환점이었다"고 전기 작가는 썼다. "[쿠바혁명은] 자기 나라의 근본적인 사회혁명 가능성을 열었으며, 그에게 산디노의 역사를 공부하게 만들어 직접적으로 산디니스타민족해방전선(FSLN)을 결성하게 이끌었다."[29] 폰세카가 1920년대에 미국의 니카라과 점령에 저항한 아우구스토 세사르 산디노의 봉기를 처음 알게 되어 글을 쓰고 조직하기 시작해 1962년 FSLN 건설의 배후에서 주요한 이론가가 된 것은 아바나에서였다. 니카라과의 신부이자 해방신학자 에르네스토 카르데날은 쿠바에서 보낸 자신의 경험을 담아 1970년에 《쿠바에서》(En Cuba)

를 출간했다.

미국의 정책 결정자들과 언론은 쿠바인들이 소련의 대리인으로 처신하는 것처럼 묘사한 경우가 많지만, 진지한 학자들은 대부분 다른 이야기를 한다. "피델 카스트로는 어느 누구의 꼭두각시도 아니다"고 1989년에 호르헤 도밍게스는 결론지었다. "쿠바는 중앙아메리카 정책을 형성할 때 소련을 이끌었는데, 그렇지 않았더라면 소련은 달리 행동했을 수도 있다. …… 쿠바는 특히 그라나다 같은 다른 나라 정부들에게 소련과의 관계에서 중개인이나 변호인으로서 역할을 수행했다."[30] 피에로 글레이헤세스는 쿠바의 아프리카 개입에 대해 단호하게 평가하면서, 머뭇거리는 소련으로 하여금 아프리카를 지원하도록 끌어들인 것은 쿠바인들이었다고 결론짓고 있다.

"쿠바가 1961~1962년에 알제리에 원조한 것은 동서 갈등과 아무런 관련이 없었다"고 글레이헤세스는 잘라 말했다. "그 뿌리는 1959년 카스트로의 승리 이전으로 거슬러 올라가며, 쿠바가 알제리 민중의 투쟁과 광범위하게 동질감을 느낀 데 있었다." 독립한 알제리의 새 대통령 아메드 벤 벨라는 1962는 취임 후 얼마 되지 않아 쿠바를 방문했다. "세계에서 가장 젊은 두 혁명이 만나서 자신들의 문제를 비교하고 미래를 함께 전망했다"고 벨 벨라가 설명했다.[31]

1970년대에 미국과 평화공존을 추구하던 모스크바는 아프리카에 얽혀 드는 것에 거의 관심이 없었다. 1976년에 CIA가 결론적으로 말했듯이, "쿠바가 아프리카에 개입한 것은 소련과의 관계 때문만도 아니며, 그것이 일차적 이유도 아니었다. 오히려 아바나의 아프리카 정책은 쿠바의 적극적인 혁명 정신에서 나온 것으로, 서구(미국으로 읽을 것)를 희생하는 대신 제3세계에서 자신의 정치적 영향력을 확장하려는 결의를 반영하는 것이다."[32]

국제 원조

비록 쿠바의 군사 개입이 더 많은 주목을 받았지만 아프리카와 라틴 아메리카에서 쿠바의 또 다른 관여는 원조 노동자, 교사, 의사가 그 대륙에 쏟아져 들어갔다는 사실이다. 정치학자 줄리 페인실버에 따르면, 쿠바는 세계에서 가장 큰 규모의 민간 원조 프로그램을 만들었다. 국가의 규모와 자원에 비해서뿐 아니라 절대적인 양으로도 가장 규모가 컸다. 1963년 56명의 쿠바의 의료 노동자가 처음으로 알제리에 파견된 이래 1991년까지, 쿠바는 1만 명의 의사를 포함하여 약 3만 명의 의료 노동자를 해외에 파견했다. 1984년, 카스트로는 의료 원조 프로그램을 강화하기 위해 특별히 1만 명의 새로운 의사를 양성하는 계획을 발표했다. 2005년 말에는 쿠바는 68개국에서 의료 원조 임무를 수행했다.[33]

2005년 카슈미르 지진 직후 쿠바는 가장 큰 규모의 의사 파견대를 보냈다. 2010년 초 아이티의 포르토프랭스를 초토화시킨 지진이 덮쳤을 때, 300명이 넘는 쿠바 의사들이 이미 아이티에서 일하고 있었으며 지진 후 더 많은 의사들이 신속하게 날아왔다. "사태가 불가능하게 보이는 것은 문제가 되지 않습니다"라고 파견 의사 한 명이《마이애미헤럴드》기자에게 말했다. "우리는 싸움을 계속하지 않으면 안 됩니다."[34]

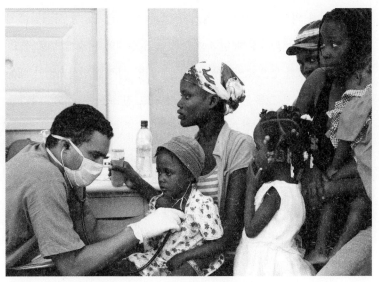

사진9 아이티 지진 현장에서 진료하고 있는 쿠바 의료진(2010년).

또한 쿠바는 제3세계를 위한 거대한 의료 전문가 양성 프로그램을 수립했다. 참여자들에게 모든 것이 무상으로 제공되었다. 1961년에서 2001년까지 주로 아시아와 아프리카에서 약 4만 명의 학생들이 쿠바에서 훈련받았다. 1998년에 쿠바는 특히 아프리카와 라틴아메리카 학생들을 위한 라틴아메리카의과대학(ELAM, Escuela Lationo-Americana de Medicina)을 설립했다. 학비 전액 장학금을 받는 유일한 조건은 학생들이 자기 나라의 의료서비스가 취약한 공동체에서 5년간 복무한다는데 동의하는 것이었다. 2005~2006년에 이 대학에는 27개국에서 온 1만 명이 넘는 학생들이 등록했다.[35]

줄리 페인실버의 주장에 따르면, "사회주의 이데올로기를 고무하는 '제5열'보다는 이러한 의사들이 기존 질서에 심각한 위협이 된다. 왜냐하면 이러한 의사들은 의료서비스가 없던 지역의 가난한 사람들에게 진료를 펼치고, 각 가정에 전화하는 것을 일상적인 의료 업무로 삼고, 무상으로 진료를 함으로써 의사-환자 관계의 성격을 변화시키기 때문이다. 결과적으로 그들은 자신들이 파견되고 진료를 계속하는 나라들의 의료 체계 및 의료 전문가의 구조와 기능, 사회적 가치를 재검토하도록 만들었다. 이것은 오늘날 쿠바의 위협이다."[36]

반 고스가 주장한 바와 같이, 쿠바혁명이 소비에트의 독단과 단절할 수 있는 혁명의 사례를 세계에 제시하여 완전히 새로운 방식으로 혁명적 변화를 상상할 수 있는 가능성을 열었다면, 산디니스타는 아마도 쿠바혁명이 뿌린 씨앗에서 개화한, 처음으로 성공한 혁명이었다. 미국의 신좌파 또한 쿠바혁명에 큰 빚을 졌다. 왜냐하면 미국의 많은 급진주의자들은 소비에트 모델의 경직성과 잔혹성에 환멸을 느끼고 있었는데 쿠바는 거기에 도전했기 때문이다. 쿠바는 (아프리카에) 군사적으로 개입함으로써, 그리고 제3세계 곳곳에 의료, 기술, 교육 원조를 통해 혁명 50년에 걸쳐 진보적, 좌파적, 혁명적 운동들에 지대한 영향을 끼쳤다.

6

예술과 문화, 혁명

쿠바는 '마술적 사실주의'의 발상지인데, 이 양식은 노벨상을 수상한
콜롬비아 소설가 가브리엘 가르시아 마르케스의 문학 양식과 관련이 있다.
'아메리카의 집'과 '카리브의 집' 같은 기관, 출판사, 문학상을 만들었을 뿐 아니라
쿠바 문학의 역사를 재발견하여 출판하기도 했다.
혁명은 확실하게 문학의 장려에 우선권을 부여했다.

파블로 밀라네스와 실비오 로드리게스의 음악에서부터, 토마스 구티에레스 알레아의 영화, 국립 발레, 그리고 혁명이 만들어 낸 수많은 연구 기관에 이르기까지, 쿠바는 예술의 창조와 보급을 진작하기도 했지만, '혁명 바깥의'(피델 카스트로가 〈지식인들에게 드리는 말씀〉에서 한 표현) 문화적 생산에 대해서는 눈살을 찌푸리기도 했다. 특히 문학은 해외에서도 국내에서만큼 융성했다. 레이날도 아레나스를 비롯한 망명 첫 세대와 아키 오베하스나 크리스티나 가르시아 같은 제2세대가 활약했다. 1990년대와 20세기 초에 영화와 음악은 소비에트 이후 시대의 새로운 현실에 개입하고 도전했다.

문화적 생산은 접촉과 상호작용, 교차 수정을 통해 꽃을 피운다고 역사학자들은 말한다. 1492년 이래 세계의 교차로가 된 카리브 지역은 규모가 작고 가난했음에도, 어쩌면 이런 이유 때문에 문화적 풍부함이라는 자산을 전 세계에 제공했다. 특히 레게에서 살사에 이르는 카리브 양식의 음악은 세계적으로 막대한 영향을 끼쳤다. 쿠바는 '마술적 사실주의'의 발상지인데, 이 양식은 노벨상을 수상한 콜롬비아 소설가 가브리엘 가르시아 마르케스의 문학 양식과 관련이 있다. 하나의 학문 분야로서 세계사는, 세계의 발전을 이해하기 위해 식민지를 연구하는 것이 중요하다고 주장한 C. L. R. 제임스, 에릭 윌리엄스, 월터 로드니와 같은 카리브 학자들의 혁명적 저작들에서 성장해 나왔다. 카리브 지역

사람들은 마커스 가비와 프란츠 파농이 옹호한 범아프리카 정체성의 초창기 형태를 발전시켰다.

쿠바의 혁명 문화를 연구한 사람들의 관점은 무척 다양하다. 리처드 파겐과 줄리 마리 번크 같은 이들은 일상생활의 기초로서 문화, 즉 "주어진 사회의 근본적인 신념과 의견, 가치"[1]에 초점을 맞추었다. 또 다른 사람들은 문화적 기회의 놀라운 팽창에 주목했다. 문자해득 운동 (literacy campaign)이 펼쳐지고 각급 학교, 도서관, 박물관, 출판사, 극장이 확대되었다. 나아가 전국적으로 또는 지역 수준에서 문화 활동을 생산하고 참여하는 공간과 장소 등 문화 제도들이 급격히 증가함으로써 문화의 민주화가 이루어졌다는 점을 강조했다. 수하타 페르난데스는 영화와 랩 음악 같은 오늘날의 대중문화 형태에 초점을 맞추어 "예술은 일상생활을 구성하고 표현하고 의미 있게 하는 데 매우 중요한 역할을 해왔다"고 주장한다.[2] 끝으로 데이비드 크라벤과 로베르토 곤잘레스 에케바리아 같은 비평가들은 문학에서부터 영상과 공연 예술에 이르기까지 혁명적 쿠바의 예술 생산 자체를 탐구했다.

쿠바의 문화를 연구하는 모든 사람들은 실제로 혁명적 문화 정책과 발전에서 나타나는 뚜렷한 역설에 직면하게 된다. 한편으로 혁명은 라틴아메리카 역사에서 이전에는 없었던 방식으로 문화의 모든 영역을 발전시키고 민주화하는 데 공헌했다. 그런가 하면 혁명은 수많은 작가들이 망명을 선택할 정도로 문화적 생산을 통제하고 검열하고 제약하기도 했다. 그래서 많은 쿠바인들은 자신들이 읽고 듣고 볼 수 있는 것에 대한 제한을 두고 불평한다. 인터넷이 나온 뒤로는 이러한 모순이 더욱 더 첨예해졌을 것이다.

또한 쿠바의 문화를 연구한 사람들은 실제로 대중 수준에서 얼마나 큰 문화변동이 일어났는지, 그리고 혁명이 예술 영역에서 어느 정도로 활발한 생산을 뒷받침하는 데 성공했는지에 대해 견해차를 보인다. 흥미롭게도 문화 변동의 목표에 대체로 동조하는 파겐은 1960년대에 중요한 변화가 일어났다고 본다. 반면에, 그러한 목표를 상당히 미심쩍어하면서 20년 후에 글을 쓴 번크는 변화가 거의 일어나지 않았다고 생각한다. 번크가 '올바른 이데올로기적 사상'의 강요라고 조롱히는 것을, 파겐은 '문화 변혁의 과정'이라고 기술한다.[3]

1985년 '교정운동'에 대해 번크는 "정부의 정책은 체 게바라의 '새로운 인간'을 만들어 내는 데 완전히 실패했다. …… 쿠바인들은 바람직한 마르크스-레닌주의 시민들로서 생각하고 행동하지 않았다"고 주장한다.[4]

파겐은 혁명 후 첫 10년 동안 혁명이 새로운 정치문화를 만들어 간 시도의 핵심이라고 본 세 가지 과정, 즉 문자해득 운동, 혁명수호위원회(CDR), 그리고 혁명교육학교(EIRs)를 연구했다. 문자해득 운동은 1961년 1년간의 과정이었고, 혁명교육학교는 1960년부터 1967년까지 운영되었으며, 혁명수호위원회는 1960년에 창립되어 현재까지 계속 유지되고 있다. 이 세 가지 사례에서 혁명 지도자들은 동원과 참여를 통해 특히 '새로운 인간'을 창조하는 것을 목표로 프로젝트를 설계했다.

이러한 프로그램들은 혁명 초기 몇 년 동안의 극적인 구조 변동의 일부였다. 동원과 교육은 더 평등한 사회를 만들고, 경제를 발전시키고, 외국의 공격과 국내의 파괴를 방어하는 데 필수적이었다. "쿠바의 처지에서 가난한 나라들이 부딪히는 발전 문제는 통상적인 기술을 일반적으로 적용해서는 해결될 수 없다. 실제로 국가의 발전은 일차적으로 기술적 문제도 경제적 문제도 아닌 정치적 문제이다. 즉 그 원인들이 정치적이므로 그 해결책도 정치적이어야 한다"고 파겐은 결론지었다.[5]

문화 변혁은 또한 강력한 '농촌' 요소를 갖고 있었다. 게릴라들이 산악 지대에서 농촌 생활의 현실과 긴밀하게 접촉함으로써 자신들의 혁명 이데올로기를 발전시켰듯이, 도시 쿠바인들은 모두 농촌 지역을 이해하게 됨으로써 농촌의 사회적·정치적 현실에 대한 의식을 제고하지 않으면 안 되었다. 도시 쿠바인들은 문자해득 운동 기간에 농민들이 읽을 수 있도록 가르쳐 농촌 문화를 변화시킬 뿐 아니라 자신들을 변화시키기 위해 농촌 지역으로 갔다. 이런 실천은 양쪽 모두에게 혁명 교육이 되었다.

1970년대에 제도화와 물질적 장려책으로 회귀한 시기에는 문화 변혁이라는 유토피아적 목표에서 약간 후퇴가 있었다. 물질적 장려책이 다시 도입되고, 소규모 사업뿐 아니라 1980년 이후에 농민시장까지 합법화된 것은 쿠바 사회와 구성원들을 완전히 개조한다는 의욕이 줄어들었다는 것을 상징적으로 보여 주었다.

그러나 '새로운 인간'이라는 이데올로기는 약화되었지만, 문화 활동의 성장은 그렇지 않았다. "1959년 한 해 동안 쿠바는 1백만 권에 못 미치는 책을 출판했다"고 데이비드 크라벤은 지적한다. "1980년대에는 쿠바는 5천만 권이 넘는 책을 출판했는데, 모든 책은 생산비 이하로 판매되고 학교에서 쓰는 교과서는 학생들에게 무상으로 제공되었다. …… 1962년, 국가문화위원회는 4백만 명의 관중(인구의 거의 절반)이 관람한 여러 행사들을 지원했다. 1975년에 쿠바 정부는 6천7백만 명 또는 인구의 7배가 되는 관중이 참여한 예술 행사를 지원했다."[6]

물론 문화변동을 측정하는 게 쉬운 일은 아니다. 논의에 도움을 주기 위해 우리가 사용할 수 있는 자료 가운데 하나는 대중 여론조사이다. 1960년 봄에 수행된 한 조사에서는 인구의 86퍼센트라는 놀라운 숫자가 혁명정부를 지지한다고 응답했으며, 43퍼센트는 '열렬한' 지지를 보였다.[7] 이러한 수치는 혁명과 대중 동원이 보통 쿠바인들의 상상력을 포착하는 데 성공했다는 점을 확실하게 보여 주는 것으로, 혁명이 추구한 일종의 문화변동이 있었다는 사실을 가리키고 있다. 하지만 아마도 시간이 지남에 따라 문화변동과 정부에 대한 확실한 지지 사이의 중첩은 점점 불분명해졌다. 교육과 참여, 높아진 정치의식이 문화변혁이라는 혁명 과업에 핵심적인 것이라면, 정치적·사회적 현실에 관한 활발한 토론은 혁명 과업의 성공을 입증하는 증거로 볼 수 있다.

위에서 본 바와 같이 그러한 토론이 일어나는 마당은 지식인들의 공간인 대학과 연구소이다. 하지만 지식인들은 항상 이러한 종류의 토론에 참여한다. 그들에겐 일상적인 일이다. 그러면 혁명이 그토록 근본적으로 변화시키고자 했던 나머지 사람들, 즉 보통 사람들의 생활과 사상, 신념은 어떠했을까?

파겐과 번크는 모두 하향식의 문화 창조와 문화 변혁에 주목했다. 이와 대조적으로 수하타 페르난데스의 주장에 따르면, 쿠바 국가는 "시민들에게 위에서 아래로 독재를 강요하는 중앙 집중적인 억압 기구가 아니라" 오히려 "위와 아래 양쪽이 형성해 가고, 다양한 사회적 행위자들의 활동에 의해 구성되는 투과성 있는 실체이다." '예술 공공영역'은 보통 쿠바인들이 정치적·사회적 현실에 참여하고 토론하고 비판하는 수단들 가운데 하나이다.[8] 페르난데스의 접근 방법은 파겐과 번크를 비교할 때 나타나는 이분법을 넘어선다. 파겐과 번크에게 쿠바인들의 선택지는 문화 변혁에 대한 위로부터의 시도를 수용하거나 거부하는 것으로 제한된다. 페르난데스의 설명에서 사람들은 문화 창조가 진행 중인 과정에서 국가와 더불어 적극적인 참여자가 된다.

하지만 페르난데스가 '특별시기'의 대중문화를 연구하고 있다는 사실을 염두에 두어야 한다. 1959년부터 1990년대까지 쿠바 대중문화의 성격과 역할을 실제로 연구하려는 시도는 거의 없었다.

페르난데스에 따르면, '특별시기'에는 경제적 지원과 이데올로기의 계류장이던 소련을 상실함으로써 문화를 아래로부터 위로의 방식으로 재고할 수 있는 공간이 넓어졌다. 이런 점에서 지식인 세계와 마찬가지로 대중 영역의 문화에서도 유사한 과정이 진행되었다.

문학

문학평론가 로베르토 곤잘레스 에케바리아에 따르면, "쿠바혁명은 현대 라틴아메리카 문학을 혁명 전의 문학과 혁명 후의 문학으로 가르는 분수령이다." 실제로 쿠바혁명이 없었다면, "라틴아메리카 소설이 일으킨 붐을 이해하기 어렵다"고 그는 주장한다. 앞에서 본 것처럼, 쿠바혁명에 촉발되어 라틴아메리카에 대한 미국의 관심이 커지면서 미국 학계에서 라틴아메리카 연구가 성장했을 뿐 아니라 미국의 라틴아메리카 저술가들에게 기회가 급증했으며, 쿠바 또한 문학에 관련된 제도들을 만드는 데 자원을 쏟아 부었다. 그 결과 라틴아메리카 저술가들에게 전에 없던 풍요가 찾아왔다.[9]

아마도 쿠바의 가장 영향력 있는 작가는 알레호 카르펜티에르였을 것이다. 그의 화려한 경력은 1980년 사망할 때까지 혁명 전과 혁명 후 시기에 걸쳐 있었다. 여러 언어로 널리 번역되기도 한 수많은 작품의 저자인 카르펜티에르는 '마술적 사실주의'라는 개념을 라틴아메리카 문학에 도입했다. 1949년 소설 《이 세계의 왕국》(El reino de este mundo) 서문에서 카르펜티에르는 "아메리카의 기묘한 실재"(lo real maravilloso americano) 라는 구절을 만들었다. 유럽의 예술가와 작가들은 기묘하거나 마술적인 것을 창조하기 위해 판타지 속으로 들어가야 하지만, 아메리카에서는 판타지에 호소할 필요가 없다고 그는 주장했다. "열대 식물들의 마술, 그들 모두의 변태나 공생과 더불어 자연적 형태의 해방된 창조성을 우리에게 가르쳐 준 사람은 쿠바 출신 미국 화가 빌프레도 램이 틀림없다."[10] 유럽인들은 기사도 소설을 지어내려고 애썼지만, "지금까지 나온 유일한 진짜배기 기사도 책"은 정복자 베르날 디아스 델 카스티요의 멕시코 정복에 관한 사실적 설명이다. "베르날 디아스는 스스로 인식하지는 못했지만 《갈리아의 아마디스》, 《그리스의 벨리아니스》나 《이르카니아의 플로리스마르테》의 위업을 능가했다. 그는 초록빛 새의 깃털 왕관을 쓴 왕정의 세계, 지구의 기원으로 거슬러 올라가는 식물, 이전에는 결코 맛보지 못한 음식, 선인장과 야자에서 추출한 음료를 발견했다. …… 그러한 세계에서 벌어지는 사건들은 자신의 고유한 양식으로 전개되어 자신만의 독특한 궤적을 그렸다."[11]

혁명의 문학과 예술에 대한 투자는 모든 영역에 걸쳐 있었다고 할 수 있다. 그것은 문자해득 운동과 교육에 대한 압도적인 강조를 통해 아메리카에서 문자해득률이 가장 높은 인구를 창출했으며, '아메리카의 집'(Casa de las Américas)과 '카리브의 집'(Casa del Caribe) 같은 기관, 출판사, 문학상을 만들었을 뿐 아니라 쿠바 문학의 역사를 재발견하여 출판하기도 했다. 혁명은 확실하게 문학의 장려에 우선권을 부여했다. 곤잘레스 에케바리아의 주장에 따르면, 다른 나라의 혁명들은 전쟁문학 또는 사회변동의 문학을 낳은 반면에, "쿠바혁명의 문학은 새로운 작가들의 손에 쥐어진 수많은 쿠바 문헌들 덕분에 가능했던, 스스로 질문하는 느낌으로 창조된 문학이었다. 그것은 쿠바의 기억에 관한 개방된 문헌들을 철저히 조사하여 처음으로 그것들을 조합하는 기록을 추구한 문학이었다. 그리고 그것은 기록을 끈질기게 읽고 다시 읽음으로써 문학적 과거를 구성하여, 당대의 쿠바 독자들과 작가들이 이용할 수 있도록 한 문학이었다."[12]

이 프로젝트에는 출판 산업을 만들어 엄청난 부수의 고전을 인쇄한 일도 포함되었다. 《돈키호테》는 10만 부가 인쇄되어 "쿠바 섬의 모든 골목에서 만날 수 있게 되었다." 가르시아 마르케스의 《백년 동안의 고독》은 1968년에 《돈키호테》와 비슷한 부수가 인쇄되어 거의 다 팔려 나갔다.[13] 그리고 이 가르시아 마르케스 작품의 40주년 기념판은 쿠바에서는 네 번째 판이었는데, 2007년에 열린 17회 아바나 국제 도서전에서 판매된 책 4백만 종 가운데 가장 인기 있는 책이었다.[14]

카르펜티에르(1904~1980)와 니콜라스 기옌(1902~1989) 같은 문호들은 이러한 문화 부흥을 이끄는 데 핵심적인 역할을 했다. 혁명 프로젝트에

사진 10 23회 아바나 국제도서전 (2014년).

밀접했던 다른 주요한 쿠바 저자들로는 로베르토 페르난데스 레타마르 (1930년생), 파블로 아르만도 페르난데스(1930년생), 미겔 바르네트(1940년생), 레이날도 곤살레스(1940년생), 난시 모레혼(1944년생) 등이 있다. 호세 레사마 리마(1910~1976)와 같은 이들은 쿠바에 머물렀지만, 혁명정부와 다소간 갈등 관계에 있었다.

새롭고 참된 혁명적 문화를 창조한다는 생각에 내재한 도전과 모순은 아마도 '7·26운동'의 일간지 《혁명》(Revolución)의 문예특집판 《혁명의 월요일》(Lunes de Revolución, 이하 《월요일》로 줄임)이 전형적인 사례가 될 것이다. 저명한 작가이기도 한 기예르모 카브레라 인판테와 파블로 아르만도 페르난데스가 편집한 《월요일》은 1959년 3월에 창간되었는데, 한창 때는 25만 부를 발행하여 "쿠바 역사에서뿐 아니라 서구 세계에서도 가장 널리 읽힌 중요한 문예특집판이 되었다"고 윌리엄 루이스가 말했다.[15] 대담하고 전위적이고 혁명적인 《월요일》은 쿠바와 라틴아메리카는 물론 전 세계의 작가들을 다루었으며, 또한 직접 운영하는 텔레비전 채널에 프로그램을 만들기도 했다.

'7·26' 동맹 내에서 사회적·문화적으로 가장 보수적인 목소리를 내온 쿠바공산당은 1960년을 넘기면서 혁명정부에서 영향력이 더 커졌다. 반면에 《월요일》은 "어떤 정치 성향과도 조율되어 있지 않은 젊고 자유로운 사상가" 집단의 수중에 있었다. 국가의 문화 제도와 《월요일》을 둘러싸고 조성되어 온 공산당원들 사이의 갈등은 영화 〈P.M.〉을 둘러싸고 폭발했다. 이 다큐멘터리 영화는 아바나의 밤을 음주와 술집, 아프리카 음악과 춤을 강조하여 묘사했다. 《월요일》 관련 제작자들이 어떤 식으로든 혁명에 비판적이거나 반대한 것 같지는 않았지만, 그 영화는 청교도적인 공산주의 관점에서 보는 적절한 도덕이나 행동과 충돌하는 방식으로 혁명적 쿠바를 묘사했다. 1961년 6월, 피그 만 침입 직후 국민 통일과 혁명 대오 결집이 한층 더 절실해진 데다가 혁명 지도자들이 공산당 및 소련과 우호적인 관계를 맺게 되면서 《월요일》은 문을 닫도록 강요받았다. "그 신문과 문예특집판 편집진은 한 순간에 혁명의 대표자에서 적으로 바뀌었다."[16]

다른 쿠바 작가들도 같은 운명을 겪었다. 쿠바의 가장 널리 알려진 시인 가운데 한 사람인 에베르토 파디야는 〈힘겨운 시기에〉라는 시에서 쿠바 지식인들에 대한 요구에 반대했다. 외부의 공격과 전복 위험 때문에 높은 충성심이 요구된다고 공식적으로 강조하는 시기를 지칭한 '힘겨운 시기 동안,' '그들'은 작가에게 온 몸을 다 바쳐서 대의에 헌신하라는 요구를 했다고 파디야는 썼다. 시는 이렇게 이어진다. "그들은 나중에 그에게 설명했다네. 만약 입으로 복종을 선언하지 않으면 이 모든 헌신도 쓸모없을 것이라고."[17] 파디야의 시집이 1968년 처음 출간되었을 때 그 시는 쿠바 최고의 시에게 주는 상을 받았다. 그러나 3년 뒤 파디야는 체포되었다. 한 달이 지나 그는 대중 앞에 모습을 드러내어 자신의 반혁명적 과오에 대해 고백했다.

혁명에 대한 일부 공개적인 지지자들을 포함하여 전 세계의 지식인들은 분노했다. 장 폴 사르트르, 시몬 드 보봐르, 이탈로 칼비노, 가브리엘 가르시아 마르케스를 비롯한 많은 지식인들은 공개서한에 서명했다. 사르트르와 보봐르 같은 일부 지식인들은 쿠바혁명에 환멸을 느껴 다시는 돌아보지도 않았다. 마르케스 같은 다른 일부는 파디야 사건에 대해 비판적이었지만 혁명에 대한 지지는 거두지 않았다. 그 사건은 '잿빛 5년간'(quinquenio gris)의 시작이었다. 파다야는 그 뒤로 9년 동안 쿠바에 머물렀지만, 1980년 출국을 허가 받아 미국에서 새집을 마련할 때까지 절필했다.

쿠바의 탐정소설 작가 레오나르도 파두라(1955년생)는 아마도 새 세대 쿠바 작가의 표본일 것이다. 혁명 전 쿠바에서 번역된 미국 탐정소설은 상당한 인기를 누렸다. 혁명 후 탐정소설의 첫 번째 물결은 혁명의 목표에 맞추어 그 장르를 재창조하려고 시도했다. 이를테면 낡고 부패한 질서를 대표하는 사람들은 악당으로 묘사된 반면, 영웅들은 집단적으로 일하면서 혁명적 가치로 움직이는 사람들이었다. 이렇게 노골적으로 교훈적인 글에서 문학적 가치가 있는 작품은 나오지 않았다.

1990년대에 출판된 파두라의 작품들은 탐정소설이라는 수단을 통해 새롭고 훨씬 더 복잡한 방식으로 쿠바의 현실에 개입했다. 소설의 주인공 마리오 콘데는 개인적인 삶이나 자기 나라를 평가하는 데서 영웅을 싫어하고, 좌절한 그런 사람이다. 이 주인공의 친한 친구 하나는 앙골라에서 싸우다가 다리를 하나 잃었다. 누가 봐도 성공한 의사인 또 다른 친구는 이민을 떠나기로 작정한다. 그 소설은 혁명 후 수십 년이 지났는데도 여전히 극복하지 못한(또 새로 나타난) 물질적 결핍뿐 아니라 위계적이고 때로는 부패하고 너무 엄격한 삶에 좌절감을 드러낸다. 이민을 작정한 의사는 이렇게 불평한다. "우리는 질서에 복종한 세대예요. 하지만 무얼 원하는지 우리에게 물어보는 사람은 아무도 없어요."18

쿠바 문학은 미국에서도 번성했다. 혁명 후 수십 년 동안 일부 쿠바 작가들은 망명을 선택했다. 그 가운데 레이날도 아레나스(1943~1990,

1980년 이민), 리노 노바스 칼보(1903~1983, 1960년 이민), 에베르토 파디
야(1932~2000, 1980년 이민)도 있다. 에드문도 데스노에스(1930년생, 1979
년 이민)와 아마도 안토니오 베니테스-로호(1931~2005, 1980년 이민) 같
은 이들은 이민을 선택한 게 정치적 망명이 아니라 단순히 다른 곳에
서 일하면서 살기 위한 선택이라고 생각했다. 그리고 새로운 세대의 쿠
바계 미국 작가들은 로베르토 G. 페르난데스(1951년생), 크리스티나 가
르시아(1958년생), 아키 오베하스(1956년생)처럼 혁명 직후에 어린 나이
로 미국에 왔거나 아나 메넨데스(1970년생)처럼 미국에서 태어난 사람
들이었다. 그들은 어떤 면에서는 혁명의 아들딸일 뿐 아니라 1951년 뉴
욕에서 쿠바 이민자 부모 사이에 태어난 오스카 이후엘로스처럼 이전
세대 쿠바 이민자 작가들의 후예이기도 하다. 또 기예르모 카브레라 인
판테(1929~2005, 1965년 이민)와 소에 발데스(1959년생) 같은 쿠바 이민자
들은 유럽을 거주지로 선택했다.

거꾸로 라틴아메리카의 다른 나라 작가들은 일시적이거나 영구적인
피난처로 쿠바를 찾았다. 우루과이 작가 다니엘 카바리아(1933년생)는
쿠바를 영주지로 선택했으며, 역시 우루과이에서 온 마리오 베네데티
는 쿠바에서 망명 생활의 일부를 보냈다. 또한 콜롬비아의 가브리엘 가
르시아 마르케스는 쿠바와 밀접한 관계를 유지했다.

쿠바혁명과 그 문학 및 제도들은 1980년대에 라틴아메리카의 '증언'
(testimonio) 장르에 영감을 주는 데 기여했다. 1966년에 출판된 미겔 바
르네트의 《어느 도망 노예의 전기》(Biografía de un cimarrón)는 이 장르의
정수를 보여 준 작품이라고 할 수 있다. 쿠바에서 '아메리카의 집' 상
을 제정하고, 이 장르와 현역 작가들을 육성함으로써 《나, 리고베르타

멘추》(I, Rigoberta Menchu, 노벨평화상을 받은 과테말라 시민운동가) 같은 고전적 작품을 낳은 환경이 만들어졌다. 베네수엘라 인류학자 엘리자베스 부르고스-데브레이는 1966년, 아바나에서 열린 3대륙회의에서 과테말라 혁명가들을 만났다. 그들은 나중에 리고베르타 멘추를 파리로 데려가 부르고스-데브레이를 만나게 했고 거기에서 두 사람은 《나, 리고베르타 멘추》를 공동으로 작업했다.[19] 그 책은 1983년에 '아메리카의 집' 상을 받아 곧바로 국제적인 인정을 받았다. 엘살바도르의 혁명적 시인 로케 달톤은 그가 나중에 저술한 유명한 증언 작품의 주체인 엘살바도르 공산주의 지도자 미겔 마르몰과 마찬가지로 쿠바에서 망명 생활을 했다.

문학비평에 관해 곤잘레스 에케바리아는 "덜 학문적이고 더 대중적인 작품일수록 더 전투적이다"라고 지적했다.[20] 이런 점에서 문학비평은 일반적으로 비소설과 학문적인 저작들을 반영했다. 보다 더 전문적인 출판물들이 사태들에 관해 훨씬 더 진지하고 깊이 있는 관점을 취하는 동안에도, 쿠바의 일간지들은 지칠 줄 모르고 당시 사건들에 관해 찬양 일변도로 당 노선을 선전했다.

'증언' 장르의 경우를 제외한다면 혁명 이후 라틴아메리카 문학 세계에 대한 혁명 쿠바의 영향은 실질적인 문학 생산보다는 혁명이 만들어낸 제도들과 더 깊은 관계가 있었다고 할 수 있다. 이와 대조적으로 영화와 음악, 시각예술, 특히 포스터 예술의 영역에서 혁명 쿠바의 혁신과 작품들은 국내뿐 아니라 국제적으로도 상당한 영향을 주었다.

영화

쿠바 영화 기관 쿠바영화예술산업원(ICAIC, Instituto Cubano de Arte e Industria Cinematográficos)은 혁명정부가 권력을 장악하고 불과 몇 달 후인 1959년 3월에 설립되었다(그림 6). ICAIC는 "쿠바 정부 안에서 가장 유연하고 개방적인 사람들에게는 천국이었다"고 다비드 카라벤은 주장했다.[21] 실로 쿠바 영화는 음악과 함께 예술 장르 가운데 아마도 가장 활발하게 사회 참여적이고 비판적이었다고 할 수 있다.

ICAIC에 등록된 영화감독들에는 토마스 구티에레스 알레아, 움베르토 솔라스, 파스토르 베가, 사라 고메스, 훌리오 가르시아 에스피노사, 세르히오 히랄 등이 있었는데, 이들은 혁명 후 수십 년 동안 놀랄 만큼 다양하고 수준 높은 영화를 만들어 냈다. 어떤 감독들은 쿠바의 역사에 몰두하여 당대의 학문과 사건에 비추어 새로운 각도에서 해석을 시도했다. 세르히오 히랄의 〈또 다른 프란시스코〉(El otro Francisco)는 유명한 19세기 쿠바 노예제 폐지 소설《프란시스코》를 재해석했다.《프란시스코》는《톰 아저씨의 오두막집》장르의 소설로서 노예제의 사악함에 대해 다소 낭만적이고 멜로드라마적으로 접근하여, 노예들을 미천한 희생자로, 노예 소유주들을 사악한 인간으로, 그리고 노예폐지론자들을 인도주의자로 그렸다. 영화는 다차원적인 반란자로서의 노예인 '또 다른 프란시스코'와 그 시대, 장소의 식민지 설탕 경제에 뿌리박은 노예제와 노예제 폐지운동을 보여 준다. 또 토마스 구티에레스 알레아는 〈최후의 만찬〉(La última cena, 1976)에서 19세기 노예제 사회로 돌아가, 선택받은 노예들과 함께 '마지막 만찬'을 재현하려는 노예 소유주의 이

야기를 그렸다. 1791년 아이티혁명과 1959년 쿠바혁명이 드라마의 배경으로 공명하는 가운데, 한 반란자가 노예제의 구조적·이데올로기적 현실에 도전한다. 이러한 영화를 비롯한 많은 영화들은 현재와 분명하게 대화하는 역사영화 장르를 발전시켰다.

어떤 영화들은 당대의 현실을 직접적으로 다루었다. 구티에레스 알레아의 〈저발전의 기억들〉(Memorias del subdesarrollo)(1968)은 에드문도 데스노에스의 영어 제목 소설《슬픔을 가눌 수 없는 기억들》(Inconsolable Memories)에 기초한 것인데, 혁명 후 쿠바에 남아서 가족과 동료가 떠나고, 사회에 심대한 변화가 일어나고, 미사일 위기의 공포가 휩쓰는 것을 무심한 숙명으로 지켜보는, 소외되고 거의 무력하게 된 한 부르주아 지식인의 삶과 심리를 파고들었다. 그 영화는 세계의 관심을 쿠바 영화에 쏠리게 했다. 영화가 개봉된 후 발표된 논평들은 뉴욕, 파리, 런던, 몬테비데오를 막론하고 전 세계 곳곳에서 칭찬 일색의 평가를 쏟아냈다. '주목할 만한,' '보기 드문,' '뛰어난,' '완벽한' 같은 수식어가 모두 그 영화평에 쓰였다. "모든 시대를 통틀어 가장 훌륭한 영화 가운데 하나"라고 데이비드 엘리어트가 1978년《시카고 선-타임스》에 썼는가 하면, 아서 쿠퍼는《뉴스위크》에서 "〈저발전의 기억들〉은 복합적이고 역설적인, 보기 드물게 기발한 영화로서 의심할 여지없는 걸작이다"라고 썼다. 낸시 버티어는 최근에 다음과 같은 결론을 내렸다. "이 영화가 오늘날까지도 여전히 매력적이고, 당대의 관객들을 사로잡았던 것은 구티에레스 알레아가 심오한 독창적인 미학을 통해 지식인 또는 단순히 개인으로서 한 인간과 그를 둘러싼 사회의 관계 문제를 근본적인 딜레마로 설정한 방식이다. 고독을 선택할 것인가, 아니면 연대할 것

사진 11 아바나에 있는 쿠바영화예술산업원(ICAIC) 본부(2008년).

인가? 거리를 두고 살 것인가, 아니면 섞여서 살 것인가?"[22]

파스토르 베가의 〈테레사의 초상〉(1979)은 남편과 아이들을 돌보는 일, 섬유공장의 노동, 그리고 무용수와 조직가로서의 재능에 대한 노조의 요구라는 '3중의 일상'과 씨름하는 한 여인을 섬세한 초상으로 그려 "모든 사람들의 거실에 조그만 폭탄을 설치"하려는 목표를 갖고 있었다. 남편은 테레사가 아내와 어머니로서 실패라고 보아 점점 화를 내는 반면에, 그녀는 무용단의 동지애 및 자기실현과 "하루는 24시간밖에 없어!"라는 고통에 찬 비명 사이에서 찢어진다. 그 영화는 직장뿐 아니라 가정에서 여성의 평등을 법제화한 1975년 '가족법'이 통과되고 몇 년 후에 개봉되었다.

〈테레사의 초상〉는 1980년대에 잇따라 나온 많은 영화들과 마찬가지로 혁명의 이상이 일상생활의 현실에서 어떻게 바뀌는지에 주목했다. 혁명은 교육과 의미 있는 일자리에 대한 기회, 보건의료, 그리고 적절한 음식을 보장하는 데는 성공했지만, 제1세계의 풍요에 근접하는 어떤 것을 가져다주지는 않았다. 〈테레사의 초상〉은 붐비는 버스, 맛없는 학교 점심, 믿을 수 없는 식수와 전기, 그리고 부서진 텔레비전 수상기를 가차 없이 묘사한다.

하지만 ICAIC에도 한계는 있었다. 세르히오 히랄의 1981년 작품 〈유리 천장〉(Techo de vidrio)은 당대 쿠바의 부패와 인종주의를 묘사했는데 국내에서 상영되지는 못했다. 1980년대 중반, 히랄은 〈유리 천장〉을 "실패한 영화"라고 말했다. "나는 동시대의 주제들에 관해 다소 비판적인 어조로 영화를 만들려고 했지만 그 결과에 만족하지 않았다. 우리가 동시대의 주제를 꺼내서 다루는 것은 쉽지 않았다"고 그는 설명했다.[23]

1991년 마이애미로 이주한 다음에 히랄은 〈유리 천장〉의 운명에 관해 보다 더 냉혹하게 말했다. "항상 정치적, 이데올로기적 검열이 있었던 것은 분명하다. …… 내 영화 〈유리 천장〉은 처음부터 검열을 받았는데, 결국은 기억 속으로 들어가고 말았다."[24]

〈유리 천장〉은 어떤 면에서는 1970년대 정치 상황의 피해자였다. 1982년에 ICAIC은 영화 제작 전문가 훌리오 가르시아 에스피노사의 지휘 아래 재조직됨으로써 어느 정도 탈집중화와 새로운 장르에 대한 실험이 이루어졌다. 후안 카를로스 타비오의 〈물물교환〉(Se permuta)(1984)과 〈플라프〉(Plaff)(1988) 같은 코미디가 나왔다. 〈물물교환〉은 가정 코미디로 쿠바의 주택 부족과 주택정책을 배경으로 삼았다. 쿠바에서는 다른 경제 영역과 마찬가지로 부동산에 '자유시장'이 없다. 거주자들이 집을 교환하려고 하는 다른 사람을 찾을 수 있으면 이사가 허용된다. 때문에 벼룩시장 방식의 복잡한 주택 교환 광고가 생겨났다. 이와 비슷한 식으로 〈플라프〉는 관료제와 일상생활의 물질적 어려움을 조롱했다.

위에서 언급한 영화들은 동시대의 현실에 대한 비판을 포함하고 있었지만, 문화적·정치적 기득권층은 반대를 제기하지 않았다. 하지만 1989년 〈이상한 마을의 알리시아〉(Alicia en el pueblo de Maravillas)가 처음 개봉되었을 때 받아들인 태도는 매우 달랐다. 〈알리시아〉 또한 쿠바의 관료제와 비효율성을 풍자한 코미디의 하나였다. 그러나 소비에트 블록이 붕괴하고 쿠바의 불확실성이 몹시 커진 정치적·경제적 상황에서 〈알리시아〉에 철퇴가 내려졌다. 《마이애미헤럴드》 칼럼니스트 안드레스 오펜하이머는 "카스트로의 마지막 시간"을 예언하고 있었다. 영화가 개봉되어 베를린영화제에서 상을 받은 지 불과 며칠도 되지 않아 쿠바에서는 상영이 금지되었다. 더욱 극적으로, 쿠바 영화 기관 ICAIC는 경제위기의 수많은 희생자 가운데 하나가 될 것이며, 군대의 영화나 텔레비전 부서와 통합될 것이라고 통보받았다. ICAIC는 이런 조치를 나라 전체 영화 산업의 자율성과 창의성에 대한 치명타로 보았다.

목소리를 높인 격렬한 저항이 있자 정부는 물러섰지만 부분적이었다. ICAIC은 복원되었지만, 그 책임자 가르시아 에스피노사는 전임자였던 알프레도 게바라로 다시 교체되었다. 그리고 〈알리시아〉는 쿠바 문화 정책에서 자유와 억압이라는 오랜 모순의 희생자였을 뿐 아니라 그 작품이 나온 역사적 시기의 희생자로서 금지된 채로 남았다.

세르히오 히랄은 쿠바에서 만든 마지막 영화인 〈마리아 안토니아〉(María Antonia, 1990년에 개봉)를 자신의 최고 작품으로 꼽았다. 〈마리아 안토니아〉는 자신의 초기 역사 영화들과 마찬가지로 아프리카계 쿠바 문화, 즉 요루바에 뿌리를 둔 산테리아(santería)와, 빈곤과 인종주의라는 혹독한 현실을 파고들었다. 비록 1968년의 공연에 기초하고 1950년대를 배경으로 하고 있음에도 이 작품은 특히 과거의 빈곤과 인종 불평등이 현재로 전이되는 과정을 그린 마지막 장면에서 분명하게 동시대의 현실을 비판했다.

히랄은 나중에 쿠바를 떠나 마이애미로 갔지만, 다른 새로운 역사적인 감독들이 계속 쿠바 영화 산업을 새로운 방향으로 이끌어 구티에레스 알레아의 〈딸기와 초코렛〉과 〈관타나메라〉(1995)와 페르난도 페레스의 〈삶은 휘파람 부는 것〉(La vida es silbar)(1998) 같은 영화는 쿠바에서도 외국에서도 찬사를 받았다. 1990년대의 경제위기로 쿠바 영화 제작자들은 자금을 구하기 위해 외국으로 눈을 돌려야 했는데, 이는 새로운 도전인 동시에 새로운 기회이기도 했다.

음악

쿠바의 음악은 세계 음악에 기여한 만큼이나 그 유산이 방대하다. 미국에서 쿠바 음악은 아마도 20세기 전반기에는 재즈 장르의 발전에 미친 영향을 통해, 후반에는 살사를 통해 가장 큰 영향을 미쳤다.

쿠바 음악은 혁명에 영향을 받아 변화된 측면도 있지만, 대체로 쿠바의 음악 전통은 자신의 궤적을 그대로 계속 이어갔다. 카를로스 푸에블라, 실비오 로드리게스, 파블로 밀라네스 같은 싱어송라이터들은 1970~1980년대 이후에 에스파냐어권 대부분의 지역에서 쿠바혁명 음악의 얼굴이 되었다. 쿠바의 전통적인 손(son) 음악은 1997년에 '부에나 비스타 소셜클럽'(The Buena Vista Social Club) 음반이 나오면서 1990년대에 전 세계적으로 다시 유행했다. 또한 전통적 형식의 새로운 변이들인 랩(rap)과 레게톤(reggaeton) 등도 1990년대와 21세기에 들어 융성했다.

푸에블라는 특히 혁명 초기 정치적·사회적 현실에 대해 논평하는 시사성 있는 노래로 가장 잘 알려져 있다. 가장 잘 알려진 그의 노래는 아마도 체 게바라가 혁명을 아프리카와 라틴아메리카의 다른 곳으로 전파하기 위해 쿠바를 떠난 1965년에 쓴 〈사령관이여, 영원하라〉(Hasta Siempre, Comandante)일 것이다. "당신의 혁명적인 사랑은 새로운 길로 이끌지요, 당신의 자유로운 팔의 강인함을 기다리는 그곳으로"라고 그

사진 12 대중음악 운동의 기수, 실비오 로드리게스.

는 노래했다. "여기 사랑하는 당신의 모습이 또렷하고 친밀한 투명함으로 우리 곁에 머물고 있어요."

라틴아메리카의 '새 노래'(Nueva Canción) 운동과 그 쿠바판인 '누에바 트로바'(Nueva Trova)는 방송 전파의 상업성과 외국 지배에 도전하고 진정으로 지역적이고 의미 있는 음악을 펼치는 것을 목표로 했다. 칠레에서 멕시코에 이르기까지 음악인들은 토착적이고 지역적인 음악의 뿌리에 눈을 돌려, 라틴아메리카의 현실에서 벗어나는 것이 아니라 현실에 개입하는 음악을 발전시켰다. 밥 딜런과 존 바에즈 같은 음악가들이 시작한 1960년대와 1970년대 미국의 저항음악 운동은 의미 있고 시사적이고 토착적 뿌리에서 나오는 음악에 대한 동일한 종류의 예술가적 욕구에서 출현했다.

밀라네스와 푸에블라는 대체로 전통적인 쿠바 음악 형식에 의존했다. 로드리게스는 전통적 형식을 음악적으로나 시적으로 극단화시키는 실험을 했다. 그의 가장 감동적인 노래들 가운데 어떤 것은 마술적 이미지와 감정, 정치적 논평을 잊을 수 없는 멜로디로 녹여 냄으로써 개인적인 것과 정치적인 것의 경계를 탐구했다. 잃어버린 푸른 외뿔 동물들이 엘살바도르의 산중에서 발견되는 동안, 어린이들이 세 사람의 왕 없이도 미래에 대처하는 강인함을 발견한다. 그는 폭탄과 혼돈의 악몽을 떠올리게 하는 노래에서 "나는 태양을 꿈꾸기 위해, 사랑을 일깨우는 어떤 것을 말하기 위해 태어났다네"라고 읊조렸다.

밀라네스와 로드리게스 둘 다 1990년대까지 창조적인 작업과 정치적 참여를 계속했다. (푸에블라는 오랜 투병 끝에 1989년에 세상을 떠났다.) "질문이란 얼마나 매혹적인가"라고 로드리게스는 1989년에 〈환멸〉에서 썼다. "환멸, 눈부신 패션쇼. 그것은 사업을 열고 여가를 재발견했다. 여행과 마찬가지로 그것은 심연을 발명했다. 그것은 다이아몬드를 만져 석탄으로 바꾸었다." 공개적인 양성애자이자 1960년대 말에 실제로 감옥에 갇히기도 한 밀라네스는 1994년 두 남자의 사랑을 묘사한 〈원죄〉를 녹음했다. "우리는 신이 아니야"라고 그는 경고했다. "다시는 잘못된 것을 그대로 내버려 두지 말자"고 한 것은 동성애에 대한 쿠바의 오래되고 다양한 형태의 차별을 지적한 것이었다.

1990년대에는 쿠바의 랩 음악이 활짝 꽃피었다. 상업 지향적이고 상당히 비정치적인 그룹에서부터 보다 신랄한 언더그라운드 그룹까지 다양했다. "처음에 정부는 랩의 급진적인 잠재성을 희석하는 방편으로 상업 지향적인 랩을 장려했다"고 페르난데스는 설명한다. 그러나 정부는 곧 "상업주의를 거부하는 언더그라운드 그룹들을 칭찬하는 쪽으로 돌아섰다." 이러한 후자의 입장에서 쿠바 정부는 "힙합이 흑인 젊은이들과 관계를 맺음으로써 하는 역할"을 이용하기 위해 힙합 운동과 연대를 구축한 라틴아메리카의 다른 좌파 정부들을 따랐다.[25]

한 쿠바 비평가의 주장에 따르면, 쿠바의 혁명적 상황으로 인해 쿠바의 랩 가수들은 다른 나라의 랩 가수들과는 사회에서 완전히 다른 역할을 했다. 왜냐하면 "그들의 해방적 관점은 쿠바혁명의 투쟁 형태나 저항 행동과 공통점을 갖고 있으며, 아이티혁명에서부터 현재의 쿠바 문화와 역사를 관통하여 작동하는 특징인 문화적 시마로나헤(cimarronaje, 도망 노예의 정서)가 있기 때문이다."[26] 그래서 "쿠바 랩 가수들은 국적을 초월하는 인종과 주변성에 기초하여 미국 랩 가수들과 네트워크를 구축하기도 하지만, 동시에 세계 자본주의에 대해 비판을 가함으로써 쿠바 정부와도 협력할 수 있게 된다."[27]

아넬리제 분덜리히에 따르면, 미국 힙합의 흑인 자존감 메시지가 쿠바에서 그처럼 수용적인 청중을 얻은 이유들 가운데 하나는 '특별시기'에 인종 불평등이 현저해진 때문이었다. 그녀가 연구한 쿠바 랩 가수들은 "맬컴 엑스, 무니아 아부-자말, 넬슨 만델라 등 흑인 우상들을 우러러보았으며," 자신들에게 흑인 역사에 관해 가르쳐 준, 망명한 흑인 해방군 일원인 네안다 아비오둔을 찾아냈다. 한편, "쿠바 힙합은 미국의 언더그라운드 무대에서 사랑을 한 몸에 받는 존재였다. 사회적으로 의식 있는 랩 가수들은 …… 힙합의 정수라고 생각되는 것을 찾으러 쿠바 섬으로 갔다."[28]

스포츠

혁명정부는 스포츠를 나라 안팎의 정책에서 중요하게 취급했다. 스포츠는 교육과 사회의 기회균등에 필수적이었다. 또한 그것은 쿠바의 국제적인 면모에서도 핵심 요소였다. 어떤 면에서 사회주의혁명의 성공은 운동선수들의 성공으로 간주되었다. 운동경기에서 이루는 성취는 사회주의에 의해 촉발되고 조성된 잠재력을 드러낼 터였다. 파울라 페타비노와 게랄린 파이는 쿠바 스포츠에 관한 연구에서 운동선수들은 "혁명적 역할의 모델로서, 국가 긍지의 원천으로서" 기여했다.[29]

쿠바 정부는 1961년 "스포츠는 건강이다"(el deporte es salud)라는 구호로 국민스포츠 프로그램을 주창했다. 체육교육 프로그램은 유치원부터 시작하여 모든 학교에 새로 설립된 '스포츠·체육교육·레크레이션기관'(INDER)의 지원 아래에서 만들어졌다. 스포츠 특수학교가 특별한 재능을 보이는 아이들을 위해 중등학교 수준에서 설립되어 10대들이 정규 교과과정 이외에 특별한 시설에서 훈련을 받았다. 학생들은 여기를 졸업하고 스포츠 훈련 고등교육기관에 입학하여 국제 경기를 준비할 수 있었다. 체육교육은 초급 학년에서는 동작과 체조에 초점을 맞추었으며, 상급 학년에서는 팀 스포츠가 중심이 되었다.

공동체에 기초한 스포츠는 쿠바 스포츠 정책의 또 다른 기둥이다. 혁명 전의 배타적인 스포츠클럽이 대중들에게 개방되면서 스포츠에 대한 접근이 민주화되었다. 또한 스포츠 행사는 무료로 관람할 수 있게 되고 스포츠를 즐기는 것은 1976년 헌법에서 하나의 권리로 보장되었다. 모든 연령층의 쿠바인들은 가정의를 통해(특히 비만으로 고통 받고 있는 거의 30퍼센트의 인구), 그리고 노인 프로그램을 통해 운동을 하도록 권장되었다.

쿠바 운동선수들은 곧 꽤 많은 올림픽 메달을 땄다. 1950년대에는 메달이 하나도 없었으나 1992년, 1996년, 2000년, 2004년 올림픽에서 수십 개의 메달을 획득했다. 육상 선수 알베르토 후안도레나는 1976년에 역사적인 올림픽 2관왕(400m와 800m)에 올랐는데, 나중에 쿠바육상연맹 회장과 스포츠부 차관이 됨으로써 쿠바가 스포츠 경기를 국가적으로 강조한 전형을 보여 주었다. 그는 메달 획득이 자신의 삶을 어떻게 바꾸었는지에 관한 질문을 받자 이렇게 대답했다. "이러한 점에서 내 주장의 핵심은 조국과 국민을 위해 경기에 참가하여 쿠바 전체 사회의 지지를 받고, 올림픽이든 범아메리카경기대회이든 내가 참가한 모든 경기에서 깃발을 흔드는 것입니다. 그래서 나는 조국을 위해 경기에 참가하고, 경기에서 쿠바를 대표하기 위해 정부로부터 지원을 받았습니다."[30]

'특별시기'에는 예산 삭감이 체육 프로그램에 타격을 주었다. 스포츠는 어려운 처지가 되었고 운동선수들은 점점 커지는 이탈의 유혹에 직면했다. 1993년 푸에르토리코에서 열린 '중앙아메리카와 카리브 경기대회'에 참가한 쿠바 대표단 가운데 약 50명이 그곳에 주저앉았다. 쿠바계 미국인 에이전트 조 쿠바스가 충원한 이삼십 명의 야구 선수들 중에는 야구 영웅 레반과 올란도 '공작' 에르난데스도 있었다. "나는 쿠바 정부의 적입니다"라고 쿠바스는 떠벌렸다. 쿠바 야구팀이 여행을 할 때는 쿠바스가 고액의 연봉을 제안하면서 기다릴 것이다.[31]

쿠바스가 충원한 선수들은 대부분 자신들이 떠나기로 한 결심에 대해 솔직했다. "쿠바에서 정부는 어떤 스타도 원하지 않습니다. 그들은 모든 사람이 평등하기를 원합니다. 그들은 쿠바에서 가장 훌륭한 선수인 리나레스가 사람들이 잘 모르는 보통 사람과 동일하게 되기를 원합니다. 쿠바에서는 스타라 할지라도 말입니다. 그들은 그에게 같은 집과 같은 생활 조건을 가지기를 원합니다. 그들은 모든 사람들이 동일한 자원을 가지기를 원합니다. 그러나 때때로 사람들은 정부가 주지 않는 것들이 필요해요. 그래서 사람들은 말하지요. '만약 내가 여기서 대단한 선수라면, 내가 메이저리그에서 뛸 수 없는 이유는 또 어디 있어?' 알겠어요? 사람들은 자기 가족의 재정적 문제를 해결하기 위해 나라를 떠나기로 결정하는 겁니다"라고 안헬 로페스가 말했다. "쿠바에서 우리는 세 번 연속 챔피언이 되었습니다. 그런데도 우리는 아무런 용품도, 선물도, 장려금도 못 받았습니다. 맥주를 대접하고 하룻밤 호텔에서 가족들과 지내게 해주면 그것으로 끝이었죠. 사람들은 자기가 원하는 것을 요구할 것이지만, 그들은 속일 것입니다. 세월이 지났지만 그제나 이제나 항상 그대롭니다. 그래서 사람들은 분통이 터지기 시작했지요. 그리고 그들은 말합니다. '빅리그에 가면 이것을 얻을 수 있어, 이것, 이것을!' 그래서 아로호가 맨 처음 떠나게 된 겁니다. 그의 성공을 보고 우리는 모두 스스로 결정을 내리기 시작한 것이지요. 사는 게 다 그런 것 아니겠습니까"라고 호르헤 디아스가 덧붙였다.[32]

'특별시기'는 다른 영역에서와 마찬가지로 거의 모든 사람들에게 시련을 안겨주기 시작했지만, 위기를 완화시키기 위해 도입된 경제적 변화로 인해 불가피하게 평등에 대한 강조가 약해졌다. 1990년대 말, 선수 이탈과 예산 삭감이 쿠바 팀의 국제적 명성을 위협하자 정부는 선수를 잡아두기 위해 상당한 물질적 장려책을 제공하기 시작했다. 선수들은 장비와 세면도구 같은 개인용품들뿐 아니라 자동차와 주택, 그리고 경화로 돈 벌 수 있는 권리 등을 제공받았다.

춤

쿠바인들은 모든 카리브 지역 사람들(그리고 전 세계 다른 지역 사람들 대부분, 하지만 '특히' 카리브 지역 사람들)과 마찬가지로 혁명 이전에도 춤을 잘 추었다. 하지만 춤은 다른 모든 것들과 마찬가지로 사회적으로 나뉘어 있었다. 상층계급은 지역적·전통적·대중적 춤을 경멸하면서 유럽 양식을 선호했다. "좋은 발레를 우러러본 특권계급은 …… 당시 거물 스타들을 쿠바에 데려 왔으며," 그들의 자녀들은 아바나의 '전문예술음악학교'에서 춤을 배웠다.[33] 한편 룸바 같은 아프리카에 기초한 춤 형식은 민중계급들 사이에서는 번성했지만, 상류사회에서는 멸시와 박해를 받았다.

혁명정부는 이전의 '고급' 문화에 대한 접근을 민주화하고, 이전에 '저급'으로 간주된 쿠바 문화양식을 고양하고 장려하기 시작했다. 1962년 '국립민속예술단'(Conjunto Folklórico Nacional)이 "우리 춤과 음악의 뿌리를 구하고 재발견하기 위해" 만들어졌다.[34] 민속학자 이본 대니얼에 따르면, "1959년 쿠바혁명은 새로운 국가가 자기 정체성을 위해 내부로 향하면서 상이한 아프리카 종교 의식들을 구분하고, 나아가 분리했다. 새로운 사회를 재구조화한 초창기 동안에 아프리카 종교들은 단

순히 라틴아메리카적인 것이 아니라 쿠바의 아프리카-라틴적인 것의
증거로 주목받았다. 혁명 초기에 공산주의와 무신론 이데올로기로 인
해 종교 활동 자체는 억압되었지만, 아프리카의 종교 역사에서 나온 문
화적 표현들은 교육과 관광의 맥락 속에서 장려되었다."[35]

아나 캄포이 기자는 유명한 발레리나 알리시아 알폰소의 남편이자
발레 파트너인 페르난도 알폰소를 인터뷰하고 이렇게 썼다. 1959년 초
혁명은 "알폰소의 집 대문을 두드렸다. …… 피델 카스트로가 한 동료
와 함께 걸어 들어왔다. 침대 끝에 앉아 그들은 세계와 지역 정치에 관
해 페르난도와 긴 시간 이야기를 나누었다. 이윽고 피델이 말했다. '나
는 발레에 관해 이야기하러 여기 왔습니다.' '발레에 관해서라면 얼마
든지 시간이 있습니다'라고 페르난도가 말을 받았다. '발레단을 다시
시작하려면 돈이 얼마나 필요합니까?'하고 피델이 물었다. '잘 모르겠
습니다만, 사령관님! 10만 달러 정도 들 거예요'라고 페르난도가 대답
했다. 페르난도에 따르면 피델이 20만 달러를 내놓았다고 한다. '혁명은
처음에는 아름다운 것이었습니다'라고 페르난도는 말한다."[36]

국립발레단은 혁명적 발레를 공연했는데, 공연은 모든 곳에서, "공장
에 설치된 임시가설 무대에서, 학교에서, 농촌의 사탕수수밭에서" 이루
어졌다. 오늘날 "발레 관객들은 쿠바에 처음 발레를 들여온 귀족적 엘
리트보다는 스포츠 군중을 더 닮았다"고 캄포이는 설명한다. "팬들은
공연 도중에 소리 지르고 고함친다. 박수 소리가 오케스트라를 삼켜
버리기 때문에 무용수들은 정해진 춤동작을 중간에 멈추고 인사를 하
지 않으면 안 된다. 한순간에 좋아하는 무용수에게 사방에서 꽃다발이
날아들고, 팬들끼리 서로 의견이 맞지 않으면 주먹질까지 오간다."[37]

스포츠의 경우와 마찬가지로 발레 훈련은 누구나 받을 수 있으며, 재능 있는 아이들은 고급 훈련을 위한 특별학교에 들어갈 수 있다. 스포츠와 마찬가지로 쿠바 발레는 국제 무대까지 올라갔다.

정치 문화

쿠바 지식인들은 민주주의의 성격과 의미에 관해, 특히 1990년대부터 활발한 토론에 개입해 왔다. 그들은 자기 나라에서 민주주의의 심화와 확장을 요구하면서도, 미국의 형식적 민주주의 개념과 자신들의 민주주의를 구분하는 데 주의를 기울인다.

두 쿠바 학자의 설명에 따르면, "쿠바에서 민주주의의 건설은 헌법 공학적인 실행이 아니라 …… 사회정의, 발전, 국가 독립, 그리고 참여적 개방 모두를 포함하는 포괄적인 프로젝트이다."[38] 또 다른 쿠바 학자는 이렇게 설명한다. "선거는 민주주의와 동의어가 아니라 단지 민주주의의 한 측면일 뿐이다. 서구는 수십 년 동안 민주주의를 4년마다 한 번씩 투표하는 행위로 축소하려고 했다. 내 생각에 민주주의는 사람들이 자신의 삶에 영향을 미치는 문제들에 대해 일상적으로 개입하는 것이지, 권력을 가진 세력들이 지지하는 후보자들 가운데 단순히 투표하는 것이 아니다."[39] 또 다른 분석가는 주장한다. 민주주의를 향상시키는 것은 "복수 정당체제나 주기적으로 감독되는 선거, 또는 민주주의에 관한 지역적 담론에서 나오는 공통적 주제들에 관한 것이 유일한 것도 아닐 뿐더러 주요한 것도 아니다. 오히려 민주주의란 안정적인 민주적 체제의 건설과 인간의 권리가 충분히 존중되는 사회의 성장에 더 중요한 대중 참여, 사회정의, 평등, 국가 발전 등의 요소들에 관한 것이다."[40] 쿠바 학자들은 선출되는 민중권력 의회, 대중조직 참여, 그리고 정치와 법에 관한 토론과 논쟁을 위한 제도적 장치 같은 제도들을 쿠바 직접민주주의의 장으로 꼽는다.[41]

또한 쿠바인들은 미국의 공격성이 자기 나라 민주주의의 가능성을 제한해 왔다고 강조한다. 특히 미국의 개입이라는 현실로 인해 정부는 독립적인 정치적 조직화에 제제를 가하게 되었다는 것이다. "만약 미국과 쿠바 사이에 협상과 긴장 완화가 이루어지는 시나리오를 상정하면, 쿠바 정치체제가 이러한 제한들을 극복할 수 있을 것이다. 만약 미국이 쿠바에서 국내 정치 활동을 그만둔다면, 쿠바는 발전을 위한 충직한 반대를 허용할 수 있게 될 것이다."[42]

하지만 쿠바의 분석가들이 자기 나라의 정치·경제 제도에 대해 비판적이지 않은 것은 결코 아니다. 쿠바 안에는 미국식 자유민주주의를 여전히 거부하면서도, 자유롭고 비판적인 언론과 상이한 정치적 입장에 대한 더 큰 관용을 요구하는, 어떤 면에서는 자유 개념과 일치하는 중요한 여론 흐름이 있다. "민주주의는 불가피하게 보통 시민들이 자신들의 삶에 영향을 미치는 결정에 영향력을 행사하고, 국가의 방향에 관한 토론에 참여하고, 그들의 대표들에 대한 효과적인 통제력을 가지고, 필요하고 관련된 정보에 접근하도록 허용하는 참여 공간을 강화하는 것을 포함한다. 요컨대, 정책의 단순한 소비자에서 적극적인 생산자로 옮겨가는 것이다."[43]

쿠바 학자들은 우파로부터의 비판과 좌파로부터의 비판을 확실하게 구분한다. 우파는 "이른바 대의제 민주주의 모델이 보편적 가치가 있다고 전제하고 사적 소유, 다당제, 선거 장사(el comercio electoral), 그리고 개인적 자유에 기초하여" 사회주의 경험을 완전히 거부하는 반면에, 좌파는 "당 활동가들, 학자들, 정치 지도자들, 그리고 쿠바 국민들이 쿠바 정치체제에 관해 갖고 있는 내재적 비판을 포함하여," "더 다변화되고 탈집중적이고 탈개인화된 권력 구조"를 요구하고, "혁명 권력을 유지하면서 참여민주주의를 발전시키는 것"을 목표로 설정한다는 것이다.[44]

이처럼 쿠바 지식인들 가운데는 혁명을 지지하는 입장에서 더 큰 정치적 토론 공간, 더 개방되고 비판적인 언론, 그리고 더 많은 정치적 참여를 요구하는 중요한 목소리가 있다. 그런데 그들의 입장은 몇 가지 중요한 점에서 쿠바에 대한 미국 비판가들과는 다르다. 첫째, 그들은 만약 쿠바가 이러한 측면의 민주주의를 발전시키지 못했다면, 그것은 바로 미국의 위협 '때문'이라고 주장한다. "쿠바 언론에 존재하는 만장일치는 미국의 압력으로 만들어진 '포위 사고방식'(siege mentality)의 반영인데, 이는 더 큰 다원주의와 더 폭넓은 공적 토론을 가로막는 작용을 한다"고 한 쿠바 언론 비평가는 말한다.[45] "쿠바에서 반체제 인사들에 대한 편협함은 어떤 면에서 그러한 반체제 인사들이 강력한 외국과 연계되어 있다는 인식과 관계가 있다"고 또 다른 쿠바 지식인은 설명한다. "우리는 미국이 우리에게 벌이고 있는 선전포고 없는 전쟁을 상대하고 있다. 그래서 사람들이 스위스에서나 발견할 수 있는 그런 종류의 관용적인 환경이 아닌 것은 분명하다. …… 반체제 인사들이 인식되는 방식이 완화되기 위해서는 우리가 반체제적 관점을 다른 방식으로 수용할 수 있도록 국제 환경이 완화될 필요가 있다."[46]

더욱이 쿠바의 비판가들은 정치적 개방, 토론 및 참여의 문제와 다당제 체제 사이를 명확하게 구분하는 경향이 있다. 그들은 전자에 관한 한계는 역사적·국제적 요인들이 만들어 낸 불행한 결과라고 보는 반면에, 후자의 결여에 대해서는 후회하는 마음으로 보지 않는다. "많은 경우에 다당제는 다원주의와 동일시된다. 그러나 반드시 그런 것은 아니다. 때때로 다당제는 정확하게 다원주의를 '부정하는' 방법이다. 1900년대 쿠바에는 많은 정당들이 있었지만 민주주의는 없었다. 우리에게 다당제는 나라를 위한 대안적 길의 가능성을 끊임없이 부정해 왔다"고 후안 안토니오 블랑코는 설명한다.[47] 루이스 수아레스 살라자르는 라틴아메리카와 카리브 지역에 "실제로 존재하는 민주주의"는 "'아파르트헤이트'(apartheid)의 민주주의"라고 주장한다. "민중 민주주의의 기여는 자유 부르주아 민주주의와는 다른 방식으로 대의 체계를 구축한 것이다. 우리의 대의 체계는 쿠바에서 역사적으로 실패한 적이 있는 다당제의 기초 위에 구축될 필요가 없다."

그럼에도 불구하고 수아레스는 쿠바에서 대중 동원과 참여에서 나타나는 한계에 대해 비판적이며, 특히 "시민들에게 영향을 미치는 모든 문제들에 관해 '심사숙고된 결정을 내리기' 위해 (그리고 그 결과를 평가하기 위해) 모든 수준에서 민중 대표들에게 더 큰 권능"을 주어야 한다고 요구한다.[48] 이와 비슷하게 아롤도 디야의 주장에 따르면, 쿠바는 "이 나라의 사회학적·문화적·이데올로기적 다양성에 따라 정치에 더 다원적인 접근이 필요"하지만, "다원주의는 몇몇 정당들을 조직하는 것으로 환원될 수는 없다는 점을 인식할 필요가 있다. '현존하는' 다당제는 실제로는 사회에 존재하는 다양성을 반영하는 데 계속해서 무능력을 보여, 다양성은 대부분 공식적 정당 체제 밖에서 표현되는 경향이 있었다."[49]

우고 아스쿠이는 '다원주의'를 보는 쿠바의 관점과 미국의 관점의 차이를 다음과 같이 설명한다. "오늘날 쿠바의 정치문화에서 정체성은 국민적 특성을 뛰어넘는 사회적 가치를 포함하고 있다. 쿠바 사회를 분리된 방들의 모자이크로 보면, 다시 말해 각 부문들이 나란히 공존한다는 사실을 제외하면 공통점이 없이 분리된 것으로 생각하면 제대로 이해할 수 없을 것이다. 쿠바의 정체성은 특히 혁명에 적대적인 외부의 적과 대치할 수밖에 없었던 까닭에 거의 40년 동안 희생과 위험으로 단련된 강력한 공동체적 유대감에서 나온다. …… 이러한 맥락에서 다원주의는 쿠바 사회를 파편화 내지 파열시키는 방향으로 이동하는 것을 의미하는 것은 아니다."[50]

아스쿠이가 쿠바 사회에서 다원주의의 개념을 거부하는 것은 아니라는 점을 지적해 두자. 사실, 그는 1980년대부터 1990년대까지 쿠바의 정치 발전은 바로 다원주의를 재조직하고 수용하는 방향으로 나아갔다고 주장한다.

쿠바 사회의 다원주의적 표현에 대한 필요는 최근의 위기 시기 동안 더 강조되었지만, 그 시작은 1970년대부터 소련의 제도적·이데올로기적 모델을 모방하는 데 대해 사람들이 공개적으로 의문을 제기하기 시작한 1980년대 후반이었다. 1990년에는 대중적 성격을 가진 중요한 공개적 논쟁을 통해 제도의 뿌리에서부터 변화를 도입할 필요성이 논의되었다. 논쟁 과정에서 가장 중요한 진전들 가운데 하나는 사적이고 비영리적인 결사체와 종교 조직에게 새로운 공간이 부여되었다는 점이다.

'결사에 관한 법'이 통과된 1985년과 '시민법'이 통과된 1987년 이래로 몇 년 동안, 2천 개가 넘는 결사체와 시민 조직이 만들어졌는데, 여기에는 오늘날 비정부 조직으로 활동하고 있는 조직들이 대부분 포함되었다. 그러한 조직들에는 광범위한 문화, 과학, 스포츠, 환경 단체 등등이 있다.

이러한 다원주의를 고려하면, 언제나 존재해 왔던 쿠바 사회의 다양성이 오래된 대중조직들만으로 배타적으로 계속 표현될 수 없다는 점이 인식되고 있다는 사실을 알 수 있다.[51]

미국과 쿠바의 정치에 대한 쿠바 지식인들의 분석을 이해하는 것은 몇 가지 점에서 중요하다. 첫째로, 그들은 미국 분석가들이 보편적 이상이라고 장려하는 경향이 있는 정치체제에 대한 관점에서 미묘한 차이를 보이고 있다. 쿠바 지식인들에게 다당제 민주주의는 여러 형태의 민주주의 가운데 하나에 불과할 뿐, 반드시 가장 매력적인 것이 아니라는 점은 확실하다. 둘째로, 자신들의 정치체제를 분석하는 쿠바 저자들의 분석을 읽어 보면, 미국 독자들은 쿠바의 정치체제가 미국의 정치 담론에서 일반적으로 묘사되는 것처럼 단순하고 정태적으로 '독재'로 기술될 수 없다는 점을 알게 된다. 쿠바 시민들은 후보자들을 지명하고 비밀선거로 투표권을 행사한다. 그리고 그들은 대중조직에 참여한다. 그들은 실질적인 문제들이 토론되고 논쟁되며 결정이 이루어지는 이웃공동체 회의, 직장 회의, 그리고 시의회에 참여한다. 더욱이 정치체제는 혁명을 거치면서 상당히 진화해 왔으며, 그러한 진화에는 정치 참여를 억누르고 가로막는 측면과 더불어 그것을 고무하고 공간을 여는 측면도 포함된다.

쿠바에서 벌어지는 민주주의에 관한 토론을 보면, 쿠바의 사회과학자들은 해외에서 종종 묘사되는 것처럼 공식적이고 당이 결정하는 이데올로기 노선을 단순히 되뇌는 사람들이 아니라는 것을 알 수 있다. 국외자들은 종종 쿠바 정치체제에 대한 모든 국내적 비판, 특히 더 많은 민주주의를 요구하는 비판이 반체제적이라고 가정한다. 그러나 쿠바 지식인 사회에는 자신들의 작업을 통해 내부에서 변화를 모색하고, 대화와 논쟁의 공간을 조금씩 열려고 하는 목소리가 존재한다.

음식

음식은 문화에서 가장 중심이 되는 분야라고 할 수 있다. 최소한 그것은 한 사회의 모든 사람들이 일상의 삶에서 날마다 먹고 마시는 측면의 문화이다. 그리고 음식은 쿠바혁명이 바꾸려고 다짐한 문화의 측면 가운데 하나이기도 하다.

쿠바인들이 먹는 음식은 쿠바 문화의 다른 측면과 마찬가지로 문화 이식의 산물이다. 쿠바의 주식은 쌀, 콩, 육류, 그리고 비안다(viandas, 탄수화물이 많은 뿌리채소와 플랜테인을 포함한 범주)이다. 쌀의 원산지는 아프리카와 중국이고, 콩은 라틴아메리카이고, 육류는 주로 소고기, 돼지고기, 닭고기로서 유럽식이다. 비안다는 말랑가나 고구마와 마찬가지로 아메리카 토종이거나 플랜테인과 함께 남아시아에서 아프리카를 거쳐 들어왔다. 쿠바인들은 또한 엄청난 양의 커피(아프리카가 원산지이지만, 유럽 사람들이 카리브 지역으로 들여왔다)와 럼(사탕수수로 만드는데, 이 또한 에스파냐 사람들이 쿠바에 들여온 것이다)을 마신다.

1950년대까지 도시의 쿠바인들은 미국에서 가공하여 포장한 음식에 영향을 많이 받은 음식을 즐기는 경향이 있었던 반면에, 농촌의 가난한 사람들은 소량의 쌀, 콩, 비안다를 먹거나 이런 것들조차 충분하지 않을 때에는 설탕물로 때웠다. 비안다를 제외하면 쿠바인들이 먹는 음식은 대부분 수입되었다. 왜냐하면 쿠바 섬의 경지 가운데 3분의 2는 경작되지 않고 대부분 목초지로 이용되었으며, 경작되는 토지도 그 절반 이상이 사탕수수 농장이었기 때문이다.[52]

처음에 혁명은 분배 문제에 초점을 맞추었다. 혁명 첫 몇 년 간의 농지개혁과 여타 사회개혁 프로그램들은 일차적으로 나라의 자원 재분배를 목표로 삼았다. 농촌의 빈민 대다수는 소득 몫이 증가함에 따라 다른 무엇보다도 더 식비에 지출했다. 수요가 공급을 빠르게 앞질렀다. 가난한 사람들을 바로 배제시키게 될 가격 인상을 막기 위해 정부는 처음에는 가격을 통제하다가 나중에는 배급을 시작했다. 물자가 부족한 상황에서 평등한 분배를 보장하기 위해 배급은 유일한 방법으로 보였다.

1980년이 되자 동유럽에서 온 가공식품들이 점점 많아져 현지에서 생산되고 배급되는 식료품을 보충했다. 독특한 동유럽 풍미가 있는 치즈와 햄, 소시지, 요구르트, 와인, 소련과 불가리아 통조림 제품과 냉동

식품 따위였다. 1986년 교정운동이 있을 때까지 이런 식료품 시장이 나란히 기능했다. "내 큰 아들은 1980년에 태어나 동유럽으로 가득 찬 데서 자랐다"라고 한 동료가 설명했다. "작은 아들은 그렇지 않았다. 그는 1986년에 태어났으니까!"[53]

'특별시기'까지 분배 시스템은 배급제 안팎에서 음식 공급을 증가시킨 다른 변화들과 더불어 쿠바 사람들의 건강 상태를 크게 바꾸어 놓았다. 혁명 이전에 가난한 사람들에게 만연하던 영양실조 대신, 식습관에 관련된 가장 흔한 질병은 비만, 고혈압, 심장병, 당뇨병 등이 되었다. 건강 조사 연구자에게 한 면접자는 쿠바인들이 즐겨 먹는 음식에 관해 이렇게 설명했다. "고기!! 우리는 돼지고기를 즐겨 먹는다. 콩과 쌀도 물론 먹는다. 하지만 우리는 콩과 쌀 역시 돼지기름으로 요리한다. 닭고기, 플랜테인, 말랑가, 감자 할 것 없이 모든 것은 기름에 튀겨야 한다. 우리는 빵, 스파게티, 피자, 과자 같은 밀가루 음식을 많이 먹는다. …… 또 음식에 소금과 설탕을 많이 넣는다. 그리고 우리는 야채와 과일을 많이 먹지 않는다. 그리고 또 알코올과 소다수가 있다."[54]

영양학자 메디아 벤저민과 그 동료들은 지방이 덜하고 야채가 더 많은 식사를 장려하는 데, 문화와 정치가 방해가 되었다고 지적했다. "정부 지도자들은 식습관이 바뀔 필요가 있다는 점을 완전히 확신하지 않았다"고 그들은 설명한다. "우리가 [1980년대 초에] 인터뷰한 관리들 다수는 무비판적으로 '현대적인' 서구식 식습관을 우월한 것으로 받아들이는 것 같았다. 동물성과 식물성 단백질 문제를 예로 들어보자. 우리는 이 문제에 관해 부통령 로드리게스와 인터뷰했는데, 동물성 단백질이 영양적으로 또는 경제적으로 더 낫지 않을지도 모른다는 점을 인정하면서도 그것을 발전 문제와 관련지어 평가하고 있었다. '우리는 국제 사회에서 논의되고 있는 생각, 즉 발전도상국들은 식물성 단백질을 섭취하는 반면에 선진국들은 동물성 단백질을 섭취하려고 한다는 생각을 지지하지 않는다'고 그는 말했다."[55]

7

다양한 쿠바

대부분의 백인들과 많은 흑인들이 동의하듯이
쿠바에서 흑인 민족주의 조직은 설 자리가 없었다.
1959년 3월 주요 연설에서 카스트로는 혁명이 당면한 4대 경제 문제의 하나로
"일터에서 인종차별을 끝장내기 위한 전쟁"을 꼽았다.

근대 노예제가 있었던 모든 사회와 마찬가지로 쿠바는 인종과 젠더로 심하게 분열되어 있었다. 혁명은 인종과 젠더의 불평등을 없애는 것을 중심 목표로 삼았지만, 접근 방법은 1960년대 이후 미국에서 추구된 방법과 매우 달랐다.

미국에서는 아래로부터의 조직들이 평등한 기회를 보장하는 법적·사회적 변화를 위해 압력을 가했다. 쿠바에서는 법적 변화가 위로부터 일어난 반면에, 사회변동을 위해 압력을 가하는 독립적인 조직들은 백안시되었다. 대부분의 백인들과 많은 흑인들이 동의하듯이 쿠바에서 흑인 민족주의 조직은 설 자리가 없었다. 페미니즘 조직도 마찬가지였다. 흑인들은 인종 평등이 법제화된 이상 특별히 조직할 필요가 없이 그저 쿠바인이었던 반면에, 여성들은 국가가 후원하는 대중조직인 쿠바여성연맹(FMC)으로 동원되었다.

쿠바는 교육과 보건의료를 평등화하는 데 유례없는 성공을 거두었다. 여성들은 대규모로 노동력으로 편입되었으며, 여성의 전통적인 가사노동은 상당 부분 사회화되었다. 그러나 인종과 젠더의 불평등은 사라지지 않았다. 성적 취향 문제에 대해서 혁명 지도부는 평등을 추구할 생각이 없었다. 동성애자들은 1990년대까지 배제되었으며, 때때로 공개적으로 박해도 받았다.

인종

1959년 초, 혁명 지도부는 인종차별과 인종 불평등의 극복이 근본적인 목표가 될 것이라고 분명히게 선언했다. 아프리카계 쿠바인 법률가 후안 레네 베탄쿠르트는 혁명이 1895년의 '실수'를 저지르지 말라고 촉구하면서, "만약 인종 평등 문제가 무시되거나 묵살된다면 쿠바에서 '진정한 혁명'은 없을 것"이라고 주장했다. 1959년 3월 주요 연설에서 카스트로는 혁명이 당면한 4대 경제 문제의 하나로 "일터에서 인종차별을 끝장내기 위한 전쟁"을 꼽았다.[1]

혁명정부는 신속하게 움직여 인종차별을 불법화했다. 미국에서 '브라운 vs 교육위원회 소송 사건'으로 흑백분리 교육이 불법이라는 판결이 나고 4년 후, 그리고 '인종평등회의'가 미국 남부에서 점심 식당 분리 철폐를 위한 운동을 시작하기 1년 전에, 쿠바는 모든 공적·사적 형태의 인종분리를 금지했다.

또한 혁명 초기의 다른 개혁들도 인종 문제에 특별히 초점을 맞추지는 않았지만, 인종 불평등 문제에 영향을 끼쳤다. 아프리카계 쿠바인들은 상대적으로 더 가난했기 때문에 나라의 자원을 재분배하는 경제개혁으로 비교적 더 큰 이득을 보았다. 마찬가지로 유색 쿠바인들은 엘리트에 속하는 경우가 드물었기 때문에 재분배로 위협받은 사람도 드물었으며, 1959년부터 1962년까지 전문직 계급들의 마이애미 탈출에 참여한 사람도 거의 없었다. 백인들의 탈출로 쿠바는 점점 더 어두운 색조를 띠게 되었으며, 인종적으로 더 평등한 사회가 되었다.

아프리카계 쿠바인 학자 페드로 세르비아트는 1986년에 출간한 책

《쿠바의 흑인 문제와 그 최종적 해결》에서 인종 불평등을 극복한 혁명의 구조적 접근 방법을 널리 알렸다. 하지만 그 책이 나온 바로 그 순간에, 쿠바공산당 제3차 대회는 당의 지도부에서 여성들과 흑인들의 비율을 늘리는 조치로서 이른바 '궁극적인 해결'이 실제로는 없었다는 점을 알고 있었다.

세르비아트는 처음 몇 십년간의 혁명 정책을 다음과 같이 설명했다.

주요 성과는 모든 시민들이 평등한 조건에서 일할 수 있는 권리를 보장한 것이다. 이것은 몇 가지 구체적 조치를 통해 성취되었다. 혁명은 비서 양성학교를 개설하여 대부분의 경우 흑인들인, 이전의 가정부들에게 우선권을 주었다. 그들 중 다수는 나중에 은행에서 비서나 사무원 등으로 일하게 되었다. 요식업 학교, 경영 학교, 외무직원 학교를 개설하여 변변찮은 출신 배경을 가진 수많은 흑인과 백인 시민들이 다양한 영역에서 훈련받을 수 있게 되었다. …… 해변과 스포츠 및 레크리에이션 시설은 국유화되었다. …… 혁명은 인민이 문화를 향유할 수 있도록 했고, 쿠바 국민 문화를 다시 옹호했으며, 인종과 성을 불문하고 젊은이들의 대중적 가치를 고무했다. 아프리카에서 유래되어 노예나 흑인 및 유색인들이 실천해 온 것과 같은, 이전에는 차별되었던 가치들을 고취했다. 그리고 쿠바 섬 전체, 즉 남성과 여성, 흑인과 백인, 노동자와 농민을 가리지 않고 모든 시민을 위한 사회주의 교육체계를 수립한 것은 말할 것도 없다. 쿠바에는 더 이상 인종차별의 원천이 되는 어떠한 사교육도 없다. …… 또 다른 조치는 흑인 남성과 여성들이 펜싱, 체조, 수영, 테니스, 사격, 승마, 조정 같은, 이전에는 흑인들에게 금지되었던 스포츠에 입문할 수 있도록 허용한 것이다. …… 차별을 폐지함으로써 한때 백인 귀족들이 독점하던 구역의 주택은 흑인과 백인 가족들에게 돌아갔다.[2]

인종 불평등을 해체하려는 노력은 법적·구조적 개혁에 우선권을 부여했지만 헌신은 거기서 끝나지 않았다. 정부 정책과 프로그램은 또한 쿠바 사회에 스며들어 있던 흑인문화 형태에 대한 부정적인 태도에 도전했다. 1961년, '민속·민족학연구소'가 아프리카계 쿠바 예술을 연구하고 촉진하기 위해 설립되었으며, 1962년부터 국가는 '대중문화 축제'를 후원하여 대중 공연의 무대를 제공했다.[3] 하지만 혁명 아래에서 흑인 문화의 민속화는 일부 사람들에게 평등보다는 온정주의의 기미가 더 강한 것으로 보였다.

혁명 이데올로기와 함께 쿠바의 역사 또한, 인종 평등을 향한 주요한 길이 불평등을 유지하는 사회경제적 구조를 변혁하고 국가의 법률과 제도 속에 있는 인종차별을 제거하는 데 있다는 믿음을 형성하는 데 기여했다. 어쨌든 호세 마르티가 선언한 바와 같이 "쿠바인이 되는 것이 백인보다 먼저이고, 흑인보다 먼저이며, 물라토보다 먼저이다." '유색인독립당'은 1910년대에 인종을 토대로 조직하려고 했다. 1912년의 잔인한 탄압은 그 후 수십 년 동안 그러한 시도를 잠재웠다. 1959년 이후에 쿠바의 모든 유색인들은 흑인의 이해관계를 증진하기 위해 따로 흑인 조직을 만들 필요가 없으며 인종주의의 문화적 기초에 천착할 필요가 없다는 데 동의하는 것처럼 보였다. 쿠바에 1960년대 미국에서 발전한 것과 유사한 흑인 민족주의가 들어설 자리가 없었던 것은 분명하다. 사실 흑인 민족주의와 같은 길은 많은 쿠바인들이 자신의 역사를 이해하는 방식이나 기본적으로 인종차별과는 거리가 먼 쿠바 국가의 성격에 도전이 되었을 것이다. 더욱이 계속되는 미국의 위협으로 인해 다른 영역과 마찬가지로 국민 단결의 요구가 종종 인종 정책의 영역에서도 도전과 반대를 잠재웠다.

많은 아프리카계 미국인들에게 쿠바혁명은 수백 년 동안의 식민지 지배로 체화된 백인 우월성에 대한 도전의 표현이었다. 반 고스는 미국 흑인 신문의 쿠바혁명에 대한 반응에 관한 한 연구에서, 흑인 언론인들은 "미국 전역에 걸쳐 있는 도시 흑인 공동체의 풀뿌리 친카스트로 정서에 반응하고" 있었다고 결론짓는다. "백인 신문의 관점에 암묵적으로 도전하면서 쿠바의 관점을 표현하려는 욕구는 아프리카 등지에서 탈식민화가 최고조에 달했던 1959년, 미국 흑인 사회에 깊이 흐르던 제3세계 연대를 향한 충동을 반영했다. 쿠바와 카스트로는 …… 아프리카계 미국인들의 초기 반제국주의가 몇 년 후 '흑인 권력' 시대의 흑표범당 (Black Panther Party)과 다인종적 베트남전쟁 반대운동으로 강력하게 떠오르는 방식을 미리 보여 주었다."[4]

하지만 미국의 흑인 민족주의자들은 혁명적 쿠바에서 다양한 경험과 반작용을 했다. 일부 사람들에게는 쿠바 특유의 인종적 조화에 혁명이 집착한 것은 단지 친절함에 지나지 않았다. 존 클리투스는 쿠바를 방문한 후 "공산주의는 모든 인종을 '하나의 큰 행복한 인류'로 응결시켜 인종 문제를 종결짓는 자애로운 방식을 채택함으로써 흑인 의식에 마지막 막을 내렸다"고 썼다.[5]

흑표범당 활동가 빌 브렌트는 샌프란시스코 경찰과 총격전을 벌인 뒤 비행기를 납치하여 쿠바에 정치적 망명을 요청하기 위해 왔을 때 혁명 전우로 환영받기를 기대했다. "나는 아름다운 쿠바혁명의 일부분이 되기를 희망했다"고 그는 나중에 썼다.[6] 하지만 쿠바 정부 당국은 그를 바로 감옥에 가두었다. 브렌트는 "나는 혁명을 신뢰하기 때문에 망명을 신청하러 여기 왔습니다"라고 심문자에게 말했다. "우리나라 경찰은 내가 소속된 정치집단에 전면전을 선포했습니다. 우리는 당신들이 바티스타에 저항하여 싸운 것과 같은 방식으로 우리 정부를 상대로 싸우고 있었습니다."[7] 흑표범당 내분의 맥락 속에서 엘드리지 클리버는 쿠바 정부 당국에 브렌트를 미국 첩자라고 말했는데, 브렌트는 나중에야 그 때문에 자신이 쿠바에서 오랫동안 감금되었다는 사실을 알게 되었다. 그럼에도 불구하고 그를 심문한 쿠바 관리가 그의 혁명적 언사에 깊은 인상을 받지 않았다는 점 또한 분명했다. 감옥에서 풀려난 후 그는 미국에서 온 정치적 망명자들과 함께 자신이 사회복귀 시설이라고 부른 곳으로 보내졌다. 그들은 물질적인 면에서는 특혜를 받고 살았지만, 나머지 쿠바 사회로부터 고립되었다. 그는 "정부가 정규 직업 계획에 우리를 포함시키지 않으려고 한 사실"을 나중에야 알았다. "외국인으로서 혁명에 관한 우리의 생각은 모호하고, 순진하고, 낭만적이었다."[8]

엘드리지 클리버의 쿠바 생활에 관해 전해들은 것을 브렌트가 설명한 것 또한 시사적이다. "엘드리지 클리버는 배를 타고 캐나다에서 쿠바로 왔다. 쿠바인들은 그를 받아들여 집과 승용차를 주고 특별 상점에서 쇼핑하도록 했다. 그는 아바나의 가장 훌륭한 음식점, 술집, 나이트클럽에 출입했다. 그의 집은 그를 흑표범당의 고위 인사로 존경하는 젊은 쿠바인들로 언제나 넘쳐 났다. 그는 한동안 여기서 많은 일들을 잘 해냈지만, 아바나에 흑표범당 지부를 조직하기 시작하자 문제가 발생했다."[9]

마크 소여는 쿠바에서 살았던 미국의 다양한 흑인 민족주의자들을 조사하여 혁명이 인종 문제를 다룬 방식에 대한 매우 다양한 반응을 연구했다. "1960~1970년대에 쿠바는 서로 반대되는 다양한 혁명적·문화적 민족주의를 규정하는 데 중심적인 역할을 했다"고 결론짓는다.[10]

미국의 경험이 잘 보여 주듯이 단순히 인종차별이 끝났다고 선언하는 것 자체로는 깊이 뿌리박힌 구조적 불평등을 변혁할 수가 없다. 미국에서는 학교 분리와 다른 형태의 인종차별이 불법화된 지 수십 년이 지난 후에도 사실상의 분리와 다른 형태의 불평등이 계속되었다. 2007년, 아프리카계 미국인 어린이들 가운데 40퍼센트는 흑인이 90퍼센트 내지 100퍼센트인 학교에 다녔다.[11] 그러나 쿠바의 인종 평등 법제화는 거대한 사회경제적 변혁의 맥락에서 나왔다. 그것은 얼마나 성공적이었을까?

쿠바계 미국 역사학자 알레한드로 데 라 푸엔테는 인종 불평등에 관한 혁명의 성공과 실패를 포괄적으로 다루었다. 많은 핵심적인 사회경제적 영역에서 쿠바는 아프리카 혈통 인구가 많은 미국과 브라질 두 나라와 극적인 대조를 보인다. 쿠바에서는 기대수명, 교육 성취, 직업 기회에서 인종 간의 격차가 줄어들거나 없어진 반면에, 미국과 브라질에서는 극복하지 못한 채 남아 있다. 이러한 성취들은 혁명이 보건의료와 교육에 대한 접근을 개선하고 평등화하는 것을 최우선으로 추구한 것과 상관관계가 있다. 그리고 그것은 사회경제적 개혁에서 혁명이 전반적으로 성공한 분야이다.

다른 영역에서 혁명은 사람들의 생활을 개선하는 데에서도, 전래된 인종 격차를 좁히는 데에서도 덜 성공적이었다. 데 라 푸엔테는 특히 주택과 범죄 두 가지를 지적했다. 주택에 관해 그는 쿠바의 주택 공급량이 혁명 후 수십 년 동안 문제 영역으로 남아 있었다고 지적했다. 주택 공급이 만성적으로 부족했을 뿐 아니라 쿠바의 지리학적 또는 거주지별 인구통계 또한 거의 변하지 않았다. "정부가 주택 수요에 부응하는 데 실패함으로써 빈곤 및 주변화와 인종이 결합된 전통적인 거주지 유형이 존속되고 재생산되었다"고 그는 썼다.[12]

주거지 차이는 혁명 이전 유형의 유산이라고 설명할 수 있을지 모르지만, 데 라 푸엔테가 밝힌 두 번째 인종 격차는 복잡할 뿐 아니라 난감하기까지 하다. 미국이나 브라질의 경우와 마찬가지로 쿠바에서도 감옥에 수감되어 있는 흑인들의 비율은 백인들보다 상당히 높다. 데 라 푸엔테는 1987년 연구에서 다소 모호하게 정의된 범주이지만, '사회적 위험성'이라는 특별히 인종적으로 범주화된 범죄의 경우, 입건된 사람들 가운데 78퍼센트가 유색 인종(흑인과 물라토)이었다. '사회적 위험성' 범죄에는 마약 및 알코올 남용과 부랑죄 등이 포함되었다. "반사회적 행위에 대한 그러한 느슨하고 폭넓은 정의는 형법의 특정화된 조항들 아래에서보다 적절한 행동에 대해 인종적인 개념이 보다 더 자의적으로 적용될 수 있는 여지를 만들기에 충분했다"고 데 라 푸엔테는 결론지었다.[13]

흑인들, 특히 젊은 흑인 남성들의 상대적으로 높은 입건율은 혁명 쿠바에서도 미국이나 브라질과 매우 흡사하게 나타나는데, 이는 혁명이 인종 불평등을 제거했다는 주장을 무색하게 하는 것 같다. 데 라 푸엔테는 이 명백한 모순을 두 가지 방식으로 설명한다. 하나는 사회경제적 불평등을 줄인 구조적 변동은 사회적 태도에서 반드시 또는 곧바로 그에 상응하는 변화를 가져오지 않는다는 것이다. 인종에 대해 깊이 뿌리박힌 문화적 신념들은 유아사망률이나 경제적·교육적 기회보다는 변화에 더 저항력이 클 수 있다. 또는 그러한 신념들은 변화를 위해 다른 종류의 방법을 필요로 할지 모른다.

둘째로, 그는 많은 영역에서 흑인들의 경제적 기회의 증가에도 불구하고 거주지 분리라는 역사적 유산은 극복되지 않았다는 점을 지적한다. 그래서 "젊은 흑인들은 여전히 더 가난한 지역에서 성장할 가능성이 백인들보다 상당한 정도로 컸다. 이와 비슷하게 쿠바 범죄학자들이 범죄적 미시 환경이라고 지칭한 곳에서 젊은 흑인들이 사회화될 가능성 또한 상당히 더 컸다."[14]

두 번째 결론은 어떤 면에서는 둘 중에서 좀 더 낙관적이다. 그것은 정부 지출과 적극성이 인종 불평등처럼 확실히 난감한 사회 영역에서조차 근본적 사회변동을 실제로 가져올 수 있다고 암시하기 때문이다. 이에 비해 전자의 가능성, 즉 구조적 변동이 일어날 때조차도 인종 의식이 오래가는 것은 사회변동의 가능성에 희망적인 전망을 덜 갖게 한다. 역사는 우리에게 반대 사례를 많이 제공해 주지 않는다.

다른 학자들, 특히 카를로스 무어와 마크 Q. 소여는 한층 더 비관적인 설명을 한다. 쿠바 망명자 카를로스 무어는 "'흑인 쿠바'의 역경을 조금이라도 건드리는 어떤 것"에 대해서도 피델 카스트로는 "얼음 같은 침묵"을 보였다고 불평했다.[15] 두 저자의 주장에 따르면 국적과 계급에 특권을 부여한 반면, 인종 의식을 경멸하고 인종주의 자체에 직접 맞부딪치는 것을 피하려 한 것이 쿠바혁명의 특징이었으며, 그로 인해 쿠바의 인종적 분열을 흔들 수 있는 가능성을 제한했다. 소여는 쿠바의 인종 이데올로기를 "쿠바의 사회적·경제적·정치적 삶에서 아프리카계 쿠바인들의 지속적인 주변화를 고무하는 포섭적 차별"의 일종이라고 부른다.[16] 초창기 국가 건설 시기 때와 마찬가지로 인종 융합이라는 국가의 주장과 국민 이데올로기 덕분에 권력자들은 흑인들의 조직과 운동 및 그들의 권리 주장을 주변화하거나 금지할 수 있었다는 것이다.

무어가 보기에 분명한 흑인 정치의식과 조직화에 대해 공식적인 반감과 억압이 있었기 때문에 인종 평등을 이루려는 어떤 시도도 다 무력했다. "흑인들 스스로 억압의 내용을 규정하거나 윤리적 해방의 조건들을 정의하는 것은 불가능한 일이었다"고 무어는 쓰고 있다. "카스트로 리더십은 흑인 반체제 인사들이 이 문제를 공개적으로 드러내는 시도에 반대하거나 억압했을 것이다."[17]

데 라 푸엔테와 소여는 "사회적·정치적·경제적 삶의 다른 영역에서 흑인들에게 상당한 기회를 만들어 낸" 국가 프로젝트에 대해 더 큰 신뢰를 보인다.[18] 하지만 그들 역시 이러한 성공에도 불구하고 '특별시기'에는 여러 요소들이 복합적으로 결합하여 인종 불평등이 더 맹렬한 형태로 다시 표면화되었다는 점에 동의한다. 이 문제는 다음 장에서 더 논의하기로 하자.

젠더

쿠바혁명이 젠더 불평등을 극복하기 위해 추진한 것은 인종 불평등에 대한 접근 방법과 비슷한 측면도 있고 다른 측면도 있다. 구조적 개혁은 핵심이었다. 여성들, 특히 가난한 여성들을 위한 경제적 기회가 창출되고, 여성들에게 더 많이 부과되던 가사노동은 상당 부분 사회화되었다. 그러나 혁명 지도부는 또한 성차별주의 신념과 이데올로기를 인종 의식보다 더 문제라고 보았다. 여성들은 공산당의 후원 아래 자신들의 조직인 '쿠바여성연맹'을 형성하도록 고무되었으며, 확실하게 여성으로서 제기되는 문제들을 찾아내어 대처했다.

구조적 변동은 인종의 경우와 마찬가지로 많은 쿠바 여성들의 상황을 상당히 개선했다. 더욱이 지속적이고 공개적인 캠페인들은 여성 차별적인 태도와 젠더 불평등을 겨냥했다. FMC는 CDR 같은 다른 대중조직들과 마찬가지로 실제로 상향식이면서 하향식 조직으로서 이중적인 역할을 수행했다. 한편으로 그것은 여성들이 모여서 조직하여 여성으로서 자신들의 이해관계를 형성하고 압력을 가했다. 다른 한편으로 그것은 정부가 자신의 목표를 달성하기 위해 여성들을 동원하는 수단이 되었다. 정부의 목표가 여성의 목표를 대표하는 한 이중적 역할은 작동했다. 하지만 몇몇 비판자들의 주장에 따르면, "FMC의 주요 과제는 …… 혁명을 수호하는 것이었으며, 그 이해관계는 남성 엘리트가 규정했다. FMC와 쿠바 여성들은 일반적으로 자신들의 삶과 자녀와 가족들의 삶을 지배하는 정책을 결정하는 데 거의 참여하지 않았다. 혁명이 권력을 잡았을 때 쿠바 여성의 생각이나 관점, 경험은 중요하지 않았다."[19]

"FMC는 결코 페미니즘 이데올로기를 받아들이지 않았다"고 미국 페미니스트 마거릿 랜달은 설명한다. "반대로 상층 간부들은 혁명적 지도부 전체와 마찬가지로 낼식빈시화가 우선직이라는 짐을 명획히 했으며, 페미니즘은 수입된 부르주아 개념으로서 궁극적으로는 노동계급을 분열시킬 것이라고 생각했다. …… 선진국에서 온 페미니스트들은 위험하고, 최소한 쿠바 현실에 관한 경험도 없으며, 아마도 국제적으로도 지장을 준다고 생각했다."[20]

혁명정부의 젠더 정책에서 두 가지 핵심 요소는 여성을 노동력으로 편입시킨 것과 남성과 여성 사이의 평등을 규정한 1975년 '가족법'이었다. 가족법은 남성과 여성에게 공적 영역에서뿐 아니라 결혼과 가족 문제에서도 동등한 권리와 책임을 부여했다. 아마도 가장 논란이 되었던 것은 결혼한 양쪽 배우자에게 가족을 부양하는 데 동등하게 기여할 책임과 권리가 있으며, 한쪽 배우자만 고용된 경우에도 이것으로 인해 "가사일과 자녀 양육에서 협조해야 할 의무"가 면제되는 것은 아니라고 가족법이 규정한 것이었다.[21]

1950년대에 여성은 쿠바 노동인구의 13퍼센트였다. 이 여성 노동인구 가운데 4분의 1은 가사노동자들이었으며 그 외 대부분은 교사, 사회복지 노동자나 간호사였다. 1980년에 이르자 여성은 쿠바 노동자의 30퍼센트를 차지했으며, 1990년에는 40퍼센트가 되었다.[22] 이들 중 가사노동자는 아무도 없었다. 가사노동자 범주는 불법화되었기 때문이다. 인류학자 헬렌 사파가 1990년대 초 쿠바 여성 노동자들을 인터뷰했을 때, 90퍼센트가 넘는 사람이 "노동은 그들에게 긍정적인 영향을 미쳤다고 생각했으며, 노동으로 인해 그들은 보다 더 독립적이고 경험 많고 유능하다고 느끼게 되었다"는 점을 발견했다.[23]

보건의료 혁명과 모자 건강에 대한 강조는 여성의 삶을 극적으로 개선했다. 1950년대에 병원에서 이루어진 출산은 절반밖에 되지 않았다. 유아사망률이 1천 명당 60명이었고 산모 사망률이 10만 명당 120명이나 되었기 때문에 임신은 위험한 일이었다. 1990년대에는 99퍼센트가 넘는 출산이 병원에서 이루어졌으며, 유아사망률은 1천 명당 10명으로 줄어들어 한참 부유한 나라인 미국과 같은 수준을 기록했다. 피임과 낙태는 폭넓게 활용할 수 있게 되었다.

여성들의 교육과 노동의 기회(그리고 요구)가 확대됨에 따라 전통적인 가정에서의 역할과 노동 생활 사이의 갈등도 커졌다. 여성들은 오래전부터 자녀 양육, 요리, 집안 정리 등에서 일차적인 책임을 져왔다. 영화 〈테레사의 초상〉에서 주인공의 어머니는 딸이 해야 할 일이 너무 많다고 불평하자 한숨을 짓는다. "여자들은 언제나 여자이고 남자들은 언제나 남자일 거야"라고 자기 딸에게 이른다. "피델조차도 그것은 바꿀 수는 없단다."

하나의 혁명적 해결은 여성들의 전통적인 일을 사회화한 것이었다. 보육은 극적으로 확대되었으며, 저렴한 비용으로 교육과 보건 기능까지도 포함시켰다. 이웃공동체 보육센터는 아침 7시부터 저녁 7시까지 문을 열어 식사와 건강 검진을 제공했다. 그러나 보육 수요가 정부가 공급할 수 있는 능력을 크게 앞질렀다. 1980~1990년대에 쿠바에는 1백만 명이 넘는 여성 노동자들이 있었는데, 보육 시설은 단지 10만개 자리밖에 없었다.[24]

가족들에게 음식을 차리는 일 또한 전통적으로 여성의 역할이었다. 배급제에다가 부족 사태가 계속되었기 때문에 식품을 확보하는 것은 종종 기다란 줄을 서서 기다려야 하는 힘든 일이었다. 영양학자 벤저민과 그 동료들의 설명에 따르면, 쿠바 가족들은 "배급 물품들을 네 곳에서 구입한다. 월례 '식품 바구니'를 파는 식료품 상점(bodega, 보데가), 돼지고기와 닭고기를 파는 정육점(carnicería), 계절 과일과 야채를 파는 야채가게(puesto), 그리고 병 우유를 파는 유제품 상점(lechería)이 그것들이다. 그들은 네 군데 상점에 들러야 할 뿐 아니라 각 상점에서 줄을 서야 하는 경우가 많다. 이것은 1960년대와 1970년대에 심각한 문제여서 여성들은 식품을 사기 위한 줄을 서기 위해 직장을 포기하는 경우가 종종 있었다."[25]

음식에 대한 접근 기회를 평등하게 하고 여성의 부담을 다소 줄이기 위한 노력의 일환으로 직장과 학교에서 하루 중 주요 식사인 점심을 제공하기 시작했다. 또한 정부는 1971년에 '쇼핑백 계획'(Plan Jaba)을 도입했다. 어른들이 모두 직장을 가진 가족들의 경우에 배급 통장에 특별한 도장을 받았는데, 그 도장이 있으면 가족 중 한 사람이 출근할 때 쇼핑백을 두고 갔다가 퇴근할 때 채워진 것을 들고 오면 되었기 때문에 긴 줄을 설 필요가 없었다.

1990년대의 경제위기는 인종의 경우와 마찬가지로 혁명이 극복하려고 그처럼 힘들게 노력했던, 혁명 이전의 젠더 불평등을 어느 정도 다시 만들어 냈다(7장 참조).

섹슈얼리티

혁명은 인종과 젠더 불평등을 제거하기 위해 일찍부터 분명하게 헌신했다. 하지만 성적 지향의 영역에서는 그러한 노력이 없었다. 반대로 혁명 처음 10년간은 (이성) 핵가족을 사회의 본질적인 단위라고 명확하게 규정함으로써 이성애가 아닌 행위나 관계는 확실하게 금지했다.

라틴아메리카에서 섹슈얼리티와 성적 지향에 관한 수많은 연구들이 보여 주는 바와 같이, 현재 미국과 유럽에서 공통적인 '이성애'와 '동성애' 사이의 이분법은 문화적 구성물이다. 미국과 유럽이 아닌 문화적·역사적 맥락에서는 다른 범주와 구별하는 게 지배적이다. 동성 간의 성행위는 모든 시대와 모든 장소에서 존재해 온 반면에, 개인들이 동성 또는 이성에 대해 '성적 지향'을 가진다는 생각은 문화적·역사적으로 특정한 것이다. 유럽과 미국에서 그러한 구별이 19기 말에 시작되었다. 이 시기 이전에는 동성 간에 성행위가 있다는 사실이 널리 인식되었지만, 그것을 하나의 정체성 또는 성적 지향을 이루는 것으로 간주하지 않았다. 사실 그러한 성적 지향을 구별하여 인식한 것은 그것을 질병으로 보는 본 데서 비롯되었다.[26]

이언 럼스덴이 《마초, 마리콘 그리고 게이: 쿠바와 동성애》에서 설명하는 바에 따르면, 혁명 이전의 쿠바에서 '마초'(macho)와 '마리콘'(maricón)이라는 범주는 전통적이고 판에 박힌 남성 또는 '마초' 형태의 공공연한 행동(성행위를 포함하여)을 구별하여 남자들을 인식한 데 나온 것이지, 섹스 파트너를 선택하는 문제가 아니었다. 한 남자가 '마초'이면서 동시에 파트너와의 관계에서 지배적이거나 적극적인 역할을 하는 한, 다른 남자와 성관계를 가질 수 있었다. '마리콘'은 일반적으로 경멸적인 용어로서 "행동거지가 여성적이며 판에 박힌 남성다움에서 벗어난 남자"를 가리킨다.[27] 마리콘으로 간주되는 사람들에 대한 낙인과 편견은 아마도 미국에서 동성애자들에 대한 낙인과 비교될 만한 것이었다. 그러나 이러한 편견은 정확히 '동성애 혐오증'으로 표현될 수는 없었다. 왜냐하면 다른 동성에 대해 성적 지향을 가진 사람을 의미하는 '동성애자'는 쿠바의 맥락에서는 의미 있는 범주가 아니었기 때문이다.

로저 랭카스터는 이와 비교될 만한 믿음 내지 사고방식을 니카라과에서 찾아내어 기술하고 있는데, 거기에서는 '코촌'(cochón)이라는 용어가 쿠바의 '마리콘'과 아주 유사하게 쓰인다. "그 용어는 우리의 동성애 개념과 어느 정도 겹치면서도 확실히 동일하지 않은 일련의 성적 행위를 구분하고 한정한다. 그 용어는 특정한 맥락에서, 오직 어떤 특정한 행위들만을 가리킨다. 우리가 동성애라고 묘사할 수 있는 어떤 행동들은 낙인도 찍히지 않고 어떤 특별한 종류의 개념도 수반하지 않는다."[28]

이러한 전통적인 사고방식과 범주는 쿠바의 에스파냐 및 아프리카 유산(그리고 아마도 증거가 다소 분명하지 않지만 토착적인 유산)에서 나왔다. 19세기와 20세기에 쿠바는 또한 미국에서 온 사람들과 제도들이 증가함에 따라 영향을 받았다. 많은 학자들이 주장하듯이 제국주의는 내재적으로 젠더화되고 성적으로 구분되어 있다. 에드워드 사이드는 오리엔탈리즘(18세기와 19세기에 유럽인들이 '동양'으로 정의한 연구)은 유럽 제국주의 노력의 일부분이라는 통찰력 있는 분석을 내놓았다. 동양은 근본적으로 타자로서, 유럽의 침입을 기다리는 수동적이고 여성화된 존재로 기술되었다. 나중의 저자들은 이러한 생각에 기초하여 글을 써 그러한 생각을 세계의 다른 지역으로 확장했다.

쿠바의 경우에는 정복이라는 남성적인 개념이 처음부터 미국과 쿠바의 관계를 규정했다. 더욱이 20세기 중반에는 쿠바가 관광과 환락, 그리고 죄를 짓는 장소였기 때문에 매우 성적으로 나타났다. 이언 레커스가 주장한 바와 같이, "혁명정부가 이러한 [성적으로 나타난] 식민지적 경제의 제거에 우선순위"를 둔 것은 이상한 일이 아니었다. "과거에 미국과의 관계가 특히 성적으로 되어 있었기 때문에, 혁명이 양키 지배를 거부하는 상징으로서 성의 개혁은 더 없이 중요한 일이었다."[29]

하지만 성의 개혁은 게이(gay) 권리에 관한 사상을 포함하지 않았다. 쿠바와 미국의 밀접한 관계가 깨진 바로 그때 미국에서 시작된 1960~1970년대의 게이 권리 운동은 편견과 배제의 규범에 도전했으며, 사실상 새로운 방식으로 게이 정체성을 정의했다. 한편, 쿠바혁명 첫 몇 십 년 동안 쿠바 자체의 혁명적 마초주의뿐 아니라 공산주의 이데올로기와 소련의 성과학에 의해 형성된 새로운 요소들이 성적 관행을 따르지 않는 사람들에 대한 공식적·비공식적 억압에 기여했다.

동성애에 대한 억압은 혁명 후 첫 10년 동안 최고조에 달했다. 미국의 끊임없는 위협과 경제 재건이라는 중대한 과제로 인해 혁명의 전쟁터 사고방식이 강화되었다. 1963년, 정부는 16세 이상 45세 이하 남자들의 군대 징집을 제도화했다. 징집은 또한 잠재적으로 반체제적이거나 군복무에 적절하지 않다고 정부 당국이 생각하는 사람들을 분리하는 수단이 되었다. 1965년에는 군복무에 적절하지 않다고 확인된 사람들을 새로이 설립된 '생산지원부대'(UMAP, 집단수용소나 감옥 노역시설과 재활 프로그램의 중간쯤 되는 곳)에 보냈다.

동성애자라고 공개적으로 밝혀진 남자들은 정확하게 그러한 범주에 들었다. "동성애자가 혁명 이데올로기를 공언하고 올바른 정치적 입장을 표현하는 것을 가로막는 것은 아무것도 없다"고 피델 카스트로는 1965년에 리 록우드에게 말했다. 그는 계속해서 말했다. "그러나 진정한 혁명가, 진정한 공산주의 투사라는 믿음을 우리에게 주는 그런 행동에 필요한 조건과 요구 사항을 동성애자가 갖출 수 있다고 우리는 결코 생각하지 않을 것이다. 그러한 자연으로부터의 일탈은 전투적 공산주의자에 대한 우리의 개념과 충돌한다."[30]

재활 프로그램은 쿠바혁명에 새로운 것이 아니었다. 심지어 '문자해득 운동'조차 그 구상은 일종의 재활이었다. 1960년에 시작된 '농촌 여성을 위한 아나 베탄쿠르트 학교'(정신과 의사 엘사 구티에레스가 책임을 맡았다)는 1년간 직업 훈련은 물론 정치교육, 문화 활동 및 보건의료를 위해 10만 명에 가까운 여성을 농촌 지역에서 아바나로 데려왔다. 그들이 집으로 돌아왔을 때 가족들은 "젊은 여성들이 변화되어 건강해지고, 치아가 좋아지고, 이질이 치료된 것을 보았다. 자신의 작은 마을로 돌아온 아니타들(아나의 애칭)은 지역에서 바느질 및 재봉 프로그램을 만드는 것을 도왔다. 어떤 이들은 FMC의 대의원이 되었다. 빌마 에스핀은 나중에 그 아니타들이 '농촌 지역에서 최초의 정치 지도자들'이 된 것을 보았다."[31] 가사노동자들 또한 집안일에서 벗어날 기회를 얻고 학교에 갈 수 있게 되었다. 가사 서비스는 혁명이 뒤집으려고 한, 쿠바의 견고한 사회적 불평등의 핵심 가운데 하나였다. 매춘부들 또한 매매춘이 1961년에 불법화되었을 때 재활과 학교를 제공받아 새로운 사회에서 생산적인 활동에 참여할 기회를 얻었다.

UMAP는 군복무에 부적절하다고 생각되는 사람들을 '재활'시키기 위해 1965년에 설립되었다. "1965년부터 1967년 사이에 UMAP는 이웃 공동체나 CDR이 고발한 비행자들을 가두는 자루가 되었다. 이 군사시설은 공식적인 규정에 따른 적절한 행동을 하지 않는 경우 어떤 사람이든 수용했다. UMAP는 부랑자와 반혁명 분자, 동성애자, 비행 청소년, 그리고 가톨릭, 침례교, 여호와의 증인을 포함하는 종교 신도 등 이른바 일탈자들로 잡혀 온 사람들이 수용되었다."[32]

국내에서도 국제적으로도 혁명을 지지하는 다수가 포함된 많은 사람들이 UMAP에 저항함에 따라 결국 UMAP는 1967년과 1969년 사이에 없어졌다. 하지만 그러한 저항들 가운데 많은 부분은 게이 권리에 대한 긍정적인 관점에 기초한 것이 아니라 그 시설의 잔인성과 야만성에 대한 것이었다.

동성애는 하나의 정신질환으로서 성인 동성애자와의 접촉으로 야기될 수 있다는 (그리고 거꾸로 적절하게 남성적인 어른들과의 접촉으로 '치료'될 수 있다는) 생각은 1970년대까지 계속된 쿠바 동성애 정책의 특징이었다. 물론 이러한 생각은 쿠바에만 존재한 것은 아니다. 미국에서도 교실에서 동성애자 교사들에 관한 논쟁이 끝나지 않았다.

게이 정체성과 게이 해방에 관한 미국식 생각이 쿠바에서 뿌리를 내리기 시작한 것은 1980년대였다. 그때는 마침 서구와 소련의 과학적 사고가 동성애를 범죄시하고 낙인을 찍는 데서 후퇴한 시기였다. 국제적인 경향에 보조를 맞추어 쿠바에서는 1979년에 비록 동성애의 '공공연한 과시 행위'를 금지하는 법률이 법전에 남았지만, 동성애 행위 자체는 기소 대상에서 제외되었다. 게이 정체성은 오늘날 쿠바에서 계속 진화하고 있으며, 특히 도시 지역에서는 과거보다 미국과 유럽 게이 운동과 훨씬 더 많이 연관되어 있다.

토마스 구티에레스 알레아의 1994년 영화 〈딸기와 초콜릿〉은 '특별 시기'에 나온 정치·사회적 개방의 전형으로 간주될 수 있다. 그 영화는 1979년을 배경으로 하여(이 시기는 UMAP가 폐쇄된 후였지만, 바로 '잿빛 5년간', 즉 정치적·지적 논쟁의 공간이 아마도 최악이었던 1970년대 5년간의 시기 마지막 해였다) 혁명의 어떤 정통성에도 동조하기를 거부하면서도 혁명을 지지하는 디에고와 청년공산주의자동맹원 다비드 사이의 다소 비현실적인 우정을 그리고 있다. 디에고는 거의 모든 영역에서 혁명의 강경 노선에서 벗어나 있다. 그는 종교 신자이고 책을 좋아하고 자유로운 사상을 가진 예술가이다. 공공연한 동성애자이며, 자원봉사를 비롯한 혁명적 활동에 동원되는 것을 거부한다. 디에고가 아바나 시내에 있는 인기 있는 코펠리아 아이스크림 가게에 다비드를 데리고 가서 당시에는 금지되어 있던 페루 작가 마리오 바르가스 요사의 책을 건네자, 다비드는 화가 나면서도 호기심이 생기고 미심쩍어 한다. 시간이 흐르면서 다비드는 혁명은 실수만 하는 것은 아니며, 더 큰 개방을 밀어붙이는 것도 바로 진정한 혁명가 자신들에게 달려 있다고 디에고를 설득하려고 애쓴다. 그 과정에 그의 생각은 영화의 시작 부분에서 옹호하던 순진한 혁명적 용어 너머로 확장된다. 그 영화는 당시에 허용되는 사상과 행동의 협소함에 대한 비판이 분명했기 때문에 1994년 쿠바에서 개봉되었을 때 엄청난 관객과 논쟁을 끌어냈다.

일부 외국 분석가들은 그 영화가 정직하지 못하다고 비판했다. 1979

년을 배경으로 설정했기 때문에 그 영화는 동성애에 대한 억압과 차별은 과거의 일이었다고 암시하면서, 동성애에 대한 가장 큰 억압이 있었던 1960년대를 직접 언급하는 것을 회피했다고 그들은 주장한다. 그러나 다른 사람들은 그 영화가 섹슈얼리티뿐 아니라 문학, 예술, 그리고 디에고라는 인물이 표상한 사상과 행동의 자유에 대한 혁명적 독단을 비판하는 포문을 여는 데 지대한 기여를 했다고 보았다. 쿠바 관료제의 폐쇄적인 성격은 디에고에게 망명을 강요했다고 그 영화는 분명하게 보여 준다. "우리는 너 같은 공산주의자가 더 많이 필요해"라고 디에고는 다비드에게 비꼬는 투로 말한다.

위에서 언급한 거의 모든 자료들은 쿠바의 동성애 연구 대부분과 마찬가지로 남성에 초점을 맞추고 있다. 레즈비언은 연구가 부진하고 거의 눈에 띄지 않는 경우가 많다. 몇몇 다큐멘터리와 소설, 학술 연구들이 쿠바에서 레즈비언의 역사와 삶을 다루기 시작했는데, 거기에는 손하 데 브리에스의 다큐멘터리 영화 〈게이 쿠바〉(Gay Cuba)(1995)와 이민자 소설가 소에 발데스의 《첫사랑에게》(Dear First Love)가 포함된다.[33]

쿠바 정부 당국과 보통 쿠바인들 다수는 미국의 게이 및 레즈비언 운동과 블랙파워 운동에 대해 반응하는 방식에서 아마도 어떤 면에서 유사성이 있을 것이다. 쿠바 혁명가들은 북아메리카인들이 쿠바의 현실에 대해 그들 자신의 가치와 분석 잣대를 들이대는 것에 분개하며, 특히 혁명에 대한 비판이 혁명을 파괴하려고 하는 제국주의적 프로젝트에 의해 조장되거나 또는 최소한 제국주의자들의 손에 놀아나고 있다고 의심스러워한다. 민족해방에 대한 그들의 전망은 미국식 정체성 정치를 포함하지 않았다. 동시에 혁명의 이상과 국민 통일의 개념은 쿠바의 일부 현실과 다양성을 배제하거나 무시했다.

종교

종교의 다양성 또한 쿠바 역사의 특징이었다. 가톨릭교회는 쿠바 식민지 역사에 깊이 뿌리내렸지만, 언제나 양면적인 역할을 해왔다. 가톨릭 자체는 아메리카에서 5백 년 넘게 매우 다양한 정치적·사회적 입장들을 포괄하기에 충분히 폭이 넓었다. 어떤 가톨릭 신학자들은 에스파냐의 인종적 우월성과 식민지 지배를 옹호한 반면, 거기에 도전하는 신학자들도 있었다. 가톨릭 전도사들은 아프리카인들과 원주민들의 노예화를 옹호하고 거기에 참여하기도 했지만, 노예제에 저항하여 투쟁한 전도사들도 있었다. 20세기에는 라틴아메리카 주교들이 '해방신학'을 정교하게 만들어 "가난한 사람들에게 우선권"을 주고, 마르크스주의 혁명운동을 포함하여 가난한 사람들의 해방운동을 위해 함께 투쟁하라며 교회에 도전했다. 콜롬비아의 카밀로 토레스 같은 사제들은 20세기 말 혁명에서 무기를 들고 싸우다가 죽었다. 엘살바도르의 오스카르 로메로 대주교는 우익 암살단에게 살해당했다. 로메로가 살해된 것은 군인들에게 자기 양심과 충돌하는 명령을 거부하라고 호소한 후였다.

가톨릭이 쿠바에서 유일한 종교 전통은 아니었다. 이전에 존재하던 토착 종교들은 쿠바에서 정신적 신념과 종교 생활이 진화한 방식에 흔적을 남겼다. 19세기 말, 인류학자 호세 바레이로는 의료, 장례, 춤, 농사 주기, 그리고 기타 관습들에 관한 타이노(Taíno)의 종교적 신념이 쿠바 동부의 몇몇 지역에 살아 있다는 사실을 발견하기도 했다.[34]

16세기에서 19세기까지 쿠바에 강제로 끌려온 상이한 아프리카 사람들은 자신의 고유한 종교 전통을 갖고 왔다. 그리하여 그러한 종교들은 특히 노예무역이 절정에 달했던 19세기에 쿠바에서 변형되어 재창조되었다. 산테리아(Santería), 팔로 몬토(Palo Monto), 아부쿠아(Abukuá)는 각각 가장 많은 수의 노예들이 쿠바로 들어온 요루바(나이지리아 남서부), 콩고, 이그보/칼라바르(나이지리아 남동부) 지역에서 온 쿠바의 아프리카인들 사이에서 성장한 세 가지 종교 전통들이다.[35] 이러한 종교들은 노예제 상황에서 종종 비밀리에 융성하고 진화했다. 산테리아는 특히 자신의 우주론에 가톨릭 성자들을 수용했으며, 거꾸로 인기 있었던 가톨릭에 침투하기도 했다.

19세기 중반에 사탕수수 플랜테이션에 계약 노동자로 온 10만여 명의 중국인, 19세기 말과 20세기 초의 무슬림 아랍 이민자들, 그리고 같은 시기에 유럽에서 온 유대인 이민자들의 물결은 쿠바의 종교 다양성을 한층 더 확장시켰다. 또한 1898년 미국이 점령한 후에는 개신교 선교사들이 쿠바로 몰려들어 교회, 학교 및 신학대학을 세웠다.[36]

피델 카스트로는 예수회 학교에서 교육받았으며, 혁명 지도자 프랑크 파이스는 침례교 목사의 아들이자 그 자신이 침례교 학교의 교사였다. 그러나 초기 혁명 정책은 몇 가지 이유로, 조직된 종교에 대한 의심을 반영하고 있었다. 쿠바 가톨릭 사제들 다수는 외국인(에스파냐인)이었고 보수적이었다. 그들의 교회와 학교는 엘리트들을 위해 봉사했다. 정부가 모든 사람들의 평등한 교육을 위해 사립학교를 폐지했을 때, 가톨릭과 개신교 학교들도 폐쇄되었다.[37] 많은 에스파냐 사제들은 반혁명 활동을 지원한다고 고발되어 추방되었다. 카스트로가 스스로 마르크스주의자이며 혁명은 공산주의 혁명이라고 선언한 후에 종교 활동은 공식적으로 백안시되었다. 1976년 헌법은 쿠바는 무신론 국가라고 선언했으며, 공산당은 종교 신자를 당원으로 받아들이지 않았다. 하지만 동시에 헌법은 "양심의 자유와 모든 사람들이 어떠한 종교적 신념도 공언할 수 있는 권리"를 보장했다.[38]

아프리카계 쿠바 종교들은 덜 제도화되어 있었기 때문에 정부의 규제에 영향을 덜 받았다. 그것들은 역사적으로 억압받는 사람들과 식민지 억압에 대한 투쟁과 연관되어 있었으며, 혁명정부의 이데올로기 및 정책과도 완전히는 아니지만 쉽게 부합할 수 있었다.[39]

쿠바의 개신교는 역사적으로 미국의 쿠바 개입과 연결되어 있었다. 교회 지도자의 대부분은 미국에서 왔으며 목회도 영어로 진행하는 경우가 많았다. 그러나 그것 또한 혼합된 유산을 갖고 있었다. 미국의 개신교는 19세기의 노예폐지 운동이나 20세기의 시민권 운동과 연관되어 있었기 때문에, 혁명적 사상의 공간을 포용하고 있었다. 미국과 카리브 지역 영어권의 흑인 개신교는 아프리카 문화 형식과 융합되었으며, 쿠바에서 중요한 반향을 얻은 방식으로 흑인해방과 연결되었다. 쿠바의 서인도제도 이민 노동자들은 종종 아프리카식으로 변형된 자신들만의 개신교를 들여왔다.

미국 및 쿠바 개신교 목사들 대부분 1960년대 초에 마이애미로 떠났다. 하지만 쿠바 개신교 목사들, 특히 '동부 침례교파'의 일부 목사들은 자신들의 종교가 혁명과 갈등하지 않는다고 보았다. 쿠바 동부의 젊은 침례교 목사 라울 수아레스는 1961년, 망명자들의 피그 만 침입에 맞서 방어전에 참여했다. 그는 자신이 공부했던 아바나 침례교신학대학의 부총장 자리에 올랐으며, 1971년에는 아바나의 매우 아프리카적인 이웃공동체 마리아나오의 에베네세르 침례교회(애틀랜타의 마틴 루터 킹 2세 목사의 신자들 이름을 땄다) 목사가 되었다. 1980년대에 그는 쿠바 세계교회회의 사무총장이 되었다.[40]

1984년, 쿠바교회협의회(CCC)는 제시 잭슨을 비롯한 아프리카계 미국 종교 지도자 대표단을 쿠바에 초청했다. 잭슨 일행은 피델 카스트로를 만나 수십 명의 정치범들 석방을 협상하는 데 성공했다. 1987년에 CCC는 라울 수아레스의 지도 아래 아바나에 마틴 루터 킹 2세 기념관을 세웠다.

'해방신학'은 로마에서 나와 1960년대 말과 1970년대 초에 멕시코 푸에블라와 콜롬비아 메델린의 라틴아메리카 주교들의 회합 이후 널리 퍼졌는데, 쿠바의 가톨릭교회는 그러한 '해방신학'의 물결에서는 다소 고립되어 있었다. 그러나 1980년대에 주로 니카라과와 엘살바도르의 중앙아메리카 혁명을 통해 그러한 바람이 쿠바에 불기 시작했다. 1986년 브라질 해방신학자 프라이 베토는 카스트로와 나눈 긴 인터뷰 《피델과 종교》를 출판했는데, 거기에서 카스트로는 마르크스주의와 기독교 사상 사이의 일치를 강조했다. '특별시기'는 다른 영역과 마찬가지로 종교에도 다소 의미 있는 개방을 가져왔는데, 이 주제에 대해서는 다음 장에서 좀 더 살펴보기로 한다.

8

'특별시기'의
일국 사회주의

쿠바 경제는 소비에트 블록의 무역과 원조를 상실함으로써
1989년 이후 갑작스럽게 나락으로 떨어졌다.
새로운 정책은 고통스럽고 모순적이겠지만, 소련 경제원조의 상실을 보상하고,
경제를 재건하는 동시에 혁명의 상표가 된 사회서비스를 유지하는 것이 유일한 길이었다.

소비에트 블록이 붕괴됨에 따라 30년 동안 쿠바 경제를 지탱하던 무역 및 원조 관계가 사라짐으로써 상황이 급변했다. 새로운 국제 환경에서 생존하기 위해 쿠바 정부는 외국에 투자를 개방하고, 일부 민간 기업을 허용하고, 송금을 수월하게 하고, 관광을 촉진하는 등 극적인 경제개혁을 추진했다. 그럼에도 정부는 특히 의료와 교육 체계 같은 혁명의 핵심적인 성과물을 지키려는 노력은 유지했다. '특별시기' 동안에 성년이 된 세대는 혁명의 성취에 덜 감동하고 그 모순에 더 냉소적인 경향이 있다. 사회적 불평등이 증가했으며, 매매춘이나 구걸처럼 빈곤과 연관된 혁명 이전의 현상들이 다시 나타났다. 미국과, 특히 미국에 있는 나이든 세대는 여전히 피델 카스트로에 사로잡혀 있었지만, 2006년에 피델이 심각한 병에 걸렸어도 혁명의 전복으로 이어지지 않았으며 오히려 권력은 동생 라울에게 순조롭게 이양되었다.

속사포 같은 개혁, 1993~1995년

1995년 1월, 내가 처음 쿠바에 갔을 때 경제는 모순으로 가득했다. 새로 생긴 농민시장은 풍부하고 신선한 생산물을 공급했지만, 대부분의 쿠바인들은 그것을 살 수 없었다. 또 아파트를 외국인들에게 임대하는 것은 불법이었지만 모든 사람들이 빌려주고 있었다. 쿠바인들은 많은 보조금이 붙는 가격으로 식료품과 기타 필수품을 살 수 있는 배급표를 갖고 있었지만 그 배급표가 보장하는 물품들을 구할 수 없는 경우도 많았다. 달러상점은 사치품들(그리고 식용유나 화장지 등 사람들이 대부분 필수품이라고 생각하는 상품들)을 외국인이나 달러를 만질 수 있는 소수의 운 좋은 쿠바인들에게 팔았다(사진 13). 불과 한 해 전만 하더라도 쿠바인들은 달러를 소지하면 체포될 수도 있었다. 소련의 무역과 원조를 잃은 다음, 쿠바에 자본주의가 몰려오고 있었던 것일까?

달러상점은 자본주의 사회의 슈퍼마켓과 언뜻 비슷하게 보였다. 하지만 단지 조금이었다. 어떤 진열대는 단일한 품목의 한 가지 상표가 긴 줄을 이루고 있었다. 거기에 경쟁이나 광고는 없었다. 모든 달러상점은 국가 소유였다. "[외국] 경화의 획득"(Captación de divisas)이라고 쓴 커다란 간판이 그 목표를 장려했다. 달러상점은 국가와 사회주의 체제에 경화를 공급하는 좀 더 큰 프로젝트의 일부였다.

이렇게 정부가 운영하는 상점들은 1990년대에 쿠바가 자본주의에 잠정적이고 부분적으로 개방한 모순을 상징적으로 보여 주었다. 달러상점들은 사치품과 함께 페소 경제에서는 구할 수 없는 필수품도 팔았다. 상점에서 나오는 이윤은 모두의 이익을 위한 국가 서비스 재원으로 사용하도록 되어 있었지만, 그로 인해 정부는 평등을 보조하기 위해 불평등을 조장하는 역설적인 위치에 놓이게 되었다.

관광과 외국 투자, 민간 기업 같은 부문들에서도 마찬가지 현상이 나타났다. 정부는 이러한 활동들을 허용하고 규제하여 가격 인상, 수수료와 조세 등의 형태로 이윤의 일부를 거두어들임으로써 국가의 강력

사진 13 카마구에이 시 중심가의 달러상점(2014년).

한 사회 안전망을 유지할 수 있으리라고 기대했다.[1] 그러나 이 모든 계획들은 물질주의와 소비주의, 불평등을 함께 불러왔다.

경제의 달러화(dollarization)로 이제 해외의 쿠바인들은 쿠바에 있는 친척들에게 돈을 보낼 수 있었으며, 쿠바는 송금에 크게 의존하는 가난한 나라의 대열에 합류하게 되었다. 세계 전체적으로 해마다 부유한 나라에서 가난한 나라로 송금되는 (2000년의 경우) 200억 달러는 외국 원조나 투자보다 더 크며, 많은 가난한 나라에게는 송금이 가장 큰 외화 수입원이다.[2]

1993년 여름에 시행된 달러 합법화는 자본과 자본주의가 쿠바로 들어오게 한 일련의 경제개혁 또는 개방의 시작일 뿐이었다. 1990년대 쿠바의 경제개혁은 여러 면에서 다른 제3세계 나라들이 새로운 대출의 조건으로 세계은행(WB)과 국제통화기금(IMF)의 보호 아래에서 수립한 구조조정 프로그램(SAP)과 닮았다. 정부 지출과 서비스는 줄어들고 몇몇 국가 산업들은 민간 부문에 개방되었다. 어떤 면에서 쿠바의 개혁은 더 혹독했는데, 왜냐하면 그것은 개혁의 충격을 완회할 수 있는 국제 대출이 없는 가운데 수행되었기 때문이다. 쿠바 사회학자 아롤도 디야는 "쿠바인들은 이제 상징적으로뿐만 아니라 실제로 라틴아메리카인들의 불쾌함과 즐거움을 동시에 경험하기 시작하고 있다"고 비꼬는 투로 썼다.[3]

1993년 9월, 국영농장은 협동조합(UBPC$_s$)으로 전환되었다. 1996년에는 국영 농장 비율이 82퍼센트에서 24.5퍼센트로 떨어졌다.[4] 경제의 의사 결정은 탈집중화되었다. 1994년 10월에는 생산자들이 대중에게 직접 판매하는 농민시장이 다시 개설되었다(사진 14). (첫 농민시장 실험은 1980~1985년에 있었는데 '교정 시기' 동안 폐쇄되었다.)

잇따른 개혁으로 쿠바는 외국 투자와 합작회사에 개방되어 쿠바인들은 외국 기업체에서 일할 수 있게 되었으며, 관광이 촉진되고 몇 가지 형태의 자영업이 합법화되었다. 외국 제조업자들을 끌어들이기 위해 자유무역지대가 만들어진 가운데, 외국 기업 또는 합작 기업은 광산(니켈), 에너지(석유와 가스), 관광 부문에 특히 많았다. 생산자가 대중에게 직접 판매할 수 있는 장인시장도 개설되었다. 벤저민 등이 1980년대 초에 확인한 '자본주의의 질주'가 급류를 이루었다. 2000년에는 쿠바 노동자의 20퍼센트가 자영업이나 외국기업 등 비국가 부문에 고용되어 있었다.[5] 자영업자는 새로운 정책이 일부 업종에 대해 고삐를 죄기 시작하기까지 증가하여 1999년에는 156,000명으로 최고조에 달했다.[6]

사진 14 시에고데아빌라 도 모론 시의 농민시장(2014년).

외환 획득 운동의 일환으로 쿠바 정부는 이민자들의 방문을 장려하기 시작했다. 정부는 쿠바계 미국인들에 대한 비자 제한을 완화했으며, 처음으로 그들에게 호텔이 아니라 친척들과 함께 지낼 수 있도록 허용했다. 1990년에 고작 7천 명이던 귀환 방문자 수가 1994년에서 2001년 사이에는 연간 8만 명으로 치솟았다.[7]

정부는 1993년에서 1995년 사이의 속사포 같은 경제적 변화와 그것이 낳은 분명한 모순에 대해 기본적인 근거를 제시했다. 쿠바 경제는 소비에트 블록의 무역과 원조를 상실함으로써 1989년 이후 갑작스럽게 나락으로 떨어졌다. 수십 년 동안 쿠바는 원조와 무역, 특히 소비에트 블록과의 '공정무역'(fair trade)으로 유지되고 완충되어 왔다. 소련은 쿠바의 설탕에 대해 '시장' 가격을 지불한 것이 아니라 쿠바 설탕의 생산비를 실제로 반영하는 가격을 지불했다. 사탕무와 옥수수 시럽이 저가의 대체물이 됨에 따라 시장 가격이 가파르게 하락했다. 그리고 쿠바 경제는 이렇게 번 돈으로 산 수입품들(특히 연료)에 전적으로 의존했다. 이제 그 체계가 붕괴되었다. 새로운 정책은 고통스럽고 모순적이겠지만, 소련 경제원조의 상실을 보상하고, 경제를 재건하는 동시에 혁명의 상표가 된 사회서비스를 유지하는 게 유일한 길이었다.

시장 개혁과 사회적 충격

개혁은 경제성장을 가져오는 데는 성공했지만, 다른 한편으로 불평등을 초래했다. 경제에 대한 정부 통제는 대단히 평등한 부의 분배를 가능하게 했었다. 1989년 이전 쿠바의 봉급 분포는 가장 적게 받는 노동자가 한 달에 80~90페소, 정부 고위 관리가 한 달에 450~500페소로, 그 비율은 약 5 대 1이었다. 이제 달러와 사적 경제에 접근할 수 있는 사람들과, 계속 국가 봉급에만 의지하여 버텨야 하는 사람들 사이의 격차가 천문학적으로 커졌다. 한 경제학자는 그 비율이 1995년에는 829 대 1, 2001년에는 12,500 대 1이라고 추정했다.[8]

쿠바인들의 농담은 경제적 왜곡을 반영하고 있었다. 한 여성이 유명한 뇌 전문 외과의사인 남편을 정신병동으로 보냈다. "남편은 환각상태예요! 그는 택시 운전사 일자리를 얻어 우리가 부자가 되었다고 생각해요!" 2000년에는 쿠바 인구의 약 절반이 송금, 고용, 자영업 등을 통해 달러를 손에 넣을 수 있었다.[9]

세계경제의 불평등으로 인해 제3세계의 숙련되고 고등교육을 받은

고급 노동자들이 더 큰 기회와 매력적인 생활양식을 누릴 수 있는 제1
세계로 떠나는 '두뇌 유출' 현상이 일반화되었다. 쿠바에서 '특별시기'
는 한 분석가가 '국내 두뇌 유출'이라고 부른 현상을 초래했다.[10] 국가
부문의 고도로 훈련받은 노동자들이 벌이가 많은 비숙련 노동을 위해
숙련직 일자리를 떠났다. 교육 자체는 덜 중요하게 되었다. 정부는 좋은
자격증을 가지고 대학을 졸업한 젊은이들에게조차 더 이상 고용을 보
장할 수 없게 되었다. 1990년대 이전에는 대학을 졸업한 거의 모든 사
람들이 자신들의 학위로 일자리를 배치 받았다. 2001년에는 단지 72
퍼센트만이 일자리를 얻었다.[11] 의욕을 꺾는 또 다른 문제는 전문직 일
자리가 더 이상 물질적 안정을 보장하지 않는다는 점이었다. 농담 속의
뇌 전문 외과의사처럼 교육 수준이 높은 많은 쿠바인들이 전문직을 포
기하고 달러를 벌기 위해 일하거나, 달러를 벌어 전문직 수입을 보충했
다. 정부는 몇몇 직종의 전문직들(예컨대 의사들)은 사적 경제에서 일하
는 것을 금지하는 규제를 통해 두뇌 유출을 막으려고 시도했다. 그러나
이러한 정책은 이번에는 교육을 받으려고 하는 야심 있는 젊은이들의
의욕을 꺾었다. 이전에는 고등교육이 더 큰 기회를 가져다주는 것으로
전제되었지만, 지금은 더 많은 교육은 젊은이의 기회를 제한하는 것처
럼 보이게 되었다. 대학 졸업자를 위한 일자리 부족에 따라 대학 정원
이 줄어들면서 고등교육의 기회 역시 줄어들었다. 1980년에는 학령인
구의 17퍼센트가 고등교육을 받기 위해 진학했으며, 1990년에는 그 수
치가 21퍼센트였다. 1997년에는 단지 12퍼센트만 진학했다. "라틴아메
리카에서 가장 교육 수준이 높은 인구를 가진 나라가 '탈숙련화'되었
을 뿐 아니라 '탈학교화'되었다"고 수전 엑스타인은 결론지었다. 몇 천

명의 학령기 아동들(5~11세)이 구걸을 하거나 관광객들에게 소소한 물건이나 서비스를 제공하면서 아바나 구도심 지역에서 "일했다."[12]

마이애미 쿠바인들이 쿠바에 있는 친척들에게 보내 준 돈은 또 다른 모순을 만들어 냈다. 전반적으로 마이애미 쿠바인들은 혁명 이전 쿠바 사회에서 더 부유한 사람들이었고 백인이 많았다. 비록 마이애미 쿠바 공동체는 1980년 마리엘 해상 수송 이래로 다양해지기는 했지만, 먼저 온 백인들이 여전히 경제적으로 형편이 좋았다. 그들은 또한 정치적으로 반혁명적인 성향이 더 강했다. 쿠바에 있는 그들의 친척들은 오랫동안 이전의 엘리트들이나 마이애미 망명 공동체와의 특별한 관계를 대단치 않게 여기다가, 갑자기 이러한 오랜 관계가 불리한 것이 아니라 이점이 된다는 사실을 알게 되었다.

1990년대의 쿠바인들은 그들이 '삼중의 봉쇄'라고 부른 것에 관해 말했다. 첫째는 미국의 통상금지령으로서 1960년대 초에 시작되어 1990년대 경제위기 때에는 1992년의 토리첼리 법과 1996년의 헬름스-버튼 법으로 강화되었다. 둘째는 소비에트 블록이 사라진 것이었다. 끝으로 세 번째 봉쇄는 국내의 봉쇄인데, 그것은 경제적 변화를 느리게 하고 어렵게 한 관료제와 규칙, 그리고 상상력의 부족이었다.

자본주의에 대한 제한

'특별시기'의 변화가 모두 자본주의 방향으로 간 것은 아니었다. 수전 엑스타인이 적절히 지적한 바와 같이 '특별시기'의 어떤 개혁들은 사회주의 부문을 유지하거나 심지어 강화하는 것을 목표로 삼았다. 대부분의 라틴아메리카에서 1980년대의 외채 위기는 민영화, 정부 지출의 삭감, 외국 투자자에 대한 장려책 등을 포함하는 "구조조정" 프로그램으로 이어졌다. 쿠바는 사회적 지출에서 이미 라틴아메리카의 다른 나라들을 앞지르고 있었다. 1990년에 쿠바는 GDP의 20퍼센트를 보건의료, 사회보장, 교육을 포함한 사회서비스에 지출했는데, 이는 라틴아메리카의 다른 나라들이 지출한 10퍼센트의 두 배였다.[13] 하지만 쿠바 경제학자 페드로 몬레알은 2002년에 다음과 같이 설명했다.

위기에 대처하는 [쿠바] 정부의 정책은 다른 나라들이 채택한 경제 조정 유형과는 완전히 달랐다. 교육이나 보건의료 같은 필수적인 사회 서비스는 최악의 위기 상황에서도 보편적이고 무상으로 제공되었다. 비록 상대적으로 양이 줄어들었지만 보조받은 식료품은 최소한의 영양 수준을 보장했으며, 특별한 사회집단을 지원하기 위해 다른 중요한 사회적 프로그램들이 설계되었다. 공정성과 사회정의라는 규범을 고수한 것은 쿠바의 1990년대 조정 정책에서 전형적인 특징이었다.[14]

줄리 페인실버는 경제위기 동안 "쿠바는 가장 취약한 사람들을 최악의 위기로부터 보호하기 위해 전체 정부 지출 가운데서 국내 의료 지출의 비율을 꾸준히 늘렸다"고 지적한다.[15] 의료 지출만 늘어난 것이 아니라 사회보장과 교육에 대한 지출도 늘었다. 위기가 가장 심각했던 시기에도 이러한 분야는 절대치뿐 아니라 GDP에서 차지하는 비율로도 증가했다. 1998년에는 GDP의 30퍼센트가 사회서비스에 지출되었는데, 이는 여전히 라틴아메리카에서 최고였다.[16] 경화가 부족하여 이러한 페소 지출만으로 의약품과 물자들, 하부구조 등의 부족을 해결하기 힘든 가운데서도, 정부가 지속적으로 사회복지에 힘을 쏟은 것은 다른 나라들의 구조조정 실험과 구별되는 쿠바의 길을 보여 주었다고 미렌 우리아르테는 강조했다. 그녀는 특별히 세 영역을 지적했다. "무상으로 모든 서비스를 유지함으로써 접근의 평등에 헌신하고 …… 보편적 접근에 헌신했으며," 그리고 "이 분야에서 주요한 행위자로서 정부의 역할이 변하지 않았다."[17]

몬레알과 우리아르테, 페인실버는 개혁의 조심스러운 성격과 속도를 긍정적인 눈으로 보고 있다. 다른 분석가들에게는 쿠바가 경제개혁에 '충격요법'을 쓸 수 없었던 이유는 카스트로가 강경론자들을 위해 '권력 비축'을 유지하려고 했기 때문이었다. "시장 개혁의 겉치장 배후에서 쿠바 정부는 결국 누가 얼마나 시장 활동에서 이익을 얻을 것인가를 결정하는 국가의 권력을 확대했다"고 정치학자 하비에르 코랄레스는 썼다.[18]

외국 투자자들이 쿠바로 들어왔지만 국가는 다른 나라에서 기업들이 겪는 것을 훨씬 넘어서는 갖가지 통제를 한다. 예컨대 국가는 고용을 감독했다. 외국 기업들은 노동자들의 임금을 정부에 직접 지불하고, 정부는 다시 그 돈을 페소로 바꾸어 노동자들에게 지급했다. 정부는 이러한 방식이 외국 기업에서 일자리를 얻은 소수의 운 좋은 노동자들의 주머니 속으로 모든 돈이 들어가게 하는 대신에, 사회적 프로그램을 유지하기 위해 귀중한 외환을 사용할 있게 한다고 주장한다. 하지만 코랄레스의 지적처럼 그러한 방식은 임금 압수를 금지하고 있는 국

사진 15 아바나의 보데가(2009년).

제노동기구(ILO)의 규제를 위반하는 것이다.[19]

봉급이 정부를 통해 페소로 지불되었음에도 불구하고 외국 기업에 고용되는 것은 노동자들에게 여러 가지 이익을 가져다주었다. 고용주들은 종종 페소 경제에서 구하기 어려운 식료품이나 잡화뿐 아니라 그보다 더 비싼 선물이나 달러를 특전으로 주어 임금을 보충했다.[20] 광산이나 건설 같은 몇몇 핵심 부문에서 고용주들은 합법적으로 달러나 태환페소(convertible peso)로 보충 임금을 줄 수 있었다.[21] 또한 외국 기업 고용은 자영업과 달리 실업보험이나 연금 같은 국가 보조를 받았다.

국가는 1994년부터 관광, 광산, 전기, 항만, 담배 등 핵심 산업의 국가 노동자들에게 경화로 상여금을 지급하기 시작했다. 2000년에는 쿠바 노동자들의 4분의 1이 이러한 현금 상여금과 그보다 더 많은 현물

급부를 받았다.[22] 외국 기업들은 노동자들에게 동일한 종류의 특전을 더 많이 제공했다.[23]

대부분의 쿠바 연구자들은 엑스타인이나 페인실버 같은 미국 학자들과 마찬가지로 쿠바가 개혁에도 불구하고 사회주의에 대해 지속적으로 헌신한 점을 강조한다. 하지만 코랄레스는 정반대의 결론을 내린다. "그것은 사회주의가 아니다. …… 왜냐하면 지금은 국가가 엄청난 불평등의 보증인이며, 사실은 그 생산자이기 때문이다. 누가 잘나가는 국가 및 외국 부문에 접근할 수 있을지를 국가가 결정한다. 다른 모든 사람들은 패배자이거나 생존자일 뿐이다. 이처럼 국가는 쿠바 사회에서 불평등의 증가에 직접적인 책임이 있다." 현재의 체계는 사회의 이익을 평등하거나 공정하게 분배하는 것이 아니라 오히려 '소수의 승리 동맹'에게 혜택을 주고 있을 뿐이다.[24]

농업과 환경

또 다른 일련의 개혁은 소비에트 방식의 집중화와 산업화에서 한참 벗어나는 것이었다. 개혁들 가운데 어떤 것은 "탈자본주의 내지 탈사회주의" 또는 '탈산업적'이라고 편리하게 이름붙일 수 있음에도 불구하고 엑스타인은 그것들을 '전자본주의적'이라고 불렀다. 정부의 전략은 연료 부족에서 벗어날 수 있는 최선책으로 유기농업과 자전거 이용을 촉진한 것이었다. 또한 정부는 쿠바의 가장 큰 장점인 높은 교육 수준의 인구를 활용하기 위해 다양한 방법을 모색했다. 정부는 생명공학, 의료 관광, 교육 관광, 그리고 의사의 수출을 촉진했다.

비록 1990년대에 쿠바의 토지 소유제도가 변화되었지만, 1960년대의 농지개혁이 완전히 뒤집어진 것은 아니었다. 농지에 대한 농민의 접근 기회와 관련하여 1993년 개혁은 국영 농장을 해체하고 협동조합이나 소규모 농지로 전환함으로써 실제로는 소농들에게 더 많은 농지를 주었다. 또한 국가는 변함없이 신용과 기술 지원에 쉽게 접근할 수 있도록 했는데, 이는 일반적으로 다른 나라의 구조조정 프로그램들에서는 제한된 혜택이었다.

다른 투입물들은 구하기가 매우 어려웠다. 특히 농약, 비료, 연료, 농기계와 같이 쿠바가 경화로 수입해야 하는 것들이 그랬다.[25] 쿠바의 과학자들과 농업경제학자들은 이러한 부족이야말로 쿠바가 유기농에서 세계의 선두가 될 수 있는 기회라고 주장했는데, 외부의 많은 전문가들도 동의했다.[26] 하지만 쿠바 농민들은 기술 수준이 낮은 유기농 해결책을 실험하라는 요구에 마냥 행복해 하지는 않았다. 그럼에도 불구하고 라우라 엔리케는 더 많은 사람들이 농업으로 이동하여(그녀는 이를 '재농민화'라고 불렀다) 경제위기 동안 이러한 새로운 농민들과 이전의 농민들이 도시 인구보다 실제로 형편이 더 나았다는 사실을 발견했다.[27]

환경에 대한 새로운 강조는 농업을 넘어섰다. 환경 의식이나 환경보호가 경제성장과 발전에 대해 갖은 관계는 분명한 것은 아니다. 환경주의자들 대부분은 자본주의 모델이든 사회주의 모델이든 산업화와 경제적 진보가 자연환경의 약탈에 기초한 것이었다고 주장한다. 제3세계 환경 파괴의 많은 부분은 식민지 내지 신식민지 플랜테이션 농업과 채굴 경제의 결과였다. 하지만 사회주의 쿠바의 농업 및 산업 체계도 자

본주의 세계의 그것과 마찬가지로 동일한 환경적 무모함을 많이 드러냈다.[28]

그러나 제3세계와 제1세계를 막론하고 많은 사람들이 환경 의식은 사치이며, 세계의 가난한 사람들의 생존을 위해 필요한 경제성장이 우선이라고 주장한다. "경제위기의 시기에 더 엄격한 환경 요건들을 제안하고 채택하거나 입법화하는 정부는 어디에서도 찾아보기가 특히 힘들다"고 대니얼 휘틀과 올란도 레이 산토스는 지적한다.[29]

그럼에도 불구하고 쿠바는 1992년 개정 헌법에 새로운 환경 관련 조항을 포함시켰다. 헌법 제1장 27조 "국가, 환경 및 자연자원"에 관한 조항은 "그것들이 인간의 삶을 보다 합리적으로 만들고 현재와 미래 세대의 생존, 복지 및 안전을 확보하기 위한 지속 가능한 경제적·사회적 발전과 밀접한 관계"가 있다는 것을 인정하고, "수자원과 대기를 보호하고 토양, 동식물 생태 및 자연 전체의 풍부한 잠재력을 보존하는 데 이바지하는 것은 시민들의 의무"라고 규정했다. 새로운 헌법이 제정된 후 잇따라 환경에 관한 1992년 리우정상회담 원칙들이 공식적으로 채택되었다. 그리고 1994년에는 '과학, 기술 및 환경부'가 설치되었으며, 환경보호를 새로운 형태로 규정하는 수많은 법률들이 통과되었다.

문서상으로 보면 쿠바의 새로운 환경 관련 입법은 무척 인상적이다. 휘틀과 레이 산토스가 지적하는 것처럼, 문제는 경제발전과 환경보호의 이해관계가 경쟁하고 있으며, 쿠바 경제에서 국가의 역할이 결정적인 만큼 정부가 본질적으로 스스로를 규제하고 있다는 사실에 있다.[30] 그러나 휘틀과 레이 산토스는 다른 분석가들처럼 정부가 법률을 시행하려는 견고한 의지를 갖고 있다는 고무적인 신호들을 보고 있다.[31]

불평등과 히네테리스모(Jineterismo)

경제 개방이 표면적으로는 인종적으로 중립적이지만, 사실은 여러 가지 방식으로 피부가 더 흰 쿠바인들에게 유리한 경향이 있었다. 혁명이 가져다준 인종들 사이의 상대적인 사회경제적 평등에도 불구하고, 세계적·구조적·역사적·이데올로기적 요인들이 '특별시기' 동안 여러 가지 방식으로 중요하게 작용하여 오랜 인종 불평등 유형이 다시 수면 위로 나타나는 결과를 초래했다.

1993년 달러의 합법화는 마이애미에 친척이 있는 사람들에게 유리하게 작용했다. 쿠바인들은 농담으로 '특별시기'에 살아남기 위해서는 돈을 보내줄 'fe'(에스파냐로 '믿음'을 의미하는데 '외국에 사는 가족'familia en la exterior의 이니셜이다)가 있을 필요가 있다고 말했다. 혁명 이전의 인종 불평등 때문에 백인 쿠바인들은 유색 쿠바인들보다 외국에 있는 친척, 특히 미국에서 잘사는 첫 세대 망명자 친척을 둔 경우가 훨씬 많았다. 1990년대 후반의 한 연구에 따르면 마이애미의 쿠바인들 가운데 96퍼센트는 스스로를 '백인'으로 분류했다.[32] 그래서 피부색이 더 흰 쿠바인들은 송금에서 상대적으로 더 큰 혜택을 받았다.

또한 피부색이 더 흰 쿠바인들은 때로는 교묘하거나 다소 노골적으로 관광산업에서 고용이 선호됨으로써 혜택을 받았다. 유럽과 캐나다의 투자자들은 자신들의 인종적 편견으로 호텔이나 리조트를 이용하는 관광객들이 선호하는 것에 관해 상상력을 발휘했다. 고용에서 매우 중요한 역할을 하는 쿠바 정부의 관리들 또한 인종적 고정관념에다가 외국인들이 선호하는 것에 대한 특별한 믿음을 갖고 있었다. 완곡한 표현으로 '단정한 용모'(buena presensia, 흰 피부색과 연관된 특징을 포함)는 때때로 노골적이거나 암묵적으로 직무 자격으로 사용되었다. 이러한 인종적 편견으로 인해 특히 지위가 높거나 대중을 접촉하는 자리에는 피부색이 더 흰 피고용인들을 선호했으며, 그런 자리에는 외국 기업의 보수 높은 자리들도 포함되었다.[33] 2000년 아바나에서 실시한 한 조사에 따르면, 피부색이 더 흰 쿠바인들은 더 검은 쿠바인들에 견주어 달러로 임금을 받거나 더 많은 달러를 받는 경우가 더 많았다.[34]

새로 개방된 경제에서 특권은 특권을 낳았다. 혁명 이전 특권의 흔적(큰 집이나 승용차)은 이제 관광 경제에 접근할 수 있도록 해주었다. 달러를 손에 넣음으로써 투자와 자영업을 할 수 있는 새로운 길을 열 수 있었다. 시초 자원의 결핍은 배제가 계속되고 악화된다는 것을 의미했다. 그래서 사회적·인종적 불평등은 스스로를 재생산하고 커지는 경향이 있었다.

관광 부문은 나라 안팎의 인종적 고정관념에 또 다른 방식으로 작용했다. 아프리카계 쿠바 문화는 하나의 관광 대상이 되었다. 다양한 인종으로 구성된 국립발레단을 보러 쿠바에 오는 외국인 관광객들은 드물었지만, 아프리카계 쿠바 춤 공연이나 아프리카계 쿠바 종교의식을 열렬하게 찾는 사람들은 많았다. 어떤 면에서 이러한 외국인들의 욕구를 충족시키고자 한 쿠바 정부의 프로그램들은 이 부문에서 고용과 돈을 얻은 흑인 쿠바인들에게 혜택을 주었다. 그러나 관광객들을 위해 자신의 민속 문화를 내보이는 것은 다른 한편으로 정신적·문화적 비용 또한 수반했다.

어떤 면에서 모든 쿠바인들은 관광객들에게 자신들의 사회를 내보임

으로써 정신적·문화적 비용을 치렀다. 체 게바라의 티셔츠와 열쇠고리
가 인기 품목이 되는 등 혁명 자체도 관광 대상이 되었다.

또 다른 정신적·문화적 비용은 어떤 비판가들이 "관광 아파르트헤
이트"라고 부른 것이었다. 외국인들이 이용하는 새로운 호텔은 엄청나
게 비쌌을 뿐 아니라, 쿠바인들에게는 누가 봐도 출입금지 구역이었다.
정부는 달러를 얻고자 흥정하거나 귀찮게 하는 쿠바인들을 피하고 싶
은 외국인 관광객들을 위한 것이라고 정당화했다. 또한 정부는 역사적
으로 쿠바 관광산업의 특징이었던 도박과 음주, 매매춘을 포함한 '나
쁜' 관광보다는 가족 관광, 교육 관광, 의료 관광 등 사회적으로 더 수
용할 만한 형식의 관광을 촉진하는 데 성의가 없었다. 그러나 관광객
들을 귀찮게 하는 쿠바인들로부터 보호하려는 시도는 고통스러운 모
순을 낳았다. 쿠바인들은 단지 외국인들과 연관되거나, 관광객들이 즐
길 수 있도록 새로 단장한 장소에 출입하는 것만으로도 범죄자 취급을
받을 수 있었다.

히네테리스모(Jineterismo)가 관광 경제에 종사하는 합법적, 반합법적,
불법적 활동 전체에 걸쳐 널리 퍼져 있었다. 공공연한 매매춘은 불법이
었지만 그것은 가끔 단속이 있기는 해도 종종 공식적으로 용인되었다.
하지만 많은 쿠바인들은 외국인들과 만나서 같이 어울리면서 여러 가
지 관계를 맺었는데, 그러한 관계가 매매춘인지 아니면 다른 유형의 일
상적이거나 진지한 관계인지 둘 사이의 경계가 모호했다. 1995년에 시
작된 만화 '지피'(Zippy)는 몸을 거의 다 드러낸 옷을 입고 "여보세요!
당신들 정말 귀엽군! 내게 저녁 사 줄래요?"라고 하면서 접근하는 한
쿠바 여성을 두 외국인이 만나는 장면을 풍자했다. 만화의 마지막 칸

에서 그리피는 지피와 함께 앉아 술을 마시면서 논평한다.

그것은 내가 기대한 게
아니었어!
그녀는 헤밍웨이에 관해 토론하고 쇼핑하러 가기를
원했어!
게다가 그녀는 공학 학위를
가졌어!

그러나 '특별시기'는 젠더 영역에서도 마찬가지로 혁명이 변혁하려고
했던, 아주 오랜 몇몇 유형을 다시 깨우는 듯 했다. 정치학자 말라 툰
은 "생존을 위한 투쟁이 점점 더 첨예해지자 잠재해 있던 사회적 차이
들이 불평등한 기회를 정당화하는 데 교묘하게 이용되었다"고 그러한
상황을 요약했다.[35] "여성들은 일반적으로 가정의 복지와 가족 경제에
책임이 있기 때문에 가계 수지를 맞추는 위치에 설 수밖에 없다"고 줄
리 샤인은 설명한다. 그녀는 1999년 영화 촬영기사 벨키스 베가의 인
터뷰를 인용한다.

이 특별시기는 …… 여성의 재활성화 투쟁을 약화시켰다. 만약 여
성들이 생존을 위한 투쟁으로 지쳐서 [페미니즘이] 약화되었다면 ……
그 투쟁은 "내 가족을 어떻게 먹여 살릴까?" 또는 "내 아이들에게 신발
과 옷을 어떻게 구해 줄 수 있을까?" 하는 먹고 살 것을 얻기 위한 투
쟁이었기 때문에 다른 투쟁들은 부차적인 것이 되었다. 그리고 그것은

앞무대 역할이었다…… 그 일은 너무 많은 시간을 잡아먹었기 때문에 하루가 끝날 때 바라는 것은 잡다한 일을 끊고 벗어나기 위해 연속극을 보고 잠드는 것이었다.[36]

또한 관광산업과 그에 따른 달러의 유입은 남자와 여자에게 서로 다른 기회를 제공했다. 관광산업은 쿠바 여성들을 유혹적이고 비하하는 이미지로 광고한다. 그리고 비록 남자들과 여자들이 모두 매매춘 산업에 빠져들었지만, 젊은 여성, 특히 유색 여성들이 훨씬 많았다.

쿠바계 미국인 코코 푸스코는 1990년대 중반 자기가 인터뷰한 히네테라들(jineteras)을 "환상 속의 세련된 밀매업자"로 묘사한다. 그런 여성들 중 하나는 이웃들이 자신의 일을 어떻게 보는지에 관해 "그들은 한 가예고(gallego, 에스파냐 사람)가 여자와 오는 것을 보지만 그들이 보는 것은 그 사람이 아니다. 그들이 보는 것은 냉장고에 가득 찬 닭고기, 쌀, 콩이다"라고 대답했다.[37] 푸스코는 여성 단체를 강조하면서 다음과 같이 결론짓는다. "나는 쿠바 사회주의의 마지막 장의 가장 슬픈 부분, 즉 다음에 무엇을 살까 하는 것 이외에 미래에 대한 어떤 꿈도 없는 허무주의적인 쿠바판 X세대의 살아 있는 증거를 보고 있다고 느꼈다."[38]

경멸적인 용어 히네테라(매춘부)와 이와 연관된 말인 히네테로(jinetero)는 외국인들과 관계를 통해 어떤 이익을 얻는 모든 사람들을 가리켰다. 그것은 면허증을 가진 택시 운전사일 수도 있고, 면허 없이 부업을 하는 전문직일 수도 있으며, 외국인에게 숙소나 식당을 소개해 주는 비공식 여행 안내인일 수도 있었다. 그러나 이 용어는 비합법성에 무게가 실려 있었다. 활동이 완전히 합법적이라 하더라도 그것을 히네테리스모라고 부른 것은 전능한 달러를 위해 자신을 판다는 뜻을 담고 있었다.

그러나 히네테리스모와 자유시장 사이를 가르는 선은 모호하다. 어쨌든 돈을 받는 대가로 서비스나 재화를 제공하는 것은 자본주의 체제에 내재적인 것이다. 쿠바에서 히네테리스모인 것처럼 보인 것은 그냥 자본주의 국가에서의 수요와 공급의 법칙이라고 부를 수도 있다. 자본주의 세계에서는 심지어 학문도 지원하는 돈이 어디에 있는지에 기초하여 연구 과제를 계획하는 것에 매우 익숙해져 있으며, 출판사들은 얼마나 팔릴 책인가 하는 판단 기준에 근거하여 원고를 채택한다.

1994년의 대탈출

미국은 "카스트로의 마지막 시간"을 예언하는 출판물의 폭증하는 가운데 쿠바의 경제위기를 맞이했다. 클린턴 대통령은 1992년 '토리첼리 법'으로 통상금지를 강화했다.

1994년 여름에 경제위기는 최악의 상태였다. '특별시기'의 온전한 효과는 온 나라를 가혹하게 짓눌렀다. 식량이 부족했다. 여름이 지나가면서 전력 부족으로 쿠바인들 대부분이 의존하던 선풍기도 멈췄다. 한편 사람들 대부분은 달러에 접근할 수 없었고, 새로 문을 연 달러상점이나 거기에 진열된 상품들을 구경만 하고 있었다. 8월에는 무언가 일이 벌어지고 말았다.

1984년, 미국은 이민을 원하는 쿠바인들에게 1년에 2만 명의 비자를 허용하는 데 동의했다. (1990년에는 한도가 27,000만 명으로 올라갔다.) 그러나 아바나에 있는 이익대표부(Interests Section)에서 그런 비자를 얻는 것은 몹시 어려워, 가령 1993년에는 단지 2,700명만 허용되었다.[39] 이중 적 기준 때문에 쿠바인들이 합법적 절차를 따라 비자를 얻는 것은 거 의 불가능했지만, 서류 없이 그냥 배편으로 미국으로 떠나는 사람들로 보상받았다.

경제위기가 덮치자 피그 만 참전용사 호세 바술토(한 차례 카스트로 암살 시도를 포함하여 일련의 테러 공격에 참여한 혐의로 쿠바에서는 범죄자 로 수배된 인물)는 1991년에 새로운 마이애미 조직 '구출을 위한 형제들' (Brothers to the Rescue)을 설립했다. 그 조직이 표방한 목표는 쿠바와 플 로리다 사이의 해역을 정찰하면서 뗏목을 타고 탈출하는 사람들을 구 하는 것으로서 미국의 공식적인 환영을 기대했다.

쿠바는 해상을 통한 불법적 탈출을 막기 위해 인도주의적 이유를 내세웠는데, 미국의 정책이 공식적 허가 없이 오는 사람들에게 특혜를 줌으로써 많은 사람들을 죽음으로 내모는 위험한 여행을 부추기고 있 다고 주장했다. 쿠바 해안경비대는 중간에 쿠바 해역에서 붙잡을 수 있 는 사람들은 귀환시켰다. 아이들의 생명을 위험에 처하게 한 사람들과 밀항업자들은 대개 처벌받았다. 쿠바인들은 '구출을 위한 형제들'이 위 험한 탈출 시도만 더 부추겼다고 주장했다.

이러한 상황에서 1994년 여름이 지나면서 몇몇 쿠바인들은 플로리 다로 떠나기 위해 배를 훔치거나 빼앗는 필사적인 행동을 감행했다. 만 약 그들이 쿠바 해역을 벗어날 수 있으면, 미국의 정책에 따라 환영받 았다. 7월 중순, 쿠바 해군 함정이 도난당한 예인선을 들이받아 이민 가려는 사람들 41명을 물에 빠뜨렸다. 8월 초에는 해군 장교 한 명이 선박 탈취 시도 와중에 살해되었다. 기온도 긴장도 거침없이 올라갔다. 소요가 아바나 시내를 흔들었다. 그리고는 8월 11일, 카스트로는 미국에 엄포를 놓기로 결정했다. 그는 해상으로 떠나려고 하는 모든 쿠바인들이 더 이상 지지당하지 않을 것이라고 발표했다. 해안은 떠나려는 사람들에게 개방되었다.

그 다음 주에 수많은 쿠바인들이 바다로 쏟아져 나왔다. 플로리다 주지사는 그러한 유입을 감당할 수 없을 것이라고 항의했다. 8월 18일, 대통령 빌 클린턴은 예상치 않게, 허가를 받지 않고 미국에 오려고 하는 쿠바인들은 더 이상 환영받지 못할 것이라고 발표했다. 대신에 그들은 관타나모에 있는 미국 군사기지로 보내질 것이었다. "한 순간에 클린턴은 쿠바인들을 법적으로 아이티인들과 동급으로 만들었다"고 《워싱턴포스트》는 놀라워하며 기록했다.[40] 1994년 말에는 약 5만 명의 난민이 관타나모에 수용되어 있었는데, 하루 비용이 50만 달러에서 1백만 달러나 되었다.[41] 그러나 쿠바인들이 자동적인 미국 입국 보장이 없어진 것을 알고 난 뒤로는 떠나는 숫자가 급격하게 줄었다.

관타나모로 보내진 쿠바인들은 대부분 나중에는 결국 미국으로 갔다. 그러나 클린턴은 또한 1966년 '쿠바조정법'(CAA) 이후 미국 정책이 실제로 초래한 유해한 효과를 인식하지 않을 수 없었다. 1995년 5월, 그는 새로운 '젖은 발, 마른 발'(Wet Foot, Dry Foot) 정책을 발표했다. 해상에서 붙잡힌 쿠바인들은 세계의 다른 나라에서 비자 없이 온 이민 희망자들과 마찬가지로 본국으로 송환될 것이었다. 해협을 건너오든, 멕시코를 거쳐서 오든 간에 '마른 발'로 육지로 들어온 사람들은 여전히 특별대우를 받아 CAA가 부여하는 거의 자동적인 난민 지위를 보장받을 것이었다. 클린턴은 또한 쿠바인들이 합법적으로 들어올 수 있도록 고무하기 위해 비자 발급 절차를 간소하게 하는 데 동의했다. 쿠바는 쿠바대로, 허가받지 않고 뗏목으로 탈출하는 사람들을 저지하는 정책을 복원하는 데 동의했다.

존재 이유를 상실했지만 여전히 수많은 비행기를 갖고 있었던 '구출을 위한 형제들'은 아바나 상공을 저공비행하면서 쿠바 사람들에게 반란을 호소하는 전단을 뿌리는 1960년대 전술을 부활시켰다. 쿠바 정부는 영공 침해에 대해 정기적으로 미국에 항의했으며, 1996년 초에는 작은 비행기 한 대를 격추하여 조종사가 사망했다. 쿠바인들은 그 비행기가 쿠바 영공 안으로 들어왔다고 주장했지만, '구출을 위한 형제들'은 부인했다. 분노가 잇따르자 미국 의회는 '헬름스-버튼 법'을 통과시켜 쿠바에 대한 미국의 통상금지를 강화하고 확대했다. 미국 관계 당국이 1998년 '구출을 위한 형제들'이나 '알파 66' 같은 조직에 잠입한 5명의 쿠바 정보요원을 체포하자 양국 관계는 더욱 악화되었다. 쿠바인들은 그 요원들이 미국에 대해서가 아니라 자기 나라에 공격을 계획하고 있는 테러 조직에 관한 첩보활동을 했다고 주장했다. 그들은 심지어 FBI와도 정보를 공유했다. 그러나 '5인의 쿠바인'(사진 16)은 현재까지 감옥에 갇혀 있으며, 국제적으로 유명한 사안이 되어 있다.[42]

합의 이후에 해상 탈출은 눈에 띄게 줄어들었지만 완전히 중단된 것은 아니었다. 새로운 밀항 산업이 출현하여 전문적인 밀항업자들이 수천 달러를 받고 쿠바인들을 플로리다 해안으로 데려다 주었다. 가장 악명 높은 사례들 중 하나는 엘리안 곤살레스라는 이름을 가진 여섯 살 난 소년의 경우였다. 이혼한 부모들은 쿠바 카르데나스의 고향마을에

사진 16 바라코아 시 도서관 한켠에 전시되어 있는 '5인의 쿠바인' 사진(2014년).

서 엘리안을 함께 보살펴야 했지만, 1999년 말 아이의 어머니와 남자 친구는 마이애미로 가는 조그만 배에 그 소년을 태우고 종적을 감추었다. 오직 엘리안만 그 여행에서 살아남았다. 그는 어부에게 구조되어 해안경비대에 넘겨졌고, 결국 마이애미에 있는 그의 친척들에게 인도되었다. 마이애미 친척들은 아이를 품에 감싸고돌았지만, 아버지와 두 할머니를 포함한 쿠바 가족들은 귀환을 요구했다. 마이애미의 쿠바 공동체가 열렬하게 동원되었으며, 연방 대리인들이 그 아이를 친척들의 팔에서 낚아채어 쿠바 가족들에게 돌려주는 장면은 AP통신 사진기자에게 포착되어 전 세계 사람들에게 공개되었다.

멕시코를 거쳐 미국으로 간 쿠바인들도 있었다. 멕시코인과 라틴아메리카의 다른 나라 사람들은 국경경비대를 피하기 위해 사막에서 목숨을 걸었지만, 저자 톰 밀러가 지적한 바와 같이 "어떤 사람이 쿠바인이고 불법으로 왔다면, 심지어 전문 밀입국 업자를 통해 왔다 하더라도 속성으로 영주권과 시민권을 받을 수 있다." 쿠바인들은 "리오그란데를 헤쳐 건너거나 소노란 사막을 걸어갈 필요가 없다. 그들은 그냥 2천 마일에 걸쳐 있는 통관 지점에 다가가서 미국 출입국 심사관에게 '나는 쿠바인입니다. 들어가도 될까요?'(Soy cubano. ¿me permite entrar?)라고 말하기만 하면 된다. 그러면 대답은 거의 언제나 '어서 오세요!'이다."[43]

1990년대의 논쟁과 그 한계

1990년대에 쿠바에서 일어난 변화 과정에 관해 이야기한 미국인은 나 말고도 많이 있었다. 클린턴 행정부는 의회가 통상 금지령을 강화한 바로 그때, 교육, 종교, 인권 단체들이 쿠바로 여행하는 것을 허용하는 쪽으로 이동했다. 쿠바의 혁명 과정(또는 어떤 사람들이 생각하기에는 혁명 후 과정)에 관한 호기심이 커졌다. 동시에 쿠바 정부는 외국 관광객들과 학자들에게 손을 뻗었다. 미국에서 온 여행자들, 언론인들, 학생들의 행렬이 1990년대에 쿠바를 방문해서 자신들이 본 것을 썼다. 쿠바 여행 문학은 번창하는 장르가 되었다. 2000년에는 새로운 여행규제 완화 조치로 약 3만5천~4만 명의 미국인들이 쿠바를 방문했으며, 750개 대학이 쿠바와의 학술교류 허가를 얻었다.[44] 2003년과 2004년에 부시 정부가 쿠바 여행 허가를 대폭 축소할 때까지 호황은 계속되었다.

쿠바 국내에서는 사회과학자들이 정부 안팎에서 쿠바 경제의 전망에 관해 논쟁을 벌였다. 일간지들은 경제와 사회에 관해 지칠 줄 모르고 낙관주의적인 평가를 계속 내놓았지만, 학술지들은 비판과 논쟁으로 빠져들었다. 또한 쿠바인들은 외국인 학자들과 교류하고 해외여행을 했으며, 외국 동료들과 함께 공동 저작으로 논문과 저서를 출판했다.[45] '혁명 안에서' 논쟁의 공간이 커졌다.

쿠바의 1992년 새 헌법은 이러한 성장하는 정치적 개방을 공식화했다. 쿠바 사회학자 아롤도 디야는 정치적 자유에서 특히 중요한 몇 가지 변화를 이렇게 요약했다. "국가를 특정 종교와 관계없다고 선언하고 종교 신자들에 대한 어떠한 차별도 금지한 것, 민주집중제와 권력의 통일을 암시하는 표현을 억제한 것, 국가의 사회적 기초를 엄격하게 계급에 기초하여 정의하는 것을 억제한 것, 그리고 의회 의원들에 대한 직접선거제도를 수립한 것." 하지만 그는 잇따라 정해진 선거법이 한 자리에 오직 한 후보자만 허용함으로써 의회 선거제도의 영향력이 제한되었다고 지적했다.[46]

디야는 국가가 서비스와 생산물을 제공하는 데 점점 더 무력해진 것이 어떻게 시민사회를 형성하고 강화하는 데 기여했는지를 앞장서서 연구했다. 사람들은 이전에는 정부와 산하 조직들이 충족시켜 주던 필요를 충족하기 위해 체계와 조직을 어떻게든 꾸렸다. 1992년 헌법은 "우리 국민의 역사적 계급투쟁으로부터 나왔으며, 우리 시민들의 특수한 이해관계들을 대표하고, 사회주의 사회를 건설하고 튼튼하게 하고, 방어하는 과업에 그러한 이해관계들을 포함시키는 대중조직들을 국가는 인정하고 보호하고 지원한다"고 규정하고 있다. 쿠바의 '결사법'은 비정부기구(NGO)의 설립 권리를 보장하고 NGO가 정부 및 공식 조직들과 "조정하고 협력"해야 하는 의무를 규정하고 있다.[47] NGO의 수는 1990년대 초에 우후죽순처럼 늘어났다.

NGO에게 부여된 새로운 공간에 가한 제약은 1996년 3월, 라울 카스트로의 텔레비전 연설에서 드러났다. 그 연설에서 라울은 자신이 보기에 적에게 자신을 파는 학자들, 즉 외부의 목표에 맞추어 글을 쓰는 대가로 자금이나 특혜, 여행 기회를 얻는 학자들을 공격했다. 그는 아메리카연구센터(CEA, Centro de Estudios sobre América)를 특별히 언급했는데, 그 연구소는 쿠바의 경제적·정치적 방향에 관해 중요하고 도전적인 저작을 아주 많이 생산한 아바나의 유명한 싱크탱크였다.[48]

CEA 사건은 쿠바에서 지적 자유가 미묘하고 복잡한 방식으로 취급되고 있음을 보여 준다. 바깥 세계에 잘 알려지고 기록된 바와 같이 어떤 제한들은 공공연하고 혹독한 방식으로 강요된다. 그러나 징역형은 쿠바 정부를 전복하기 위해 외부 세력(미국)과 공모한 것으로 고발되어 재판을 받는 쿠바인들에게 해당된다. CEA 사건의 경우는 그 누구도 공식적으로 기소되거나 사법적으로 처벌되지 않았다. 많은 혁신적인 작업을 고무한 센터장은 좌천되고 공산당 강경파로 교체되었다. 몇몇 사람들 또한 지위를 잃었으며 많은 연구자들이 떠나는 선택을 했다. 그들 대부분은 다른 쿠바 연구기관에서 새로운 자리를 찾았지만, 몇몇은 쿠바를 떠났다.

'특별시기' 동안의 한계를 거듭 드러낸 또 다른 조직은 '마힌'(Magín, 상상력)이었다. '마힌'은 계속되는 젠더 불평등과, 특히 여성의 몸이 관광객들에게 쿠바를 팔기 위해 사용되는 방식을 고통스러워 한 소수 전문가 집단에 의해 1993년에 출범했다. "그들은 유혹적인 물라토 여인들이 비키니 팬티로 간신히 가린 엉덩이를 드러낸다든지, 늘 있는 대왕야자 나무 아래에서 풍만한 가슴으로 성적 대상이 되어 유혹의 손짓을 하는 이미지에 분노했다."[49] FMC가 보내는 의혹의 눈길에도 불구하고 '마힌' 회원들은 책을 내고, 워크숍을 열고, 국제 페미니스트 단체들과 만났다. 하지만 FMC는 1995년 베이징 세계여성대회의 '마힌' 회원 초대를, FMC가 이미 쿠바 대표단 자리를 모두 채웠다고 주장하면서 잘라 버렸다. '마힌'이 1996년 법률에 따라 NGO 지위를 신청하자 당 중앙위원회는 거절했다. 혁명의 오랜 지지자 마거릿 랜달이 주장했듯이, 마치 "그들은 그 여성들이 사기를 당해 의도치 않게 적의 손아

귀에서 놀아나는 접촉을 하거나 일을 벌일지도 모른다고 우려하는" 것 같았다. 랜달은 "그러한 모욕적인 변명에 의존할 것이 아니라 가장 훌륭한 시민들의 통찰력과 지성을 믿었더라면 진정한 혁명을 전진시켰을 것이다"라고 신랄하게 썼다.[50]

쿠바에서 논쟁과 비판의 분위기는 클린턴 대통령이 떠벌인, 카스트로 정부를 제거하기 위한 '투 트랙'(Track Two) 정책으로 개선되지 않았다. 첫 번째 트랙은 혁명에 반대하는 오래된 부정적 정책이었다. 두 번째 트랙은 미국의 목표를 촉진하기 위한 긍정적인 측면을 더하는 것이었는데, 그것은 쿠바인들을 미국 또는 '친민주주의' 진영으로 꾀어 낼 수 있는 학문적 접촉과 기타 비정부적 접촉을 조장함으로써 잠재적이거나 실질적인 쿠바 반체제 인사들에게 접근하는 것이었다. 쿠바 정부가 두 번째 트랙이 가져온 쿠바로의 여행 증가를 환영하는 동안 내부로부터의 이단자들을 만드는 데 초점을 맞추었기 때문에 쿠바 정부로 하여금 외국인들에게 너무 가까운 쿠바인들을 더 의심하도록 했을 뿐이었다. 그것은 관광을 확대하고 쿠바에 여행하는 사람들에게 미국의 정책에 대한 반감을 조장하는 쿠바 자신의 전략을 보완했다.

공산당원인 몇몇 지도적 지식인들은 학문 자유와 비판적 사상을 방어하면서 공개적으로 라울의 1996년 연설에 도전했다. 쿠바예술가작가동맹(UNEAC) 대표 겸 정치국원 아벨 프리에토는 '비판적 예술'은 혁명에 '필수적'이라고 선언했으며, 라울의 연설은 공산당 기구를 향한 것이기 때문에 '자아비판'이라고 성격을 규정했다. "어떤 새로운 검열도 없을 것이며, 우리가 사회주의 리얼리즘이라는 1970년대로 돌아가는 일도, 마녀사냥도 없을 것이다"라고 프리에토는 발표했다. 그는 계속해서 말했다. "비판적 예술과 정치적 논쟁은 쿠바 지식인들을 계속 혁명 주위로 결집하기 위해 필수불가결하다."[51]

쿠바영화산업원(ICIAC) 대표 알프레도 게바라도 영화 〈딸기와 초콜 릿〉의 감독 토마스 구티에레스 일레아에게 친시를 보냄으로써 라울의 연설에 암시적으로 응답했다. 그 영화는 1970년대의 폐쇄적인 지적 분 위기를 노골적으로 비판했다. "알레아는 난감한 혁명가였으며, 바로 그 점이 그를 더 나은 혁명가로 만들었다"고 게바라는 말했다. "얼간이들 은 혁명가가 아니며, 얼간이들이 혁명가라고 믿는 사람들은 더더욱 혁 명가가 아니다."[52]

문화부 장관 아르만도 하르트 또한 《콘트라코리엔테》(Contracorriente, 역류)의 다음 호 발표문에서 문화부는 "사회의 복잡성에 관한 대화의 공간을 제공"해야 한다고 언급함으로써 라울의 말을 누그러뜨리고 다 듬었다.[53] CEA 회원들이 긴밀하게 협력하는 잡지 《테마스》(Temas, 주제 들)의 신간호 또한 라울의 연설 후에 누구의 방해도 받지 않고 발간되었 다. 신간호에는 라울의 연설 다음 날 치명적인 심장마비를 겪었던 CEA 연구원 우고 아스쿠이가 쿠바 '시민사회'의 성격에 관해 쓴 논문을 실었 다. 《테마스》의 자유로운 발간으로 일부 사람들은 라울의 연설을 쿠바 에서 새로운 지적 폐쇄의 신호로 보아서는 안 된다고 믿게 되었다.

사실 어떤 소식통들은 라울의 연설을 비판적 논쟁을 잠재우려 했다 기보다는 오히려 '요구'한 것으로 해석했다. 그때까지 공식적으로 인정 되지 않고 공개적으로 토론되지 않았던 경제 개방의 여러 측면들(매매 춘, 불평등, 부패 등)에 초점을 맞춤으로써 그 연설은 그러한 쟁점들에 관 한 공개적 논쟁의 마당을 열었던 것이다.[54]

쿠바와 21세기

"1989년 12월, 미국이 개입하여 파나마의 마누엘 노리에가 장군을 축출했을 때,
그리고 1990년 2월, 니카라과 선거에서 산디니스타가 패배했을 때,
쿠바는 지역의 동맹들을 잃었다." 그로부터 10여 년이 지난 후
칠레, 브라질, 아르헨티나에서부터 니카라과에 이르기까지 좌파 정당들이 선거에 승리하고
베네수엘라의 우고 차베스가 쿠바의 모범을 계속하는 역할을 선언함으로써
아메리카 반구에서 고립된 것은 누가 봐도 미국이었다.

라울 카스트로의 1996년 연설은 농민, 자영업자, 중개인 등 경제 개방으로 남보다 더 이익을 본 사람들뿐 아니라 외국으로부터 돈을 송금 받은 '신흥 부자들'을 비판했다. "우리는 그들이 엄격하게 법을 준수하고, 소득에 대해 누진세를 반드시 내도록 끊임없이 투쟁해야 한다"고 라울은 선언했다. 그는 또한 경제적 불평등이 거침없이 확대되고 있을 뿐 아니라 실업이 증가하고 있음을 인식하고 있었다.[1]

라울의 연설과 그에 잇따른 정책들은 '특별시기' 개혁으로 야기된 경제적 왜곡에 대한 대중의 불만에 대한 반응이었다. 이른바 '자유시장'을 향한 질주는 고삐가 잡힐 듯했다. 대부분의 분석가들은 1990년대 중반 이후에는 경제 개방이 늦추어지거나 심지어 역전되었다고 본다.[2] '특별시기'는 21세기의 첫 10년까지 지속되었지만, 극적인 실험보다는 쿠바 정부가 '마무리 전략'(estrategia de prefeccionamiento)이라고 부른 것으로 전환했다.

'마무리 전략'은 경제 개방이 불러온 새로운 문제들뿐 아니라 경제 개방 자체가 해결하고자 했던 문제들에 대처하려고 시도한 것이었다. 자본주의 세계에 사는 사람들에게는 누구에게나 익숙한 실업, 소비주의, 사회·경제적 불평등과 같은 문제들이었다. 하지만 쿠바의 전반적 빈곤 때문에, 그리고 혁명의 정당성이 그러한 문제들을 극복하는 데 기초를 두고 있었기 때문에 문제가 더욱 가중되었다. 1996년 이후 정책들 가운데 많은 것들은 이러한 사회적 질병에 문을 연 경제개방의 특별한 측면들을 제한하는 것을 목표로 했다. 그러나 이러한 사회적 질병들은 어떤 면에서는 경제 개방 그 자체에 내재된 것이었기 때문에 취해진 정책들이 계속 모순을 만드는 결과를 초래했다. 예컨대 소규모 기업과 자영업에 대한 엄격한 규제와 과세는 일부 사람들을 암시장으로 내몰고, 다른 일부 사람들은 그냥 문을 닫게 하는 결과를 가져왔다.

'마무리 전략'에서 재집중화로

2003년부터 현재까지는 재집중화가 지배적이었다. 1993~1996년의 많은 개혁들이 시장 개방의 방향으로 갔다면, 2003년 이후에는 그러한 개혁들을 제한하고 되돌리려는 시도가 있었다. 카르멜로 메사−라고는 이 시기를 "경제적 의사 결정에서 급격한 재집중화 조치와 소규모 민간 부문의 추가 축소"의 시기로 묘사한다.[3] 1996년 이후에는 개혁의 속도가 늦추어졌다면, 2005년 말에는 그러한 개혁들이(페레스−로페스의 표현을 빌리자면 '돌아온 교정'으로) 분명히 역전되었다.[4] "만약 정책 실험과 개혁을 기간으로 정의한다면, '특별시기'는 끝났다"고 페레스−로페스는 쓰고 있다.[5]

시장 개방의 설계자들은 쿠바 내각에서 쫓겨났다. 이전의 개혁에 관련되었던 경제계획부 장관, 재정물가부 장관, 기초산업부 장관은 2003년과 2004년에 모두 교체되었다.[6]

재집중화의 한 가지 사례는 탈달러화였다. 2003년 말, 정부는 '태환

페소'를 도입했다. 쿠바인들은 여전히 달러를 소유할 수 있었지만, 사용할 수는 없게 되었다. 그때부터 그들은 우선 쿠바의 경화 경제 부문에서 유통되는 유일한 통화인 태환페소로 달러를 바꾸지 않으면 안 되었다. 달러상점들은 '태환페소상점'이 되었다. 2004년 6월에 페소 봉급이 인상되었지만, 2004년 5월에 태환페소상점의 상품 가격도 10~35퍼센트 인상되었다. 이 모든 조치는 달러 소지자들에게 일종의 추가 부담금을 물림으로써 페소 경제를 보조하도록 강제한 것이었다. 그러한 조치들은 한편으로는 새 경제의 승자들에게는 정당하지 않은 처벌로 보일 수 있었지만, 다른 한편으로는 형평성의 수단을 복원하려는 시도로 보일 수 있었다.

경제학자 마리오 곤잘레스 코르소는 다소 회의적으로 이렇게 썼다. "공식 정보통에 따르면, 탈달러화는 페소 경제에 의존하는 가구들과, 어떤 식으로든 경화를 벌고(벌거나) 외국 송금을 받는 가구들 사이에 존재하는 (소득) 격차와 불평등을 줄이려는 시도로 보인다."7

또 다른 일련의 규제는 관광 경제에 종사하는 노동자들이 쌓아온 특혜를 없애려고 시도한 것이다. 2005년 1월, 관광 노동자들은 선물을 받는 행위, 초대를 받아들이는 행위, 함께 일하는 외국인들로부터 여타 다양한 혜택을 얻는 행위가 금지되었다. 메사-라고와 디아스-브리케츠와 페레스-로페스는 그러한 조치들을 '드라콘적'(가혹한 법전)이라고 불렀다.8 하지만 동시에 디아스-브리케츠와 페레스-로페스가 "국영기업, 특히 관광 부문에서 경화를 취급하는 국영기업에서의 부패는 통제 범위를 벗어났다"고 본 점에서는 쿠바 정부와 일치하는 것처럼 보였다. "관광산업에서 일상적이라고 간주된 부패 관행들 중에는 외국 기업가에게 수수료를 받는 행위, 연고주의, 일자리 판매, 관용차의 오용, 경비 내역 처리, 여행 등이 있었다."[9]

코랄레스는 그러한 조치들과 더불어 "자영업자에 대한 벌금, 팔라다르(paladares, 일반 가정집에서 여는 작은 식당)에 대한 중과세, 외국 직접투자에 대한 제한 증가" 등의 조치들은 단지 "개혁 수혜자들을 처벌하기로 한 결정"이었다고 설명했다. 라틴아메리카의 많은 나라들이 구조조정 프로그램을 더디게 시행하거나 중단하기는 했지만, 쿠바 이외에는 "개혁 수혜자들을 처벌하는 공개적인 정책을 쓴 경우는 드물었다"고 그는 지적했다.[10] 자영업자의 수는 1995년 말에 208,500명으로 최고치를 기록한 후에 2004년에는 149,990명으로 떨어지고 규제와 과세가 증가함에 따라 계속 내려갔다.[11]

구조조정 모델을 옹호한 경제학자들은 1990년대 말에 시장 정책에 브레이크를 건 것을 비판했다. 호르헤 F. 페레스-로페스는 새로운 방향을 "이데올로기의 귀환"이라고 불렀다.[12] 코랄레스는 "일관성 없는 경제 개혁은 1990년대 초에 깊은 정치·경제 개방 압력을 넣었던 행위자들을 오도하는(사실은 완전히 속이는) 데 기여했다"고 비난했다. "그러한 개혁으로 국가는 체제가 시장 쪽으로 이동하고 있다는 인상(개혁 옹호자들의 압력을 달래는 데 필요한 일종의 신호)을 주었지만, 사실 정부는 결코 그러한 노선을 추구할 의도가 없었다." 쿠바가 더 이상 나아가지 못했다는 것은 쿠바에서 일어난 일이 '소리 없는 국가주의' 또는 '위장된 시장 개혁'이었다는 것을 의미한다.[13]

아키발트 리터는 '특별시기'가 끝났다는 데 동의하지만, 단순히 과거로 회귀한 것으로 보지는 않는다. 리터는 현재의 새로운 처방을 '위대한 계획'이라고 부르면서 다음과 같이 설명한다.

'위대한 계획'의 주요한 특징은 외환을 획득하기 위한 새로운 기초라는 점이다. 현재로는 니켈과 의료 및 교육 서비스가, 그리고 때가 되면 아마도 석유가 중요해질 것이다. 그것은 쿠바가 라틴아메리카와 전 세계를 대상으로 가치가 높은 서비스를 생산하는 "지식 경제 내지 지식 사회"라는 점을 강조한다. 물론 송금 및 관광이나 그보다 덜한 상품 수출 등 더 오래된 경제적 기초도 계속될 것이지만, 중요성이 덜해질 것이다. 새로운 경제의 기본 설계는 또한 더 강화된 중앙 집중적 경제 통제와 "사회주의적 정화" 뿐만 아니라 지속적인 경제성장과 번영에 필수적인 기본적 하부구조의 강화(지금까지는 에너지 부문에 대한 강조)를 포함한다.[14]

그리하여 리터는 현재의 상황을 개혁의 역전이나 종말로 보는 것이 아니라 계속되는 경제 실험 과정의 새로운 국면으로 바라본다. 몇몇 쿠바 경제학자들은 1990년대 이래로 쿠바의 미래는 그 이점인 인간 자본에 의존해야 한다고 주장해 왔다. 제조업 기업들에 저임금 노동자들을 제공하거나 외국인들에게 값싼 휴가를 제공하는 밑바닥 경주에서 다른 가난한 나라들과 경쟁하기보다는, 쿠바는 그 특별한 강점들을 살려 국제 경기장에서 경쟁해야 한다. 즉, 쿠바 자연의 아름다움으로 생태 관광을 장려하고, 의사와 전문가들로 의료 관광과 의사 수출 및 외국 유학생 유치를 하며, 교육받은 노동력과 기능으로 생명공학과 의약품을 비롯한 고가치 생산물 수출을 촉진해야 한다.[15] 리터가 2005년 이후 개혁에서 일어났다고 본 것들 가운데 다수가 이 방향으로 가는 것처럼 보인다.

예컨대, 2006년은 '에너지 혁명의 해'로 선포되었다. 그 '혁명'은 두 가시 측면을 갖고 있었다. 하나는 쿠바의 에너지 인프라를 개선함으로써 소련이 공급하던 석유가 끊긴 1989년 이래 쿠바를 괴롭히던 만성적인 전력 부족과 정전 사태를 해결하는 것이었다. 다른 하나는 에너지 효율성을 개선하고 사용을 전반적으로 줄임으로써 지속 가능성을 높이는 것이었다. 1961년 문자해득 운동('문자해득의 해')까지 거슬러 올라가는 이전의 모든 캠페인과 마찬가지로 에너지 캠페인도 중대한 변화를 이루기 위해 대규모 대중 참여와 동원을 촉구했다.[16] '녹색' 광고판들이 쿠바인들에게 에너지 절약을 호소했다. 정부는 전구와 압력솥에서부터 난로와 냉장고에 이르기까지 에너지 효율이 높은 가전제품을 나누어주었다. "국가평의회 의장 카스트로는 에너지 상황을 세세한 데까지 관리하는 준군사적인 캠페인으로 접근했다. …… 지시 경제에 기초한 이러한 접근 방법의 이점은 신속하면서 단순한 실행들로 이루어진다는 점이다. 그러나 그 약점 또한 지시 경제의 약점인데, 사람들이 느끼는 최상의 이해에 기초한 의사 결정은 무시되고, 실행을 통해 점진적으로 학습하지 못하게 되어 과오가 증폭된다."[17]

한 방문객은 어느 아바나 이웃공동체의 냉장고 배달 과정에 관해 이렇게 묘사했다. "확성기 소리가 나를 깨웠다. 그래서 급히 대문 쪽으로 갔다. 이웃 사람들 전체가(어린이들, 어른들, 노인들 가리지 않고) 소리치는 한 노인 주위에 모여 있었다. '동무들! 동무들! 이 구역에 있는 모든 남자들은 우리의 에너지 혁명이라는 새로운 임무에 협력해야 합니다!'

······ 그 순간부터 과업이 끝난 저녁 늦게까지 단 하나의 대문도 닫히지 않았다."[18]

2005년 후반에는 시장에 대해 더 심한 통제를 가한 또 다른 변화가 있었다. 10월 17일, 아바나의 주유소들을 특별 훈련을 받은 사회적 노동자들이 장악했다. 카스트로는 주유소 점원들이 물량을 빼돌려 휘발유를 불법적으로 팔아 이익을 챙겼다고 고발했다. 같은 날 아바나 항업무를 맡기 위해 군대가 배치되었는데, 이 또한 부패와의 선쟁이었다. 11월에는 경찰이 농민시장을 습격하여, 국가에 먼저 책임량을 납부하지 않고 생산물을 판매하는 농민들을 표적으로 삼았다.[19] 이 모든 행동들은 불법적인 행위를 겨냥한 것이었지만, 이전부터 암묵적으로 널리 용인되던 행위들이었다.

1990년대 이후 쿠바의 경제정책에서 일어난 전환의 성격을 규정하기 위해 학자들과 분석가들이 제시하는 기본 모델은 크게 네 가지이다. 메사-라고는 현재의 국면을 혁명 초기 시절부터 쿠바의 접근방법을 특징지어 온 주기의 연속으로 본다. 경제정책이 보다 더 시장 지향적인 실용주의 시기(1970~1986, 1993~1996)가 국가의 통제, 도덕적 장려책, 사회주의적 이상이 강조된 이상주의 시기(1960~1970, 1986~1993, 1996~현재)를 뒤따랐다는 것이다. 엑스타인은 오히려 실용주의가 쿠바 정부의 정책을 언제나 지배했으며, 이상주의는 매우 실용적인 이유로 채택된 결정을 정당화하기 위해(때로는 다른 선택지가 거의 없었기 때문에) 동원되었다고 주장한다. 코랄레스는 2000년 이후의 재집중화는 시장 개혁이 거짓 약속이었음을 증명하는 것이라고 본다. 리터는 각각의 새로운 국면이 진화하는 현실에 대한 새로운 분석에서 나온 것으로 봄으로써 개혁 과정을 보다 더 진전되는 과정으로 그리고 있다.

쿠바의 정책이 이데올로기에서 나왔는지 아니면 실용주의에서 나왔는지 하는 논쟁은 어떤 면에서는 소용없는 논쟁이다. 그 어떤 시대, 그 어떤 나라에서도 정부의 목표와 신념은 현실 세계의 통제할 수 없는 구조와 한계 속에서 실현된다. 이데올로기가 없는 통치 주체는 없으며, 어떤 통치 주체도 진공 상태에서 이데올로기를 부과할 수는 없다. 모든 통치 주체는 상황이 변함에 따라 자신의 프로그램을 조정하고 전환해 왔다.

재집중화를 비판하는 사람들조차도 이중경제에서 부패가 고질적이며, 어떤 면에서는 이중경제에 붙박혀 있다는 점을 받아들인다. "자영업자들은 일반적으로 암시장에서 투입물을 얻는데, 암시장의 물건들은 대체로 국가 부문에서 훔친 것들로 공급된다"라고 디아즈-프리케츠와 페레스-로페스는 설명한다. 그들은 아나 훌리아 하타르-아우스만이 제기한 사례를 인용하는데, 그는 자영 제화공 호르헤가 자신의 연장과 장비를 어디에서 구했는가 하는 질문에 대해 직접 대답하기를 어떻게 회피하는지 묘사하고 있다. "그것은 사실은 어리석은 질문이다"라고 하타르-아우스만은 설명한다.

호르헤가 사용하는 도구들 가운데 어떤 것도 구할 수 있는 자유시장이 없다는 것을 누구나 알고 있다. 장인들이 만드는 대부분의 제품들을 구할 수 있는 곳도 없다. 그들은 자신의 직장에서 그것들을 가져오거나 (달리 말하면 훔치거나) 암시장에서 산다. 암시장에 있는 제품들은 어디서 나오는가? [국영기업에서] 같은 일을 하는 다른 노동자들로부

터 나온다. 쿠바에서는 생존을 위해 모두가 훔치지 않으면 안 된다.[20]

이러한 상황은 아마도 1980년대에 벤저민, 콜린스와 스콧이 발견했던 장면과 그렇게 다르지 않은 것 같다.

> 많은 혁명 지지자들이 자신들의 암시장 구매를 정당화할 때 쓰는 변명은 "다른 사람들도 모두 그렇게 한다"고 하거나 "심지어 당원인 라몬조차 암시장 커피를 산다"고 하는 것이다. 그래서 그들은 역설적인 상황에 처하게 된다. 한편으로는 자기 구역의 혁명수호위원회에 참여하고 민병대나 자원봉사대에서 실시하는 농촌 노동으로 주말을 보내면서, 다른 한편으로 암시장 닭고기가 자기 이웃뿐 아니라 아마도 자기 가족들에게 돌아가야 할 몫을 축낸 것이라는 것을 알면서도 정육점에서 그것을 산다. 암시장은 쿠바인들에게 이중의 기준으로 살도록 강요하는데, 이것은 아마도 암시장의 가장 치명적인 효과일 것이다.[21]

그러나 강제와 중앙 집중적 통제가 이러한 문제들에 대한 최선의 처방이라고 모두가 동의하는 것은 아니다. 디아스-브리케츠와 페레스-로페스는 통제보다는 투명성이 가장 좋은 해독제라고 주장한다. 메사-라고는 재집중화로 인해 국가 기업의 효율성이 떨어지고 합작 기업의 수가 줄었으며, 투자자들과 관광이 위축되었다고 지적한다. 그는 또한 사적 시장을 폐쇄한 1986년의 '교정운동'이 사실은 암시장 활동을 증가시켰다고 쓰고 있다.[22]

정부의 경제정책이 경제가 움직이는 방식에서 중요한 역할을 하지만,

경제학은 정확한 과학이 아니라는 점을 기억하는 것이 중요하다. 아직 어떤 경제학자도 제3세계, 또는 심지어 제1세계를 괴롭히는 빈곤 문제에 대한 확실한 해결책을 내놓지 못하고 있다.

21세기 첫 10년 동안에 '3중의 봉쇄'는 네 번째 봉쇄, 즉 연이은 자연재해로 악화되었다. 쿠바는 2000년부터 2005년까지 다섯 차례나 허리케인의 타격을 받았다. 마지막 두 번, 2004년의 찰리와 이반은 21억5천만 달러의 손실을 입혔다. "54,325헥타르의 농작물이 피해를 입었고, 240만 마리의 동물이 옮겨짐으로써 특히 돼지와 닭의 생산이 타격을 받았으며(80만 마리의 닭이 죽었다), 5,360채의 주택이 완파되고 94,896채가 손상되었다."[23] 또한 허리케인이 절정을 이룬 가운데 쿠바는 2003년에 시작된 100년 만의 최악의 가뭄으로 피해를 입었는데, 2004년 말 집계된 피해액은 8천4백만 달러에 달했다.[24]

새 세기를 맞은 시민사회

아메리카연구센터(CEA)와 '마힌'에 대한 엄중한 단속이 전형적으로 보여 준 것처럼 국가가 독립적인 조직들에 대해 애증병존적이었음에도 불구하고, 1990년대 후반에는 다양한 형태의 조직들과 지적·예술적 생산이 일종의 붐을 이루었다. 연구 기관들처럼 국가가 후원한 몇몇 단체들은 독립적인 NGO가 되었다. 다른 NGO들은 독립적인 뿌리에서 나오거나 상이한 종교 단체들에 뿌리를 두고 국가의 승인 아래 활동한다. 그리고 쿠바 정부에 분명하게 반대하는 정체성을 가지고 법적 지위를 추구하지 않거나, 또는 거부당한 불법적 조직들이 있다. 연구자들은 이러한 조직들이 1996년에는 350개, 2003년에는 470개가 있었다는 사실을 확인했다. 디아스-브리케츠와 페레스-로페스의 설명에 따르면, "이러한 [후자의] 조직들을 관통하는 공통적인 특징은 규모가 매우 작고, 매우 적은 자원을 동원하며, 불법적으로 활동한다는 점이다. …… 이러한 조직들의 구성원들은 언제라도 법을 위반한다고 괴롭힘당하거나, 벌금을 부과받거나 체포당할 가능성을 무릅쓴다."[25]

젠더와 섹슈얼리티 영역에서는 새로운 세기에 중요한 진전이 있었다. 1970년대에 설립된 '전국성교육센터'(CENESEX)는 "섹슈얼리티에 대한 전통적인 편견과 금기를 깨기" 위한 투쟁에서 오랫동안 진보적인 목소리를 내어왔다.[26] 이 센터는 2000년부터 라울 카스트로의 딸이자 유명한 성과학자 마리엘라 카스트로의 지휘 아래에서, "다양성은 규범이다"라는 캠페인과 같은 노력들을 개척했다. 그리고 쿠바 국가의료 체계에 의한 성전환 수술 권리 획득 운동을 벌였으며(2008년 승인), 2008년과 2009년의 '세계 동성애혐오 반대의 날' 축제에 열렬하게 참가했다. 하지만 2010년 중반까지 정부는 여전히 동등한 결혼권리법을 제정하지 않았다.

종교 조직들에게도 20세기 말에 새로운 공간이 열렸다. 쿠바의 1992년 헌법은 무신론 국가라는 규정을 삭제하는 대신 비종교 국가로 다시정의했으며, 신자들과 종교인들에 대한 차별을 금지했다. '특별시기'의다른 발전들에다가 이러한 변화로 인해 종교 의식과 참여에 일종의 붐이 일어났다.

1998년, 역사상 교황의 첫 쿠바 방문은 변화하는 교회와 쿠바의 모습을 보여 주었다. 가톨릭교회는 '특별시기' 동안 하나의 제도로서 자율성과 권력이 더 커졌다. 그것은 경제 위기로 필요해진 어떤 것들에 대처할 수 있는 하부구조와 국제적 연결망을 갖고 있는 몇 안 되는 조직 가운데 하나였다. 어떤 면에서 경제 위기는 신념의 위기도 초래하여 어떤 사람들은 그 답을 찾기 위해 가톨릭교회로 눈을 돌렸다.

1992년, 정부는 '카리타스 쿠바'(Caritas Cuba)의 설립을 승인했다. 로마에 본부를 둔 국제 가톨릭 구호 조직인 카리타스는 세계 전역에서 활동하고 있는데, 그때까지만 해도 쿠바에서는 금지되어 있었다.[27] 1993년에는 미국에 본부를 둔 '가톨릭구호서비스'가 카리타스 쿠바를 지원하는 프로젝트를 발주했으며, 2008년에는 구호 자금으로 2천7백만 달러를 지원했다.[28]

아프리카계 쿠바 종교들은 1990년대에 다른 종류의 정치적 개방을 경험했다. 집중적으로 조직되어 있지 않았고 제도적 위계나 자료 정리가 없었기 때문에 종교 활동이 얼마나 증가했는지 가늠하기가 더 어렵다. 하지만 특히 산테리아는 하나의 의식으로서 그리고 관광객들의 볼거리로서 붐을 이루었다. 카트린 하거돈의 국립민속예술단(Conjunto Folklórico Nacional de Cuba)에 관한 연구는 정부가 아프리카계 쿠바 문화 형태를 승인하고 지원하기 위한 노력의 일환으로 1962년에 그 단체를 설립한 경위를 설명한다. 1990년대에 종교인들은 산테리아도 수입의 원천이 될 수 있다는 것을 알게 되었다. 일부 산테리아 종교인들은 상업적으로 바뀌어 아프리카계 쿠바 종교의식을 외국 방문객들에게 판매하고자 했다.[29] 많은 쿠바인들은 한 학자가 이름 붙인 '자작 이국주의' (auto-exoticism) 또는 '문화 히네테리스모'(jineterismo cultural, 달러를 벌기

위해 문화 영역에서 몸을 파는 행위)에 분개했다.[30]

쿠바 영화는 1990년대에 시작된 경제적 제약 아래에서 새로운 방식으로 융성했다. 정부가 영화 기관에 자금을 지원할 능력이 없어지자 기존의 제작자들과 새로 떠오른 제작자들은 모두 외국에서 스폰서를 구할 수밖에 없었다. 이처럼 국가가 아닌 시장에 대한 새로운 종속은 기회와 도전을 함께 안겼다. 수하타 페르난데스는 예컨대 "동성애와 아프리카계 쿠바 심령주의는 '차이'가 판매될 수 있는 상품으로 매력이 있는 한, 국제 관객들에게 특히 매력적으로 보였다"고 지적한다.[31] 이전에는 가려져 있던 주제들이 이제 탐색될 수 있다는 것을 의미했다. 그러나 시장에 종속됨으로써 예술적 자유와 상상력이 시장 자체의 요구에 제약받을 수 있었다. 그럼에도 불구하고 〈관타나메라〉(Guantanamera)와 〈삶은 휘파람 부는 것〉(La vida es silbar)처럼 ICAIC와 외국 영화사가 공동 출자한 1990년대 합작 영화들은 나라 안팎에서 호평을 받았다.

한편 '특별시기'에는 앤 마리 스톡이 '거리 영화인'이라고 부른 영화 제작자들도 나타났다. 휴대용 비디오카메라와 같이 값싸고 가벼운 새 기술을 이용하고, ICAIC 바깥에 있는 젊은 영화인 지망생들이 추구한, 쿠바 영화의 완전히 새로운 장르가 역경을 딛고 발전했다. "제한된 자금으로 산업적 인프라 없이 작업해야 했기 때문에 이 세대는 '해결'(resolviendo)과 '발명'(inventando)에 능숙하게 되었다"고 스톡은 설명한다. 그들의 영화는 대부분 단편인 데다가 다수가 다큐멘터리였다. '특별시기'의 아이들인 이 새로운 영화인들은 "쿠바의 헤게모니적 사회주의 과업으로 뒤처진 주변인들에게 카메라를 돌려 그들의 박탈당한 권리를 회복시키려고 했다."[32]

움베르토 파드론의 〈가족의 비디오〉(Video de familia)(2001년) 같은 영화는 그 장르의 특별한 예술적·정치적 강점을 보여 주었다. 그 영화는 독립적으로 촬영되었지만 ICAIC에 의해 배급되었으며, 쿠바에서뿐 아니라 국제적으로 수많은 상을 받았다. 영화의 줄거리는 가족들이 4년 전에 마이애미로 간 아들(또는 형제)에게 보내는 비디오 엽서 형식을 취하고 있다. 카메라가 녹음하는 동안 가족들의 대화는 인종, 정치, 이민, 가족 관계, 일상생활에 관한 논쟁을 쏟아내고, 딸은 떠난 아들이 동성애자라는 사실을 예기치 않게 폭로하기도 한다.

쿠바의 새로운 조직들과 프로젝트들은 합법적으로 보증되는 시민사회 공간 안에서 작동했다. 어떤 조직들은 제한에 대해 압력을 넣고 쿠바의 법과 사회경제 체제의 보다 더 근본적인 변화를 추구했다. 1998년, '기독교해방운동'의 오스왈도 파야는 쿠바 법에 따라 쿠바 정치체제에 근본적인 변화를 제기하는 국민투표 서명을 받는 '바렐라 프로젝트'(Varela Project)을 만들었다. 그 프로젝트는 다섯 가지 쟁점들, 즉 표현과 결사의 자유, 언론 출판의 자유, 정치범의 사면, 쿠바인이 회사를 만들 수 있는 권리, 쿠바 선거제도의 변경에 대해 국민투표를 요구했다.[33] 바렐라 프로젝트는 자신들은 쿠바 법 안에서 움직이며, 합법적이고 비폭력적인 변화 수단에 호소한다고 주장하면서 다른 '반체제' 단체와 분명하게 거리를 두었다.

2003년 초, 비행기나 배를 플로리다로 무장 납치하는 시도가 잦아진 것과 함께 반체제 활동(그중 일부는 미국 '이익대표부'와 연계되어 있었다)이 증가했다. 몇몇 시도는 성공했지만, 쿠바 관리들은 마이애미로 가는 아바나 만 연락선을 납치하려는 시도를 중간에서 가로채 납치범들을 체포했다. 세 납치범이 재판에서 사형선고를 받자 한 바탕 항의 소동이 일어났다. 한편, 75명의 반체제 조직 구성원들이 체포되어 최고 28년까지 징역형을 받았다. 국제적인 성토가 잇따랐다.

체포된 사람들 가운데 절반가량이 바렐라 프로젝트와 연관되어 있었다. 그들은 미국 이익대표부의 제임스 카슨한테 자금을 받고 지원받은 혐의로 기소되어 유죄를 선고받았다. 쿠바 외무장관의 설명에 따르면, 카슨은 이익대표부를 '쿠바전복사령부'로 바꾸었으며, 쿠바 정부를 전복하는 활동을 은폐하는 데 자신의 외교관 지위를 이용했다. 바렐라 프로젝트 구성원들은 알게 모르게 그의 도구가 되었다. 그들은 쿠바 정부를 전복하는 데 혈안이 된 외국 정부의 하수인으로 활동하고, 헬름스-버튼 법을 제정하는 데 협력함으로써 쿠바 법을 위반하고 있었다.[34] (수감되어 있던 그들은 에스파냐 정부와 쿠바 가톨릭교회가 중재한 협상으로 2010년 7월에 대부분 석방되었다.)

경제개혁의 결과가 전체적으로는 긍정적으로 보였지만, 쿠바 사람들이 평등하게 혜택을 받은 것은 아니었다. 2000년 아바나의 한 조사에 따르면 인구의 77퍼센트가 "하루하루 지출을 감당하는 데 충분하지 않은 소득"을 얻고 있었다.[35] 2007년 조사에서는 쿠바인의 42퍼센트가, 2008년 조사에서는 43퍼센트가 낮은 봉급과 높은 생활비를 자기 나라에서 가장 큰 문제라고 생각했다.[36]

나이든 세대의 쿠바인들은 혁명 이전의 쿠바와, 1960년대의 급속한 사회변동과 가능성, 또는 적어도 1970년대와 1980년대의 다소간의 물질적 안정을 기억할지 모른다. 이러한 배경으로 인해 1990년대와 2000년대 초의 변동은 그들에게 아픔이나, 심지어 괴로움을 가져다주었다.

1990년대 '특별시기' 동안에 성년이 된 사람들에게는 그러한 이전 몇십 년간은 동떨어진 상상속의 괴물로 보였다. 하지만 직접 그러한 경험을 한 세대든 학교에서 배운 세대든, 모두 혁명적 이상에 부합하지 않는 당대의 현실에 맞서지 않으면 안 되었다. 혁명은 평등을 가져다줄 것으로 생각되지만 1990년대 이후 눈에 보인 것은 커지는 불평등이었다. 혁명은 국가의 경제적 종속과 신식민지적 관계를 끝장낼 것으로 생각되었다. 하지만 1990년대에 외국 관광객들과 외국 투자가 새로 유입되어 이제 쿠바의 구원자라고 일컬어졌다. 혁명은 저발전을 극복함으로써 쿠바 사람들에게 기회를 만들 것이라고 생각되었다. 하지만 1990년대에 일자리와 기회는 오직 외국에만 존재하는 것처럼 보였다. 1990년대 세대는 또한 이전 세대가 경험한 적이 없는 세계적인 청년 문화의 물질주의와 냉소주의에 심하게 노출되어 있었다. 그것은 세계적인 청년 문화의 성격이 변화되었기 때문이기도 했고, 새로운 기술이 청년들의 세계적 연결망을 비약적으로 발전시켰기 때문이기도 했다.

쿠바 블로거 요아니 산체스는 자기 나라의 'Y세대'를 묘사했는데, 그것은 미국의 'X세대' 개념을 가리킬 뿐 아니라 자기 이름처럼 철자 Y로 시작하는 야니슬레이디, 요안드리, 유시미, 유니에스키 등 유행하는 이름들을 가리켰다. (쿠바에서는 20세기 말에 가톨릭교회의 영향이 줄어들어 아이들의 이름을 성경에서 따오는 관행이 시들해지면서 라틴아메리카의 다른 지역, 특히 카리브 지역과 마찬가지로 새로운 이름을 만들어 내는 뚜렷한 경향이 있다.) 이 세대는 "70년대와 80년대에 쿠바에서 태어났으며, 농촌 학교, 러시아 만화, 불법 이민과 좌절감이 특징"이라고 그녀는 쓴다. 산체스는 미국과 유럽 독자들이 읽지 않고는 못 배기는 세련된 냉소주의의 목소리로 글을 쓰고 있으며, '특별시기' 쿠바의 일상생활에 대한 정곡을 찌르는 비판으로 미국의 《타임》, 《포린폴리시》, 버락 오바마뿐 아니라 에스파냐의 《엘 파이스》(El País)한테서도 칭찬을 받았다.

부시 시대의 정책

2002년 부시는 제임스 카슨을 미국 이익대표부의 책임자로 임명했다. 카슨은 쿠바의 저항 집단들을 고무하고 지원하는 적극적인 역할을 맡았다. 그의 활동은 쿠바 저항의 국제적 인지도를 올리는 데 성공했다. 그러나 그러한 활동은 또한 2003년 3월의 검거 물결을 불러오는 데 기여하기도 했다. 쿠바로 잠입한 반체제 집단들은 카슨과 다른 조직들로부터 선물과 돈을 받고 정부를 전복하려는 목적으로 정보를 제공한 혐의로, 1999년의 '쿠바 국가 독립 및 경제 보호를 위한 법률'에 따라 기소되었다.

2000년에는 미국 의회가 식량과 제한된 양의 의약품 판매를 허용함으로써 통상금지령이 완화되었다. 2004년에 쿠바는 세 번째로 큰 미국 식량 수출 상대국이었으며, 미국은 쿠바의 가장 큰 수입 상대국이었다.[37] 달러상점의 진열대는 미국 상표로 채워졌다. 하지만, 미국 정부는 쿠바 시장에 접근하려고 한 미국 농민들의 요구는 들어준 반면에, 쿠바계 미국인들이 쿠바에 있는 친척을 방문하는 것은 더 어렵게 만들었다.

2004년 중반, 미국은 직계 친척에 대한 가족 방문을 3년에 한 번으로 제한했을 뿐 아니라 직계 가족에게 보내는 송금 액수도 제한했다.

놀랄 일은 아니지만, 미국의 쿠바 공동체는 그러한 조치를 둘러싸고 분열되었다. 나이든 이민자들은 대체로 쿠바에 남겨진 가족과 유대가 거의 없었고 반혁명적 정치의식은 여전히 맹렬하게 남아 있었다. 그들에게 가족 방문 제한 조치는 좋은 정치인 것처럼 보였다. 하지만 1980년 이후, 그리고 특히 1994년 이후 이민자들은 밀접한 가족 유대를 가진 경우가 많았던 데다가 더 미묘한 정치의식을 갖고 있었다. 비록 그들은 자신들이 쿠바 정부의 적이라고 생각했지만, 그러한 제한 조치가 정권이 아니라 쿠바 사람들에 대한 공격이라고 보았다.

2000년에 부시 후보는 플로리다의 쿠바계 미국인 투표 45만 표 가운데 82퍼센트를 얻었다. 2004년, 새로운 제한 조치가 실시된 이후 실시된 여론조사에서는 지지율이 60~70퍼센트로 떨어졌다. 미국에서 출생한 쿠바인들은 단지 32퍼센트만이 부시 대통령을 지지했다. "우리 나이든 쿠바인들은 괴물 속에서 살았으며, 그 늙은 독재자와 계속 싸워야 한다는 것을 안다. 부시 대통령이 하려고 하는 것이 바로 그것이다"라고 나이든 한 쿠바 이민자가 부시 지지를 정당화하면서 설명했다. 한 젊은이가 자신은 가족을 위해 케리에게 투표할 것이라고 선언하면서 맞받았다. "대통령은 우리에게 이데올로기와 가족, 둘 가운데 하나를 선택하라고 요구한다. 그것은 어리석은 질문이다. 내게 선택을 강요하지 말라."[38] 2008년에 또 다른 최근 이민자가 덧붙였다. "나는 쿠바에 있는 사람들을 우리가 갖고 노는 노리개로 보지 않는다. …… 그들 중에는 내 부모도 있고 누이도 있다. 나는 진심으로 그들을 가엾게 생각한다. 쿠바 정부를 해쳐서 만약 그들을 다치게 한다면 나는 쿠바 정부를 해치는 것을 원하지 않는다."[39]

쿠바와 베네수엘라, ALBA

쿠바와 베네수엘라, ALBA

1998년, 베네수엘라의 우고 차베스 대통령 당선은 아메리카 국가들 간의 역학 관계를 중요한 변화를 가져왔다. 쿠바는 미국 정책 결정자들이 주장하는 것과 달리 이전에도 결코 고립되어 있지 않았다. 오히려 제3세계와 비동맹 국가들 사이에서는 쿠바가 지도적 위치에 있었고 미국이 종종 고립되었다. 심지어 미국의 동맹국들 가운데서도 쿠바와 관계를 단절한 미국의 선례를 따르는 나라는 없었다. 그러나 수전 엑스타인은 "공산주의적 연대에서 공산주의적 고독"라는 장에서 1990년대 초 쿠바는 소비에트 블록을 상실한 데다가 설상가상으로 "라틴아메리카 이웃 나라들과 어려운 관계에 직면했다"고 설득력 있게 주장했다. "1989년 12월, 미국이 개입하여 파나마의 마누엘 노리에가 장군을 축출했을 때, 그리고 1990년 2월 니카라과 선거에서 산디니스타가 패배했을 때, 쿠바는 지역의 동맹들을 잃었다."[40]

그로부터 10여 년이 지난 후 칠레, 브라질, 아르헨티나에서 니카라과에 이르기까지 좌파 정당들이 선거에서 승리하고 베네수엘라의 우고 차베스가 쿠바의 모범을 따르는 역할을 선언함으로써 아메리카 반구에서 고립된 것은 누가 봐도 미국이었다. 베네수엘라는 또한 쿠바인들에게 절실한 한 석유를 갖고 있었다.

2002년, 차베스는 쿠바에 석유를 통제된 가격으로 판매하고, 그 대금의 일부는 의료 및 기타 서비스로 받는 최초 5개년 협약에 서명했다. 그 협약은 2004년 12월에 확대되어, 차베스와 카스트로는 아메리카의 경제 통합을 위한 대안적·사회주의적 모델, 즉 '라틴아메리카와 카리

사진 17 "차베스, 우리의 좋은 친구." 산타클라라 체 게바라 동상 옆(2014년).

브 지역을 위한 볼리바르 대안'(ALBA, Alternativa Bolivariana para América Latina y el Caribe)을 출범시켰다. ALBA는 부시 대통령이 '아메리카자유무역지역'(FTAA)에서 제안한 신자유주의·자본주의적 통합에 대한 직접적인 도전장이었다. 첫 합의는 쿠바와 베네수엘라 사이의 '석유-의사 협약'이었는데, 쿠바는 하루 10만 배럴의 석유를 저렴한 가격으로 수입하는 대가로 베네수엘라의 '바리오 아덴트로 프로그램'(Barrio Adentro Program, 이웃공동체 속으로)에 3만 명의 의료진을 파견하고 쿠바의 의과대학과 베네수엘라에서 수만 명의 베네수엘라인들을 양성하게 된다. 바리오 아덴트로는 쿠바 모델을 따라 가난하고 소외된 지역에 무상으로 포괄적인 의료서비스를 제공했다. 2006년에 그 프로그램은 볼리비아로도 확대되었는데, 거기에서는 의사를 파견하고 의료 설비를 마련하는 쿠바 프로그램에 베네수엘라가 자금을 댔다.[41] 2007년에 한 분석가는 베네수엘라는 "1960년부터 2000년까지 소련이 해 온 커다란 후원자 역할에 접근"하고 있었다고 주장했다.[42]

피델 이후의 쿠바

2006년 여름, 79세의 피델 카스트로는 병으로 국가평의회 의장직을 제1부의장인 동생 라울에게 잠정적으로 이양한다고 발표했다. 2008년 2월에 그는 며칠 후 자신의 임기가 종료되면 재선에 나서지 않을 것이라고 선언했다. 국가의회는 피델을 계승하는 의장으로 라울을 만장일치로 선출했다.

라울 카스트로는 취임 직후 몇 달 동안 나라 안팎에서 많은 논평을 불러일으킨 다양한 경제 조치를 취했다. 일련의 개혁은 국가 토지를 개인 농민들에게 무상으로 대여하고 농산물에 대한 매입 가격을 올리는 등 소농들에게 장려책을 제공함으로써 농업 생산을 촉진하는 것이었다. 이전에는 제한되었던 컴퓨터, 비디오레코더, 휴대폰 등에 대한 접근이 개방되었으며, 쿠바인들이 관광호텔에 들어가는 것도 허용되었다. 라울은 국가의 정치적·경제적 사안들에 관해 공개적으로 토론할 것을 쿠바인들에게 요청했다. 그는 아바나의 대학생들 앞에서 "피델은 우리 모두가 함께 그를 대신하지 않으면 교체될 수 없다"고 말했는데, 이는 많은 쿠바인들이 덜 개인적이고 더 집단적인 방식의 리더십으로 전환을 보여 주었다.[43] 그는 또한 2009년에 당대회가 열릴 것이라고 발표했는데, 이는 1997년 이후 처음이며 1959년 이래 6차 대회였다(6차 당대회는 실제로는 2011년 4월에 열렸다—옮긴이). "만약 피델이 여전히 의장이고 그가 당대회를 발표했다면, 사람들은 대부분 하품을 했을 것이라고 생각한다"고 한 쿠바 관찰자가 말했다. "그러나 라울에게 그 발표는 다음과 같은 말하는 것이 된다. '내년 말에 우리는 레코드를 발행하여 그 음악을 듣게 될 것이다.'"[44]

아이젠하워 이래 모두 열 명의 미국 대통령이 카스트로를 권좌에서 제거하고 쿠바혁명을 전복하려고 애썼다. 피델이 의장직을 물려준 지 불과 몇 달 후에 버락 오바마가 '변화'를 약속하면서 미국 대통령으로 선출되었다.

전통적으로 쿠바에 대한 어떤 개방에 대해서도 저항하던 집단인 쿠바계 미국인들도 변하고 있었다. 오바마 선출 한 달 후에 실시한 여론조사에 따르면, 플로리다 남부의 쿠바인들 가운데 55퍼센트는 통상금지령 폐지를 지지했으며, 65퍼센트는 외교 관계가 재개되기를 원했다.[45] 미국 사람들 전체로 보면 71퍼센트 남짓이 외교 관계가 복원되어야 한다고 생각했는데, 쿠바계 미국인들의 수치는 여기에 가까이 다가갔다.[46]

오바마는 취임 불과 몇 달 후 트리니다드에서 열린 아메리카정상회의에서 "미국은 쿠바와의 새로운 출발을 모색하고 있다"고 거듭 말했다. 쿠바계 미국인의 쿠바 여행과 송금에 대한 부시 시대의 제한을 풀고, 우편 왕래의 복원과 이민에 대한 새로운 합의에 관해 논의할 준비가 되어 있다는 그의 발표는 많은 쿠바인들과 쿠바계 미국인들의 환영을 받았다. 하지만 그것은 새로운 출발로 이어지지 않았다. 비록 오바마 정부가 여행 허가를 승인하는 데 더 유연해지기는 했지만, 클린턴이 도입하여 제1기 부시 정부 때까지 계속된 교육 여행 가능성을 복원하지 않았다. 라울 카스트로는 모든 의제에 관해 어떤 전제 조건도 없이 두 정부 사이의 대화를 요청했지만, 오바마 정부는 쿠바가 국내 개혁을 이행하지 않으면 대화는 제한될 것이라고 계속 고집했다.

한편, 세계경제의 침체와 쿠바 수출품의 가격 하락에다가 설상가상으로 자연재해(2008년 두 차례의 대규모 허리케인)가 겹쳐 쿠바의 2009년은 경제적으로 암울한 해가 되었다. 2009년 3월의 한 조사는 "쿠바인들은 날마다 생존을 위해 투쟁하고 있다"고 결론지었다. "그들은 식량 부족과 물가 상승을 특히 염려하고 있으며, 허리케인으로 인한 손실과 세계 금융위기가 상황을 더 악화시킬 것이라고 걱정한다. 많은 응답자들은 쿠바가 또 다른 '특별시기'에 들어갈지도 모른다고 우려한다."[47] 한 쿠바 경제 관리는 쿠바가 "매우 깊고 어려운 위기"를 통과하고 있다는 데 동의했다.[48] 2009년 말이 되면서 국경 양쪽 모두에서 적대감 종식에 대한 희망 또한 흐릿해졌다. 미국은 수감되어 있는 정보 요원 '5인의 쿠바인'을 석방하고, 봉쇄를 끝내고, 은밀한 활동이나 다른 방식으로 쿠바의 내정에 간섭하려는 시도를 중단하라는 쿠바의 핵심적인 요구조차 인정하기를 거부했다. 《뉴욕타임스》의 마크 라시는 라울 카스트로 등은 미국이 "공공연히 그리고 비밀리에 쿠바를 전복"하려 한다고 비난하는 말을 인용하면서, 2009년 말 아바나에서 "오바마의 밀월은 여기서 끝났다"고 선언했다.[49]

쿠바에 대해서는 두 가지 상반된 관점이 미국의 상상력을 지배하고 있는 것 같다. 카리브 이미지로 볼 때 쿠바는 음악과 술, 섹스로 넘쳐나는 관광지이다. 해변으로 둘러싸인 이 섬은 뜨겁고 다채로우며 쿠바 사람들은 행복하고 근심 걱정이 없다. 한편 소비에트 이미지로 보면 쿠바는 우중충하고 억압적인 경찰국가이다. 이 섬의 시민들은 음울한 두려움 속에서 살아간다.

두 시각 모두 외국인들의 세계관이 창조한 쿠바의 이미지이고 상상력이 꾸며 낸 허구일 뿐이다. 실제의 쿠바는 다른 모든 나라와 마찬가지로 다양하고 복잡하다. 지난 50여 년에 이르는 혁명의 역사 또한 다양하고 복잡하며, 정태적인 것이 결코 아니다.

최근 2008년 여름에 내가 쿠바를 방문했을 때, 특히 세 가지 일이 관심을 끌었다.

개인적인 쿠바 경험은 모두 경제위기가 시작된 1991년 이후였기 때문에 나는 언제나 사람들에게 "상황이 좀 어떻습니까?" 하고 묻는다. 이번에는 사람들의 첫 대답이 교통에 관한 것이었는데, 훨씬 좋아졌다고 한다. 새로운 중국산 버스는 편안하고 믿을 만했다. 사소한 것처럼 보일지 모르지만 그것은 거의 모든 사람들이 이동할 필요가 있는 대도시 아바나의 일상생활에서 커다란 차이를 만들어 냈다.

좀 더 우울한 지적도 있었다. 여태껏 혁명의 가장 큰 성공이라고 알려진 의료와 교육 체계가 흔들리고 있다고 사람들이 넌지시 알려왔다. 국가가 고등교육을 받은 사람들에게 괜찮은 일자리를 보장하거나 심지어 유지해 주는 능력이 줄어들자 학생과 교사들 모두 교육 목표를 포기하고 도중에 떠나고 있었다. 새로운 프로그램은 교사들을 속성으로 양성하여 학교에 빠르게 배치하고 있었지만, 교사들의 자질이 떨어져 교육 체계를 더 약화시키고 있었다.

보건의료 역시 악화되고 있었다. 필요한 외환을 벌기 위해 수만 명의 의사들이 필사적으로 베네수엘라를 비롯한 외국으로 수출된 탓에 가정의 진료소에는 의사가 없는 곳이 생기기 시작했다. 2008년 4월, 라울 카스트로는 의료 개혁안을 발표했다. 의료 체계를 통합하여 의사가 없는 진료소는 문 닫고 나머지 진료소들이 더 많은 사람들을 맡게 하며, 가정의 진료소에 더 많은 의대 학생들을 보낸다는 것이다.

국제사면위원회는 2009년 8월 보고서에서 쿠바 의료 체계가 직면한 또 다른 장애들을 지적했다. 그 가운데 핵심은 미국의 통상금지령이었다. 이와 관련하여 국제사면위원회는 다음과 같은 결론을 내렸다. "무역과 금융에 가해진 제한들 탓에 쿠바는 생명을 위협하는 질병을 치료하고 공공의료 프로그램을 유지하는 데 필수적인 의약품과 의료 장비, 최신 기술을 도입할 수 있는 능력이 심각하게 제한되었다"[1]

또한 오랜 동반자인 60대 초반 부부가 나누는 말도 듣기가 불편했다. 두 사람은 혁명과 함께 성장하고 혁명에 무척 헌신적이며 자유로운 생각을 가진 전문가이다. 둘 다 사회정의와 경제발전을 어떻게 이룰 수 있을까 하고 끊임없이 되묻는 분야에서 일하고 있었다. 부부 사이에 태어난 외동딸 또한 고등교육을 받고 성취동기가 높았는데, 내가 마지막으로 그들을 본 이후에 결혼했다. 그녀는 일 때문에 아바나에 오게 된 에스파냐 남자를 만나 결혼했다. 두 사람은 새로 생긴 아이와 함께 지금 에스파냐에 살고 있다.

"우리는 스스로 고아 부모 세대라고 부른다네" 하면서 친구가 한 숨을 쉬었다. "우리 친구들은 모두 똑같은 곤경에 처해 있어. 아이들은 열심히 공부하며 교육을 받았지. 하지만 그들에게는 지금 이곳에 기회가 없어. 내 딸이 여기 눌러 산다면 그 아이 인생이 어떻게 될까? 우리가 죽어 우리 아파트를 물려받기만 기다리면서 아등바등 살아갈까?"

나는 쿠바혁명의 경험을 요약하거나 그것에 관한 전반적인 판단을 내리고 싶지는 않다. 혁명은 거칠고 대담하고 실험적이며 다양했다. 그것은 때때로 불리한 환경 아래에서 전진해 왔다. 그것은 전에 없었던 사회경제적 평등을 창조했으며, 가난한 제3세계 나라가 자기 국민들을 먹여 살리고, 교육하고, 보건의료를 제공하는 일이 실제로 가능하다는 사실을 전 세계에 보여 주었다. 그것은 놀라운 예술적·지적 창조성을 이끌어 내기도 하고, 한편으로 숨 막히는 관료제를 만들어 미국에서는 많은 사람들이 당연하다고 생각하는 '자유'를 제한하기도 했다. 또한 그것은 경제적 저발전을 극복하는 일이 얼마나 어려운 일인지 새삼 보여 주었다.

쿠바혁명의 역사는 여전히 진행 중이며, 가장 해박한 학자들의 예측도 잘못되었다는 것이 거듭 거듭 드러났다. 나는 2008년 8월에 쿠바를 떠나면서 낙관주의와 비관주의를 동시에 갖고 있었지만, 대체로는 다가오는 장래에 어떤 일이 일어날지 궁금했다.

과거 또는 다른 나라나 문화를 연구할 때, 가장 중요한 것은 그것이 어떻게 우리 자신의 현실에서 일어나는 일들을 다른 관점에서 생각하게 할 수 있는가 하는 것이다. 보통 우리는 자신들의 역사적 맥락을 당연하게 받아들인다. 우리가 다른 가능성들을 마주하게 될 때까지, 그러한 가능성들이 존재한다는 사실을 상상하는 것조차 쉽지 않다. 만약 우리 모두를 위한 더 나은 세계를 상상하고자 한다면, 쿠바혁명을 공부하는 것보다 더 좋은 출발점은 없다고 나는 생각한다.

우리나라에서 쿠바는 멀고도 잘 알려지지 않은 나라다. 하지만 생소하지는 않은 것 같다. 쿠바는 피델 카스트로와 체 게바라의 혁명으로 유명할 뿐 아니라 수도 아바나나 에메랄드 빛 카리브 해안도 매혹적인 관광지로 꼽힌다. 그런데 무엇보다도 쿠바에 대한 가장 강한 낙인은 북한과 같은 부류의 공산주의 국가라는 것이다. 그래서 카스트로 독재와 정치적 억압, 경제적 빈곤으로 얼룩진 나라라는 막연한 이미지가 널리 퍼져 있다. 지은이가 책의 첫머리에서 미국인들 대부분의 쿠바에 관한 부정적인 생각을 꼬집고 있는 점은 우리나라에서도 크게 다르지 않다고 생각된다. 쿠바만큼 오해와 편견이 많은 나라도 드물 것이다. 《쿠바 혁명사》는 이러한 오해와 편견을 바로 잡고자 하는 강한 의도가 책 전반에 흐르고 있다.

이 책은 Aviva Chomky, *A History of the Cuban Revolution*(Wiley-

Blackwell, 2011)을 번역한 것이다. 이름에서 짐작하는 이들도 있겠지만, 지은이 아비바 촘스키는 세계적인 언어학자이자 미국의 대표적인 지성으로 알려져 있는 노엄 촘스키의 큰딸이다. 그는 라틴아메리카 역사를 전공으로 하는 역사학자로서, 학생들을 인솔하여 쿠바에 몇 차례 다녀가는 등, 특히 쿠바의 역사와 사회에 관심이 많다. 그래서 이 책을 출판한 와일리-블랙웰 출판사가 '관점'(viewpoints) 시리즈의 쿠바혁명사 집필을 그에게 맡겼으리라.

쿠바와 쿠바혁명에 관한 지은이의 관점은 분명하다. 한마디로 미국인의 관점이 아니라 쿠바인의 관점에서 쿠바혁명을 써내려 간다. 우선 그는 미국인으로서 미국의 쿠바 지배에 명확한 반대 입장을 거침없이 드러낸다. 쿠바의 근현대사는 미국과의 관계를 제외하고 말할 수 없다. 지은이가 미국과 쿠바의 관계를 하나의 축으로 쿠바혁명을 서술하는 방식은, 아버지 노엄 촘스키가 미국의 세계 지배를 고발하는 방식과 아주 닮았다. 미국 자신의 역사 자료에 근거한 객관적인 사실들을 토대로 미국의 지배와 쿠바인들의 저항을 냉정한 필치로 쓰면서도, 패권적인 미국에 대한 분노를 가슴 한편에 간직하고 있다.

'자유'는《쿠바혁명사》를 관통하는 화두다. 지은이는 쿠바에 자유가 없다고 생각하는 미국인들을 겨냥하여 자유의 진정한 의미를 되묻는다. 그리고 쿠바혁명과 쿠바 근현대사를 자유를 위한 투쟁으로 그려낸다. 쿠바인들에게 자유는 구체적으로 미국으로부터의 독립과 사회정의였다. 그것은 바로 쿠바혁명이 성취한 것이기도 하다. 옮긴이가 이 책의 부제로 '자유를 향한 끝없는 여정'이라고 이름 붙인 까닭도 여기에 있다.

그러나 '자유를 향한 여정'이 1959년 1월 1일 한 번의 쿠바혁명으로 끝나지 않은 것은 물론이다.《쿠바혁명사》는 '1959년 쿠바혁명'을 중심에 놓고 있지만, 1868년 1차 독립전쟁에서 시작하여 최근 라울 카스트로의 개혁에 이르기까지, 약 150년에 걸친 쿠바 근현대사 전체를 혁명 과정으로 그린다. 독자들은 이 한 권의 책을 통해 쿠바 근현대사의 윤곽을 그릴 수 있을 것이다.

쿠바혁명사는 한국 근현대사를 상기시키는 대목이 꽤 있다. 스페인 식민지 경험은 일제 식민지 경험을 떠올리게 하고, 쿠바 국민을 형성하는 데 결정적인 기여를 한 독립전쟁 지도자 호세 마르티는 갑오농민전쟁 최고지도자 전봉준 장군을 연상시킨다(쿠바의 국부로 추앙받고 있는 호세 마르티는 1853년생으로 전봉준보다 두 살 많지만, 전봉준이 처형된 해와 같은 1895년 독립전쟁 중에 전사했다). 쿠바가 1898년 독립전쟁에 거의 승리할 무렵 미국이 개입하여 3년간 군정 지배를 한 것은, 1945년 해방 직후 미군이 남한을 점령하여 3년간 군정을 펼친 것과 매우 닮았다. 독립 후 미국의 지원을 받은 독재정권이 오랫동안 민중을 수탈한 쿠바 현대사는 해방 후 한국 현대사를 돌아보게 한다. 다만 한 가지 결정적인 차이가 있다면, 쿠바는 1959년 혁명을 승리로 이끈 반면에 1987년 6월 항쟁은 미완으로 끝나고 말았다는 사실이다. 쿠바혁명의 역사를 한국 근현대사에 비추어 가면서 읽는 것도 이 책을 읽는 재미를 더해 줄 것이다.

이 책이 가진 장점 가운데 하나는 쿠바혁명을 사건사나 정치사가 아니라 사회사로 쓰고 있다는 점이다. 아비바 촘스키는 역사학자이면서도 쿠바의 인종, 젠더, 섹슈얼리티, 종교 등 사회학적 주제들을 본격적으로 다룸으로써 쿠바 사회의 다양성을 보여 준다. 뿐만 아니라 문학, 영화, 음악, 스포츠, 춤, 정치 문화, 음식 등 사회생활의 거의 전 영역을 망라하여 쿠바인들의 삶을 드러낸다. 이러한 다양한 부문의 삶을 서술할 때도 지은이가 잊지 않고 있는 화두는 '자유'다. 그렇게 함으로써 지은이는 쿠바에 관한 오해와 편견을 불식시키는 데 어느 정도 성공하고 있는 것으로 보인다.

옮긴이가 쿠바에 관해 관심을 가지게 된 계기는 5년 전, 쿠바 교육제도 견학을 위한 방문이었다(그때 마침 전국 곳곳에서 혁명 50주년 행사가 열리고 있었다). 북한과 비슷하지 않을까 하는 막연한 생각과 함께, 소련이 몰락했을 때 쿠바가 어떻게 생존할 수 있었을까 하는 의문을 가지고 비행기에 올랐다. 유치원에서 대학교까지 각급 학교 견학 프로그램을 마치고 한 주일 정도 시간을 내어 아바나뿐만 아니라 지방 소도시와 농촌 등 쿠바 전역을 둘러보았다. 쿠바 사회는 내가 가지고 있던 막연한 예상과는 많이 달랐다. 물자는 좀 부족하지만 사람들이 여유가 있고, 안정되어 있으면서도 자유가 넘쳐 흐른다는 느낌이었다.

대학 시절, 레오 휴버먼과 폴 스위지가 혁명 직후에 쓴 《쿠바혁명사》를 감동적으로 읽었던 어렴풋한 기억 말고는 사실 쿠바에 관해 아는 것이 거의 없었다. 귀국하여 문헌과 웹사이트 등을 검토하던 중, 삼천리 송병섭 대표의 소개로 미국 사회학자 헨리 테일러가 쓴 *Inside el Barrio*를 알게 되어 《쿠바식으로 산다: 밑바닥에서 본 아바나의 이웃 공동체》(삼천리, 2010)라는 제목으로 번역했다. 쿠바 교육제도에 관한 본격적인 연구를 시작하여 쿠바 학교와 이웃공동체를 주제로 논문도 쓰고, 여러 군데 강연을 다니면서 쿠바혁명의 진면목을 대중적으로 알리기도 했다. 그러던 차에 이번에는 송 대표가 이 책과 캐나다 정치학자 아널드 오거스트가 쓴 *Cuba and its Neighbours*를 한꺼번에 건넸다. 오거스트의 책은 쿠바 현지조사를 토대로 쿠바 민주주의를 미국 민주주의 및 베네수엘라 민주주의와 비교하면서 분석한 책이다(이 책도 곧 삼천리에서《쿠바식 민주주의》라는 제목으로 출간될 예정이다).

지난해부터 두 책의 번역에 착수하여 번역 초고를 마무리해 놓고, 겨울방학을 이용하여 송 대표와 함께 한 달간의 쿠바 여행을 다녀왔다. 이번에는 자동차가 아니라 자전거로 전국을 돌아보았다. 5년 만의 쿠바 방문이었다. 자영업 확대를 핵심으로 하는 라울 카스트로의 개혁조치로 일용품과 여행자 시장이 다소 활발해지고 물자가 좀 더 풍부해진 것 말고는 5년 동안 큰 변화는 없는 것 같았다. 사람들은 여전히 여유롭게 자유를 즐기는 것 같았다. 이 책 덕분에 '자유를 향한 끝없는 여정'으로서의 쿠바혁명이 현재진행형으로 전개되고 있는 역사의 현장이 우리의 여행길에서 더 자주 자세하게 눈에 띄었음은 물론이다(얼마 전에 보내온 지은이의 한국어판 서문에서도 이 책이 독자들에게 쿠바 여행을 자극하기를 바라고 있다). 이 책 중간 중간에 넣을 사진을 찍어 온 것도 조그만 수확이었다.

여행을 다녀오는 동안 거친 번역 초고를 꼼꼼하게 교열하여 읽기 쉽게 해준 김명화님께 고마움을 전한다. 그는 국문학을 공부하고 예전에 신문사에서 교열을 보던 숨은 실력을 유감없이 발휘했다.

지은이가 결론에서 강조하고 있듯이, 쿠바혁명사는 간단히 요약하거나 전반적인 판단을 섣불리 내리기 힘들다. 쿠바혁명은 아직도 진행 중이며 그 방향 또한 국제 정세의 변화 속에서 오늘을 사는 쿠바 사람들이 만들어 나갈 몫이다. 다만, 이 책이 혁명 쿠바의 변화무쌍하고 다양한 경험을 타산지석으로 하여 우리 사회를 성찰할 수 있는 계기가 되었으면 하는 바람이다.

2014년 3월, 함취당에서
정진상

1. 혁명과 자유

1. Gallup, "Favorability: People in the News," www.gallup.com/poll/1618/ FavorabilityPeople-News.aspx. Results from August 2006.

2. 다음과 같은 책들이 있다. 역사학자 Thomas M. Leonard, *Fidel Castro: A Biography*; 역사학자 Robert E. Quirk, Fidel Castro; 정치학자 John Gerassi, *Fidel Castro: A Biography*; journalists Georgie Ann Geyer, *The Untold Story of Fidel Castro*; Volker Skierka, *Fidel Castro: A Biography*; and Tad Szluc, Fidel: A Critical Portrait. 이 밖에 다음 책들도 참고할 수 있다. 영국 외교관 Leycester Coltman, *The Real Fidel Castro*; physician Peter G. Bourne, *A Biography of Fidel Castro*; Nestor Kohan and Nahuel Scherma, *A Graphic Novel Life of Fidel Castro*; and Ignacio Ramonet, *Fidel Castro: My Life: A Spoken Autobiography.*

3. Manifesto of the Junta Cubana de Renovación Nacional, cited in Pérez, *Cuba: Between Reform and Revolution*, p. 236.

4. Kozol, *Children of the Revolution*, p. 171.

5. 1959년 9월 4일, 쿠바 주재 미국대사관에서 국무부로 보낸 전문 *FRUS 1958-60*, VI, p. 596.

6. Rubottom, January 14, 1960, *FRUS 1958-60*, VI, p. 743.

7. "President Bush Discusses Cuba Policy," October 24, 2007, www.whitehouse. gov/news/releases/2007/10/20071024-6.html.

8. Remarks of Senator Barack Obama: Renewing U.S. Leadership in the Americas. May 23, 2008, www.barackobama.com/2008/05/23/remarks_of_senator_ barack_obam_68.php.

9. See Winn, *Victims of the Chilean Miracle* and Davis, *Victims of the Miracle.*

10. Adorno, "Havana and Macondo," p. 376.
11. Black, "Introduction: Understanding the Persistence of Inequity," p. 3.
12. Fagen, "Latin America and the Cold War," p. 6. See also Fagen, "Study ing Latin American Politics."
13. Smith, "Memoirs from LASA's 14th President," p. 20.
14. Smith, "Memoirs from LASA's 14th President," pp. 20, 21.
15. Smith, "Memoirs from LASA's 14th President," pp. 20, 21.
16. Pérez-Stable, "Review: The Field of Cuban Studies," p. 250; Kirk and McKenna, "Trying to Address the Cuban Paradox."
17. Pérez, "History, Historiography, and Cuban Studies," p. 66.
18. Vilas, "Is Socialism still an Alternative for the Third World?"
19. Vilas, "Is Socialism still an Alternative for the Third World?"
20. 77개국 남반구정상회의 개막식에서 쿠바공화국 국가평의회 및 각료회의 의장 피델 카스트로가 한 연설, Havana, April 12, 2000, www.g77.org/summit/ceniai.inf. cu/f120400i.html.
21. World Public Opinion, "Cubans Show Little Satisfaction with Opportunities and Individual Freedom," January 10, 2007, www.worldpublicopinion.org/ pipa/articles/brlatinamericara/300.php?lb=brla&pnt=300&nid=&id=. See also Gallup News Service, "Just One in Four Urban Cubans Satisfied with Personal Freedoms," December 18, 2006, www.gallup.com/poll/25915/Just-One-Four-Urban-Cubans-Satisfied-Personal-Freedoms.aspx.
22. International Republican Institute, "Cuban Public Opinion Survey," September 5-October 4, 2007, www.iri.org/lac/cuba/pdfs/2007-10-18-Cuba.pdf.
23. World Public Opinion, "Latin American Publics are Skeptical about U.S.But Not about Democracy," March 7, 2007, www.worldpublicopinion.org/pipa/ articles/brlatinamericara/328.php?nid=&id=&pnt=328&lb=brla.
24. Steve Crabtree and Jesús Ríos, "Opinion Briefing: Latin America's Leftists." January 21, 2009, www.gallup.com/poll/113902/opinion-briefing-latin-america-leftists.aspx.

2. 쿠바, 1959년을 겪다

1. Rodríguez Exposito, *Hatuey, El primer libertador de Cuba.* 참조
2. Yaremko, www.kacike.org/Yaremko.html. 참조
3. Pérez, *Cuba: Between Reform and Revolution*, pp. 38, 46.
4. Bergad *et al., The Cuban Slave Market, 1790-1880*, p. 38.
5. Ortiz, *Cuban Counterpoint*, p. 103.
6. 첫 번째는 *Patria* (New York)에 수록된 "Mi Raza,"(April 16, 1893)에서 인용했다. 이 글은 Vitier and García Marruz, *José Martí*(p.161)에 재수록되었다. 두 번째는 1891년 11월 26일 탐파의 쿠바인 중학교에서 한 연설에서 인용한 것이다. Poyo, "With All and For the Good of All" 참조.
7. Bolívar, *Selected Writings of Bolívar*, p. 732.
8. José Martí, "Nuestra América," *El Partido Liberal*, Mexico City, January 30, 1891; translated in Shnookal and Muñiz (eds), *José Martí Reader*, pp. 111-120.
9. Opatrný, *U.S. Expansionism and Cuban Annexationism in the 1850s.*
10. Pérez, *Cuba and the United States*, p. 47.
11. Poyo, "Evolution of Cuban Separatist Thought"; Poyo, "With All and For the Good of All."
12. 역사학자 루이스 A. 페레스는 미국과 쿠바의 관계를 다룬 책 제목(*Cuba and the United States: Ties of Singular Intimacy*)으로 이 구절을 사용했다.
13. Helg, *Our Rightful Share.*
14. 쿠바 흑인들에게 투표권과 정치체계에 대한 접근권이 중요하다는 점에 관해서는 de la Fuente, *A Nation for All* 참조.
15. 쿠바의 서인도제도 이민자들을 둘러싼 논쟁에 관해서는 Chomsky, "Barbados or Canada?" 참조
16. Pérez, *Cuba: Between Reform and Revolution*, p. 192.
17. Pérez , *Cuba: Between Reform and Revolution*, pp. 197-198.
18. Jenks, *Our Cuban Colony; Nearing and Freeman, Dollar Diplomacy.*
19. Bemis, *The Latin American Policy of the United States.*
20. Foner, *The Spanish-Cuban-American War*; Pérez, *Cuba: Between Reform and Revolution*, p. 178.
21. Roig de Leuchsenring, *La Enmienda Platt and Análisis y consecuencias de la intervención norteamericana en los asuntos interiores de Cuba*; Healy, "One War

from Two Sides." See also Corbitt, "Cuban Revisionist Interpretations of Cuba's Struggle for Independence," Quinn, "Cuban Historiography in the 1960s," and Pérez de la Riva, *La república neocolonial*.

22. Pérez, *Cuba: Between Reform and Revolution*, p. 226.

23. Pérez, *Cuba: Between Reform and Revolution*, p. 201.

24. Díaz-Briquets and Pérez-López, *Corruption in Cuba*, p. 71.

25. Pérez, *Cuba: Between Reform and Revolution*, p. 234.

26. Moore, *Nationalizing Blackness*, p. 105.

27. Pérez, *Cuba: Between Reform and Revolution*, p. 270.

28. Pérez, *Cuba: Between Reform and Revolution*, p. 268.

29. Pérez, *Cuba: Between Reform and Revolution*, p. 269.

30. Pérez, *Cuba: Between Reform and Revolution*, p. 275.

31. *Liss, Roots of Revolution*, p. 109. 참조.

32. Pérez, *Cuba: Between Reform and Revolution*, p. 284.

33. de la Fuente, *A Nation for All*, p. 253.

34. Benjamin, Collins, and Scott, *No Free Lunch*, pp. 2, 3, 5; Pérez, *Cuba: Between Reform and Revolution*, pp. 295, 297.

35. www.time.com/time/time100/heroes/profile/guevara01.html.

36. 쿠바 화가 산드라 라모스는 그러한 경례 모습을 시각적 이미지로 보여 주고 있다(사진 5). www.thefrasergallery.com/artwork/Sandra-Ramos/Webpages/Seremos. html.에서도 볼 수 있다.

37. Carlos Puebla, "Para nosotros siempre es 26."

38. Liss, *Roots of Revolution*, p. 112.

39. 최후진술문은 수많은 판본이 있는데, 대표적으로 카스트로 인터넷 온라인 기록은 www.marxists.org/history/cuba/archive/castro/1953/10/16.htm.에서 볼 수 있다.

40. Sweig, *Inside the Cuban Revolution*, p. 9.

41. www.granma.cubaweb.cu 참조.

42. Carlos Puebla, "Para nosotros siempre es 26."

43. Pérez, *Lords of the Mountain* 참조.

44. Feinsilver, *Healing the Masses*, p. 31.

45. Ferrer, *Insurgent Cuba*, p. 43.

46. 특히 "The Cuban Revolution: An Eternal Triumph," in *Sierra Maestra Online, the Official Newspaper of Santiago de Cuba*, July 19th, 2008에서 인용했다. 또한

Castro's January 3, 1959년 1월 3일 산티아고데쿠바에서 한 피델 카스트로의 연설을 보라. http://lanic.utexas.edu/project/castro/db/1959/19590103.html. 라울 카스트로도 2009년 1월 1일 혁명 승리 50주년 기념식에서 같은 정서를 반복했다. "반란군은 다시 맘비들의 무기를 들었다"고 그는 선언했다. "이번에는 맘비들이 피델과 함께 산티아고데쿠바에 들어갔다." 라울 카스트로의 2009년 1월 1일 산티아고데쿠바 연설, www.cuba.cu/gobierno/rauldiscursos/2009/ing/r010109i.html.

47. weig, *Inside the Cuban Revolution*.

48. *New York Times*, February 24, 1957; DePalma, The Man Who Invented Fidel.

49. Benjamin, *The United States and the Origins of the Cuban Revolution*; Morley, *Imperial State and Revolution*; Paterson, *Contesting Castro* 참조.

50. Castañeda, "Gone but Not Forgotten."

51. Silverman, *Man and Socialism in Cuba*, p. 5.

52. Juan Antonio Blanco with Medea Benjamin, *Cuba: Talking About Revolution*, p. 18.

53. Gosse, *Where the Boys Are*. 20세기 전반 미국과 서유럽의 '구좌파'는 러시아혁명의 영향으로 구성된 정당들로 형성되었다. 1960년대에 학생운동과 반전운동을 통해 나온 신좌파는 소련과 구좌파 대부분의 하향식 권위주의 정치를 거부했다.

54. "Education in Venezuela: Fatherland, Socialism, or Death: Venezuela's Schools Receive Orders to Create the 'New Man,'" *The Economist*, October 11, 2007.

55. Memorandum of a Conversation, Department of State, Washington, September 18, 1959. Subject: Our Future Relations with Cuba. Participants: R. R. Rubottom Jr., Assistant Secretary; Ambassador Bonsal; CMA [Office of Caribbean and Mexican Affairs, Bureau of Inter-American Affairs, Department of State] William A. Wieland; ARA [Bureau of Inter-American Affairs, Department of State] J. C. Hill; CMA R. A. Stevenson, R. B. Owen.

3. 사회주의 실험

1. 파창가(Pachanga)란 말 그대로는 1950년대에 시작된 생동감 있는 쿠바 음악 또는 춤 형식을 가리키는데, 이 말은 아나키스트 엠마 골드만이 혁명 조직의 청교도적이고 권위주의적인 성격에 저항하면서 자유와 아름다움, 유희와 춤이 있는 혁명을 요구한 것을 상기시킨다.

2. Rostow's classic, *The Stages of Economic Growth*. A third edition was published in 1990 참조.
3. Prebisch, *The Economic Development of Latin America and its Principal Problems* 참조.
4. Brunendius, *Revolutionary Cuba*, pp. 10-12; Hamilton, "The Cuban Economy" 참조.
5. Brunendius, *Revolutionary Cuba*, p. 13.
6. Brunendius, *Revolutionary Cuba*, p. 14.
7. Pérez, *On Becoming Cuban*, p. 368에서 인용.
8. Roger de Lauria, Pérez, *On Becoming Cuban*, p. 355.에서 인용.
9. José Martí, "Our America," *El Partido Liberal*(Mexico City), March 5, 1892.
10. Pérez, *Between Reform and Revolution*, pp. 320-321.
11. Benjamin, Collins, and Scott, *No Free Lunch*, p. 17.
12. Feinsilver, *Healing the Masses*, p. 157.
13. Fagen, *The Transformation of Political Culture in Cuba*, p. 35.
14. Leiner, "The 1961 Cuban National Literacy Campaign," pp. 174-175.
15. Quiroz, "Martí in Cuban Schools," in Font and Quiroz, *The Cuban Republic and José Martí*, p. 81 참조.
16. Feinsilver, *Healing the Masses*, p. 32.
17. 피델 카스트로의 1960년 9월 28일 연설, Fagen, *Transformation of Political Culture*, p. 69에서 인용.
18. Fagen, *Transformation of Political Culture*, pp. 70-71.
19. Fagen, *Transformation of Political Culture*, p. 73.
20. 1968년 3월 연설, Benjamin, Collins, and Scott, *No Free Lunch*, p. 110에서 인용.
21. Alfredo Prieto, "Otra vez los sovieticos," July 3, 2009, http://7dias.com.do/app/article.aspx?id=54772.
22. Eckstein, *Back from the Future*, pp. 47, 58.
23. Domínguez, *Cuba: Order and Revolution*, p. 202.
24. Benjamin, Collins and Scott, *No Free Lunch*, chapter 5.
25. Feinsilver, *Healing the Masses*, p. 37.
26. Feinsilver, "Cuban Medical Diplomacy."
27. Kozol, *Children of the Revolution*, pp. 105-106.
28. Dilla Alfonso, "Cuba: The Changing Scenarios of Governability," p. 60.

29. 29 Roca, "*The Comandante* in His Economic Labyrinth," p. 91. 그는 교정을 "이 데올로기와 정치에 커다란 가치를 두면서 중앙집권적이고 개인주의적이며 반시장적이고 장려책에 반대하는 것"으로 설명한다.

30. LeoGrande and Thomas, "Cuba's Quest for Economic Independence"; Eckstein, *Back from the Future*, chapter 3. 참조. 엑스타인은 "교정 과정을 시작한 주요한 이유는 재정적인 문제 때문이었다고 결론짓는다(p.79).

31. Lockwood, *Castro's Cuba, Cuba's Fidel*, p. 136.

32. Fornet, "El quinquenio gris: revisitando el término."

33. González Echevarría, "Criticism and Literature in Revolutionary Cuba," p. 168. 혁명 이후 쿠바 문화 정책과 문화 생산에 관해 개괄한 다른 글로는 Craven, "Cuban Art and Culture"; Ripoll, "Writers and Artists in Today's Cuba"; Casal, "Literature and Society" 참조.

4. 대미 관계

1. Silvio Rodríguez, "Cancion urgente para Nicaragua."

2. Bonsal, *Cuba, Castro, and the United States*, pp. 42~43.

3. 1959년 1월 6일, 브래독이 국무부에 보낸 전문. *Foreign Relations of the United States(FRUS 1958-60)*, VI, p. 346. 이들 기업가들은 이전에는 혁명 승리를 막기 위해 미국이 군부 쿠데타를 지지하라고 종용한 바 있다. 그때 미국 대사는 비록 미국이 "조용한 구경꾼이 되어서는 안 된다"는 점에서는 동의했지만, 그들의 충고를 따르지는 않았다. 그는 쿠데타 대신에 국무부가 바티스타를 설득하여 군부가 지지하는 (아마도 실제로는 동일하다 하더라도 의미가 좀 다른) 민간인에게 대통령직을 양도하게 하라고 주장했다. 이 사건의 전말은 Paterson, *Contesting Castro*, p. 201 참조.

4. Bonsal, *Cuba, Castro, and the United States*, p. 28.

5. 미 국무부 아메리카문제 특별차관보(힐)의 비망록. "Briefing Memorandum-Cuba" February 6, 1959. *FRUS 1958-60*, p. 397.

6. 1959년 2월 19일, 멕시코·카리브문제국장(웨일랜드)가 아메리카문제차관보(러보텀)에게 보낸 전문. *FRUS, 1958-60*, VI, p. 406.

7. 1959년 3월 11일, 쿠바 주재 미국대사가 국무부에 보낸 전문. *FRUS 1958-60*, VI, pp. 507-508.

8. Pérez, *Cuba: Between Reform and Revolution*, p. 320.

9. Bonsal, *Cuba, Castro, and the United States*, p. 72.

10. 1959년 3월 22일, 미국 국무부에서 쿠바 주재 미국대사에게 보낸 전문. *FRUS 1958~60*, VI, p. 510.

11. 1959년 3월 23일, 쿠바 주재 미국대사가 국무부에 보낸 전문. *FRUS 1958~60*, VI, pp. 511-512.

12. 1959년 1월 1일 대화 비망록. *FRUS 1958~60*, VI, p. 518.

13. 1959년 6월 12일, 쿠바 주재 미국대사가 국무부에 보낸 전문. *FRUS 1958~60*, VI, pp. 529-530.

14. 1959년 6월 15일, 국무부 장관 로아가 쿠바 주재 미국대사(본살)에게 보낸 메모. *FRUS 1958~60*, pp. 531-534.

15. 1959년 6월 25일, 미 국무부에서 쿠바 주재 미국대사에게 보낸 전문. *FRUS 1958~60*, VI, p. 543. 1959년 6월 24일, 워싱턴에서 국무부가 텍사스의 킹랜치 소유주 로버트 클레버그와 그의 쿠바 재산 관리인 잭 매론과 만난 일은 국무부 대화 비망록에 기록되어 있다. *FRUS 1958~60*, VI, pp. 539-541. 대사에게 보낸 전문에서 허터는 특히 "국무부가 클레버그를 비롯한 미국인 소유 가축에 관한 보고에 관해 심각하게 우려하고 있다"고 적었다(p. 543).

16. 1959년 7월 1일, 아메리카지역경제문제국장의 비망록. *FRUS 1958~60*, pp. 546-551; the quote is from p. 548.

17. 1959년 7월 7일, 쿠바 주재 미국대사가 국무부에 보낸 전문. *FRUS 1958~60*, pp. 553-554.

18. 1959년 9월 4일, 쿠바 주재 미국대사가 국무부에 보낸 전문. *FRUS 1958~60*, VI, p. 596.

19. 1959년 7월 23일, 쿠바 주재 미국대사(본살)와 국무부 장관 로아의 대화비망록. *FRUS 1958~60*, p. 572.

20. 1959년 8월 2일, 쿠바 주재 미국대사가 국무부에 보낸 항공 편지. *FRUS 1958~60*, VI, pp. 581-582.

21. 1959년 9월 18일, 미 국무부 아메리카문제특별차관보(힐)의 비망록. *FRUS 1958~60*, VI, p. 605.

22. 1959년 12월 18일, *FRUS 1958~60*, VI, pp. 716-720.

23. Paterson, "Fixation with Cuba," p. 126. Robert Anderson, Memorandum, January 19, 1961에서 인용.

24. 1960년 1월 14일, Rubottom. *FRUS 1958~60*, VI, p. 743.

25. 1959년 11월 4일. *FRUS 1958-60*, VI, p. 652.

26. U.S. Congress, Senate, *Alleged Assassination Plots*, p. 92에서 인용.

27. 예컨대 피델 카스트로는 상원의원 조지 맥거번에게 자신을 노린 24차례의 암살 시도 목록을 건넸다. CIA는 9건의 암살 시도에 '조직적 관련'이 있다는 사실을 인정했지만, 그것이 그러한 암살 시도를 명백히 의도한 것은 아니라고 주장했다. 그래서 위원회는 9건의 암살 시도를 조사에 포함시키지 않았다(U.S. Congress, Senate, *Alleged Assassination Plots*, p. 71). 피그 만 침입을 위한 훈련 기간에 펠릭스 로드리게스에 의한 암살 시도를 비롯하여 CIA가 다른 암살 시도를 후원한 사실에 관한 정보가 서서히 드러났다. Rodriguez and Weisman, *Shadow Warrior*, pp. 65-66 참조. 쿠바 국가보안부 파비안 에스칼란테에 따르면 쿠바 정보부는 1958년부터 2000년까지 CIA가 개입된 634건의 암살 음모를 폭로했다. "La lucha político-ideológica fue en todas partes," entrevista al General (r) Fabián Escalante," *Temas* 56(Sept-Dec, 2008) 참조.

28. U.S. Congress, Senate, *Alleged Assassination Plots*, p. 85.

29. U.S. Congress, Senate, *Alleged Assassination Plots*, p. 74.

30. 예컨대 카스트로의 음식에 독약을 타기로 한 CIA의 한 하수인은 살인을 저지르기 전에 직위에서 해고되었다. Escalante, *CIA Targets Fidel*, p. 41 참조.

31. 1959년 11월 26일. *FRUS 1958-60*, VI, pp. 680-681.

32. 1959년 12월 4일. *FRUS 1958-60*, VI, pp. 689-691.

33. 1960년 1월 8일, 국무부와 합동참모본부 회의. *FRUS 1958-60*, VI, pp. 731-734.

34. 1960년 1월 26일, 기자회견. *FRUS 1958-60*, VI, p. 767.

35. Escalante, *The Cuba Project* and Escalante's introduction to, and the heavily censored, *CIA Targets Fidel* 참조.

36. U.S. Congress, Senate, *Alleged Assassination Plots*, pp. 92-93.

37. 1960년 3월 16일, 5412위원회가 준비한 문건. *FRUS 1958-60*, VI, pp. 850-851.

38. 1959년 1월 1일 터켈. *FRUS 1958-60*, VI, pp. 546-548.

39. *New York Times*, February 20, 1960; February 19, 1960. Blum, *Killing Hope*에도 인용됨.

40. *New York Times*, March 5, 1960; March 6, 1960.

41. 비밀 해제된 문서를 이용하여 작성된 유용한 사건 연대표에 관해서는 조지워싱턴대학의 국가안보기록 웹사이트를 보라. www.gwu.edu/~nsarchiv/bayofpigs/chron.html. 또한 Kornbluh, *Bay of Pigs Declassified*. 참조.

42. Hunt, *Give Us This Day*, p. 40.

43. Hunt, *Give Us This Day*, p. 45.

44. 그는 이 한 달간의 침투를 다음 책에서 기술하고 있다. Rodriguez and Weisman, *Shadow Warrior*, pp. 71~82. 내가 다른 곳에서 인용한 CIA 요원 롤란도 마르티네스는 그를 잡아 미국으로 송환한 사람이다(p. 82).

45. Rodriguez and Weisman, *Shadow Warrior*, p. 84.

46. Hunt, *Give Us This Day*, p. 38.

47. Paterson, "Fixation with Cuba," p. 133. 그는 1984년 5월 18일, 루시엥 반덴브루케가 리처드 비셀과 한 인터뷰를 인용하고 있다. U.S. Congress, Senate, *Alleged Assassination Plots*, and Thomas Powers, "Inside the Department of Dirty Tricks," *Atlantic Monthly* CCXLIV(August 1979), p. 40.

48. Nitze Report, Schoultz, *That Infernal Little Cuban Republic*, p. 172에서 인용.

49. Branch and Crile, "The Kennedy Vendetta," p. 50.

50. 맥나라마의 증언, 1975년 7월 11일. U.S. Congress, Senate, *Alleged Assassination Plots*, p. 158.

51. Corn, *Blond Ghost*는 새클리에 대한 종합적인 전기이다. 4장은 그가 마이애미 기지에 있었던 시기를 자세히 다루고 있다.

52. Branch and Crile, "The Kennedy Vendetta," pp. 51~52. 로드리게스는 마이애미 작전의 막대하고 독특한 성격을 확인해 주고 있다. "마이애미 기지는 미국 대륙에 있는 기지 가운데 CIA가 전적으로 비용을 제공한 유일한 기지였다. …… 60년대 중반에 그 기지에는 수백 명이 고용되어 있었다. …… 수십 채의 안가가 있었고 그야말로 쿠바인 망명자 수백 명이 우리 미국 요원들을 위해 행동대원으로 일했다"(Rodriguez and Weisman, *Shadow Warrior*, pp. 100~101).

53. Rodriguez and Weisman, *Shadow Warrior*, p. 52.

54. Branch and Crile, "The Kennedy Vendetta," p. 56.

55. Branch and Crile, "The Kennedy Vendetta," p. 58.

56. U.S. Congress, Senate, *Alleged Assassination Plots*, p. 140.

57. SGA Minutes, August 10, 1962, in U.S. Congress, Senate, *Alleged Assassination Plots*, p. 163.

58. Corn, *Blond Ghost*, p. 87. 그는 비밀 해제된, 존 맥콘과 맥조지 번디의 CIA 비망록을 인용하고 있다.

59. Garthoff, *Reflections on the Cuban Missile Crisis*, pp. 16~18. 그는 '몽구스'에 관한 일반적 정보를 서술하기 위해 다음을 인용하고 있다. U.S. Congress, Senate, *Alleged Assassination Plots*, pp. 139~143; *Prados, Presidents' Secret Wars*, pp.

210-213; and Schlesinger, *Robert Kennedy and His Times*, pp. 477-480. 10월 4일 회합에 관해서는 다음을 인용하고 있다. Central Intelligence Agency, "Memorandum of MONGOOSE Meeting Held on Thursday, October 4, 1962"(now declassified), cited in Prados, *Presidents' Secret Wars*, p. 213 and U.S. Congress, Senate, Alleged Assassination Plots, p. 147.

60. Corn, *Blond Ghost*, p. 62. 두 사람은 체포되어 마르티네스가 10년 후 크릴레와 브란치와 협력했다고 기본적으로 동일한 고백을 했다. Corn, p. 90n 참조.

61. Garthoff, *Reflections on the Cuban Missile Crisis*, pp. 78-79. 그는 UN이 워싱턴에 보낸 전문의 번역을 인용하고 있다(telegram no. 1802, USUN to State, 1962년 11월 15일, p. 3, 비밀, 현재는 비밀 해제).

62. Memo by Helms, 10/16/62, in U.S. Congress, Senate, *Alleged Assassination Plots*, p. 146; Gilpatric testimony, July 8, 1975, in U.S. Congress, Senate, *Alleged Assassination Plots*, p. 159.

63. Chang and Kornbluh, *The Cuban Missile Crisis*, 1962 참조.

64. 이러한 운동의 결과로 나온 몇몇 저작들 가운데 다음과 같은 것들이 있다. Blight and Welch, *On the Brink*; Blight, *The Shattered Crystal Ball*; Allyn, Blight, Welch, *Back to the Brink and Cuba On the Brink*.

65. 문서를 볼 수 있는 몇몇 온라인 사이트는 다음과 같다. the JFK Library, www.jfklibrary.org/Historical+Resources/JFK+in+History/Cuban+Missile+Crisis.htm; the National Security Archive (비밀 해제된 쿠바, 소련 및 동유럽의 문서 포함), www.gwu.edu/~nsarchiv/nsa/cuba_mis_cri/index.htm; and at the Library of Congress, www.loc.gov/exhibits/archives/colc.html.

66. Schoultz, *That Infernal Little Cuban Republic*, pp. 186-187.

67. McNamara, "Forty Years after Thirteen Days" and "A Conversation in Havana"; Schoultz, *That Infernal Little Cuban Republic*, p. 187.

68. Alfredo Prieto, personal communication, January 2010.

69. 1962년 10월 30일, 랜즈달 메모, 1975년 7월 11일, 번디의 증언. U.S. Congress, Senate, *Alleged Assassination Plots*, pp. 148, 170. '몽구스'의 해체에 미사일 위기가 한 역할에 관해서는 Corn, Blond Ghost, p. 94 참조. 10975년 7월 11일, 번디의 증언. U.S. Congress, Senate, *Alleged Assassination Plots*, p. 170.

70. 1963년 6월 19일, '특별집단'을 위한 비망록. U.S. Congress, Senate, *Alleged Assassination Plots*, p. 173. 1975년 7월 11일, CIA 검토단이 특별위원회에게 보낸 전문. U.S. Congress, Senate, *Alleged Assassination Plots*, p. 173; Ayers, *The War that*

Never Was, pp. 100, 147-148, 166; Corn, *Blond Ghost*, pp. 103, 109-129.

71. 이 사건에 관해서는 U.S. Congress, Senate, *Alleged Assassination Plots*, pp. 86-90. 와 Escalante, *CIA Targets Fidel*, pp. 78-103 참조.

72. Escalante, *CIA Targets Fidel*, p. 90.

73. Escalante, *CIA Targets Fidel*, pp. 97-102.

74. McClintock, *Instruments of Statecraft*, p. 205, Marchetti and Marks, *The CIA and the Cult of Intelligence*, p. 290n, Powers, *The Man who Kept the Secrets*, p. 199.에서 인용.

75. 1964년 4월 7일, '특별집단'의 비망록. U.S. Congress, Senate, *Alleged Assassination Plots*, p. 177.

76. Corn, *Blond Ghost*, pp. 111-112, 비밀 해제된 CIA 문서에서 인용. 에이어스는 자신의 특공대가 "보안 보고를 듣고, 한달치 급료를 받은 다음 임무가 종료될 것"이라는 말을 들었다(Ayers, *The War that Never Was*, p. 197). 그 자신은 침투조와 계속하여 일할 수 있는 선택권이 있었만, 특공대 작전이 단계적으로 폐지되기 때문에 단지 정보 수집만 할 수 있다는 조건이었다(p. 206).

77. 콘은 이전에 CIA 요원이었던 쿠바인들이 나중에 저지른 몇몇 범죄들을 서술하고 있다(*Blond Ghost*, pp. 117-118).

78. Marks, *The Search for the "Manchurian Candidate,"* pp. 197-198.

79. Garthoff, *Detente and Confrontation*, p. 88.

80. Ronald Reagan, "Address to the Nation on the Situation in Nicaragua," March 16, 1986. Ronald Reagan Presidential Library, www.reagan.utexas.edu/archives/speeches/1986/31686a.htm.

81. *New York Times*, December 12, 1964.

82. Stein, "Inside Omega 7." This "murderous legacy" is also described in Hinckle and Turner, *Deadly Secrets*, chapter 10.

83. Dinges and Landau, *Assassination on Embassy Row*, p. 251.

84. Dinges and Landau, *Assassination on Embassy Row*, p. 251n.

85. Stein, "Inside Omega 7."

86. Garfield and Santana, "The impact of the economic crisis and the U.S. embargo on health in Cuba"; Kirkpatrick, "Role of the USA in Shortage of Food and Medicine in Cuba"; Kuntz, "The Politics of Suffering"; American Association of World Health, *Denial of Food and Medicine*.

5. 이민과 국제주의

1. Portes and Stepick, *City on the Edge*, p. 100.
2. Domínguez, "Cuba since 1959," p. 100.
3. Pérez, *Between Reform and Revolution*, p. 266.
4. Pew Hispanic Center, Fact Sheet, "Cubans in the United States," August 25, 2006.
5. García, "Exiles, Immigrants, and Transnationals," p. 149.
6. García, *Havana USA*, p. 14.
7. Chomsky, *They Take Our Jobs!*, p. 68.
8. García, *Havana* USA, p. 23. On Operation Peter Pan. 또한 Torres, *The Lost Apple* and Conde, *Operation Pedro Pan* 참조. 이 저자들은 둘 다 "피터팬 어린이들"로서 자신들의 삶을 형성한 그 사건에 관해 연구하여 책을 썼다.
9. Portes and Stepick, *City on the Edge*, p. 17.
10. Masud-Piloto, *From Welcomed Exiles to Illegal Immigrants*, pp. 80-83.
11. García, *Havana USA*, pp. 93-94.
12. Sawyer, Racial Politics in Post-Revolutionary Cuba, p. 160.
13. Portes and Stepick, *City on the Edge*, p. 33.
14. Portes and Stepick, *City on the Edge*, p. 139.
15. Portes and Stepick, *City on the Edge*, p. 33.
16. Quoted in Gleijeses, "Cuba's First Venture in Africa," p. 161.
17. Fanon, *Black Skin, White Masks* and *The Wretched of the Earth*; James, *The Black Jacobins*; Williams, *Capitalism and Slavery*; Rodney, *How Europe Underdeveloped Africa*.
18. Parascandola, *Look for Me All Around You*, p. 2.
19. "Introduction," in Brock and Castañeda Fuertes, *Between Race and Empire*, pp. 1-2.
20. Gosse, *Where the Boys Are*, pp. 121, 123, 151.
21. Marable, "Race and Revolution in Cuba," p. 91.
22. Marable, "Race and Revolution in Cuba," p. 90.
23. Gleijeses, "Moscow's Proxy," p. 98.
24. Risquet, "La epopeya de Cuba en Africa Negra," p. 104 참조.
25. Domínguez, "Cuba's Foreign Policy."

26. Gleijeses, "Moscow's Proxy," pp. 103, 144.

27. Moore, Castro, *the Blacks, and Africa* 참조.

28. Gleijeses, *Conflicting Missions*, p. 392; "Moscow's Proxy," p. 98. 또한 Falk, "Cuba in Africa" 참조.

29. Zimmermann, *Sandinista*, p. 9.

30. Domínguez, *To Make a World Safe for Revolution*, p. 4.

31. Gleijeses, *Conflicting Missions*, pp. 31-32.

32. Gleijeses, *Conflicting Missions*, p. 392.

33. Feinsilver, *Healing the Masses*, p. 157 and Feinsilver, "Cuban Medical Diplomacy."

34. Ospina, "Cuba Exports Health"; Chávez, "Cuban Doctors Help Treat Injured."

35. Feinsilver, "Cuban Medical Diplomacy."

36. Feinsilver, "Cuban Medical Diplomacy."

6. 예술과 문화, 혁명

1. Bunck, *Quest for a Revolutionary Culture in Cuba*, p. xi.

2. Fernandes, *Cuba Represent!*, p. 2.

3. Bunck, *Quest for a Revolutionary Culture*, p. 42; Fagen, *Transformation of Political Culture*, p. 17.

4. Bunck, *Quest for a Revolutionary Culture*, p. 17.

5. Fagen, *Transformation of Political Culture*, p. 67.

6. Craven, *Art and Revolution in Latin America*, p. 85.

7. Domínguez, *Cuba: Order and Revolution*, p. 198.

8. Fernandes, *Cuba Represent!*, p. 3.

9. González Echevarría, "Criticism and Literature," pp. 154-155.

10. Carpentier, "On the Marvelous Real in America," p. 85.

11. Carpentier, "On the Marvelous Real in America," p. 83.

12. González Echevarría, "Criticism and Literature," p. 169.

13. Smorkaloff, *Readers and Writers in Cuba*, pp. 73, 102, 155.

14. Reina María Hernández, "One Hundred Years of Solitude: The Most Popular Book at the Havana Book Fair," cubanow.net, www.cubanow.cult.cu/pages/

loader.php?sec=7&t=2&item=4327.

15. Luis, "Lunes de Revolución y la Revolución de Lunes."

16. Luis, "Lunes de Revolución y la Revolución de Lunes."

17. "In Hard Times," in Padilla, *Fuera del juego*, p. 130.

18. Padura, *Havana Black: A Lieutenant Mario Conde Mystery*, p. 12.

19. Burgos, "The Story of a Testimonio," p. 53.

20. González Echevarría, "Criticism and Literature," p. 161.

21. Craven, *Art and Revolution in Latin America*, p. 81.

22. Berthier, "Memorias del subdesarrollo/Memories of Underdevelopment," pp. 99-100.

23. López and Humy, "Sergio Giral on Filmmaking in Cuba," in Martín, *Cinemas of the Black Diaspora*, p. 277. Originally published in *Black Film Review* 3:1(1986 . 1987), 4-6.

24. "La pasión del cine: conversando de esto y aquello con Sergio Giral," n.d., Ediciones La Gota de Agua, www.edicioneslagotadeagua.com/Archivo/entrevistaconser.html.

25. Fernandes, *Cuba Represent!*, pp. 118-119.

26. Roberto Zurbano, cited in Fernandes, *Cuba Represent!*, p. 120.

27. Fernandes, *Cuba Represent!*, p. 122.

28. Wunderlich, "Hip Hop Pushes the Limits," pp. 70-71.

29. Pettavino and Pye, *Sport in Cuba*.

30. 국제육상연맹과의 인터뷰, www2.iaaf.org/insideiaaf/Structure/Council/JuantorenaBis.html.

31. Anderson, "Sports of the Times: El Duque's Man Stashes Two More."

32. PBS, "Stealing Home: The Case of Contemporary Cuban Baseball," www.pbs.org/stealinghome/debate/defections.html#mot.

33. Campoy, "Dancers Who Stretch the Limits," p. 96.

34. www.folkcuba.cult.cu/history.htm.

35. Daniel, *Dancing Wisdom*, p. 47.

36. Campoy, "Dancers Who Stretch the Limits," pp. 98-99.

37. Campoy, "Dancers Who Stretch the Limits," pp. 99, 102-103.

38. Hernández and Dilla, "Political Culture and Popular Participation," p. 38.

39. Blanco, *Talking About Revolution*, p. 65.

40. Azcuy, "Democracia y derechos humanos," p. 47.

41. Valdés, "Democracia y sistema político," p. 54.

42. Valdés, "Democracia y sistema político," p. 56.

43. Dilla Alfonso, "¿Cuál es la democracia deseable?," p. 186.

44. Valdés, "Democracia y sistema político," pp. 48-49.

45. Prieto, "Made in Am e rica," p. 11.

46. Blanco, *Talking About Revolution*, pp. 54-56.

47. Blanco, *Talking About Revolution*, p. 65.

48. Suárez Salazar, "El sistema electoral cubano: apuntes para una crítica," pp. 213, 215, 216.

49. Dilla Alfonso, "¿Cuál es la democracia deseable?," p. 186.

50. Azcuy HEnríquez, "Estado y sociedad civil en Cuba," p. 108.

51. Azcuy HEnríquez, "Estado y sociedad civil en Cuba," p. 107.

52. Benjamin, Collins, and Scott, *No Free Lunch*, pp. 7-8.

53. Alfredo Prieto, personal communication, January 2010.

54. Pérez, *Caring for Them from Birth to Death*, p. 125.

55. Benjamin, Collins, and Scott, *No Free Lunch*, p. 114.

7. 다양한 쿠바

1. de la Fuente, *A Nation for All*, pp. 262-263.

2. Serviat, "Solutions to the Black Problem," p. 89.

3. Moore, "Black Music in a Raceless Society," p. 8.

4. Gosse, "The African American Press Greets the Cuban Revolution," pp. 277-278.

5. Clytus, *Black Man in Red Cuba*, pp. 157-158.

6. Brent, *Long Time Gone*, p. 145.

7. Brent, *Long Time Gone*, pp. 150, 151.

8. Brent, *Long Time Gone*, p. 203.

9. Brent, *Long Time Gone*, p. 174.

10. Sawyer, *Racial Politics in Post-Revolutionary Cuba*, p. 100.

11. Kainz and Vernon-Feagans, "The ecology of early reading development for

children in poverty." 또한 Kozol, *The Shame of the Nation*; Frankenberg, Lee, and Orfield, *A Multiracial Society with Segregated Schools*; Orfield and Lee, *Why Segregation Matters*; Orfield and Yun, *Resegregation in American Schools* 참조.

12. de la Fuente, "Race and Discrimination in Cuba's Special Period," p. 319.

13. de la Fuente, "Race and Discrimination in Cuba's Special Period," p. 319.

14. de la Fuente, "Race and Discrimination in Cuba's Special Period," p. 319.

15. Moore, *Castro, the Blacks, and Africa*, p. 16.

16. Sawyer, *Racial Politics in Post-Revolutionary Cuba*, p. xx.

17. Moore, *Castro, the Blacks and Africa*, p. 28.

18. Sawyer, *Racial Politics in Post-Revolutionary Cuba*, p. 6.

19. Smith and Padula, *Sex and Revolution*, p. 45.

20. Randall, *To Change the World*, pp. 103-104.

21. Family Code, Article 27.

22. Smith and Padula, *Sex and Revolution*, chapters 8-9.

23. Safa, *The Myth of the Male Breadwinner*, p. 154.

24. Smith and Padula, *Sex and Revolution*, p. 133.

25. Benjamin, Collins and Scott, *No Free Lunch*, p. 28.

26. 미국심리학회는 1973년까지 동성애를 정신적 장애로 정의했다. The American Psychological Association defined homosexuality as a psychiatric disorder until 1973. 게이권리 운동이 거세게 일어났음에도 불구하고 미국은 2003년에 가서야 동성애를 범죄시하는 것을 완전히 그만두었다. 하지만 결혼이나 군대 등에서는 차별 관행이 여전히 계속되고 있다. 미국은 2008년 12월까지도 동성애를 범죄시하지 않는 유엔 선언에 서명을 거부했다(2009년 7월, 오바마가 이러한 결정을 뒤집기는 했지만).

27. Lumsden, *Machos, Maricones and Gays*, p. 29.

28. Lancaster, *Life Is Hard*, p. 238.

29. Lekus, "Queer Harvests," p. 255.

30. Lockwood, *Castro's Cuba, Cuba's Fidel*, p. 107.

31. Smith and Padula, *Sex and Revolution*, p. 39.

32. Bunck, *Fidel Castro and the Quest for a Revolutionary Culture in Cuba*, p. 135.

33. Valdés , *Dear First Love*. See also Espin, "Leaving the Nation and Joining the Tribe."

34. 특히 그의 구술사, José Barreiro, *Panchito: cacique de montaña* 참조.

35. Barnet, *Afro-Cuban Religions* 참조.

36. Yaremko, U.S. *Protestant Missions in Cuba* 참조.

37. 페레스는 1950년대에 약 40만 명의 쿠바인들이 개신교도였으며, 쿠바 섬에 개신교 교회와 목사가 가톨릭 교회와 사제보다 더 많았다고 주장한다. 그러나 마거릿 크라한은 1957년부터 1960년까지 50~75퍼센트의 쿠바인들이 자신을 가톨릭이라고 한 반면 개신교도라고 한 사람은 10퍼센트에도 못 미쳤다는 연구를 인용하고 있다. Pérez, *Cuba and the United States: Ties of Singular Intimacy*; Crahan, "Cuba: Religion and Revolutionary Institutionalization," p. 321.

38. Article 54 of the Constitution.

39. Gonzalez, *Afro-Cuban Theology* 참조.

40. Pixley, "Baptists and Liberation Theology."

41. 수아레스와 센트로에 관한 더 자세한 사항은 Institute for Human Rights and Responsibilities, "Centro Memorial Martín Luther King, Jr., in Havana, Cuba," www.kingiannonviolence.info/cmmlk.html, and the Center's own website, www.cmlk.com, especially the section on the history of the Ebenezer Baptist Church 참조.

8. '특별시기'의 일국 사회주의

1. 달러 상점은 모든 상품을 140퍼센트로 인상된 가격으로 판매한다는 원칙에 따라 운영되었다. Eckstein, "Dollarization and its Discontents," p. 320 참조.

2. Eckstein, "Dollarization and its Discontents," p. 313.

3. Dilla Alfonso, "Cuba: The Changing Scenarios of Governability," p. 65.

4. Enríquez, "Economic Reform and Repeasantization," p. 204.

5. Corrales, "The Gatekeeper State," p. 50. 우리아르테는 2000년 기준으로 73퍼센트가 국가 부문에 고용되었다고 말한다(Uriarte, "Social Policy Responses").

6. Díaz-Briquets and Pérez-López, *Corruption in Cuba*, p. 97.

7. Eckstein, "Dollarization and its Discontents," p. 321.

8. Mesa-Lago, *Economic and Social Disparities*, pp. 3-4.

9. Uriarte, "Social Policy Responses," p. 110.

10. Eckstein, "Dollarization and its Discontents," p. 325.

11. Uriarte, "Social Policy Responses," p. 109.

12. Eckstein, "Dollarization and its Discontents," p. 325; Uriarte, "Social Impact of the Economic Measures," p. 289; Uriarte, "Social Policy Responses," p. 112.

13. Uriarte, "Social Policy Responses," p. 106.

14. Monreal, "Development as an Unfinished Affair," p. 75.

15. Feinsilver, "Cuban Medical Diplomacy."

16. Uriarte, "Social Policy Responses," pp. 116-117.

17. Uriarte, "Social Policy Responses," pp. 115-116.

18. Corrales, "The Gatekeeper State," pp. 44-45.

19. Corrales, "The Gatekeeper State," p. 45.

20. Uriarte, "Social Policy Responses," p. 109.

21. Ritter and Rowe, "Cuba: From 'Dollarization' to 'Euroization' or 'Peso Reconsolidation?'"

22. Mesa-Lago, *Economic and Social Disparities*, p. 4.

23. Mesa-Lago, *Economic and Social Disparities*, p. 6.

24. Corrales, "The Gatekeeper State," pp. 57, 59.

25. Enríquez, "Economic Reform and Repeasantization," p. 206.

26. Rossett and Benjamin, *The Greening of the Revolution*.

27. Enríquez, 'Economic Reform and Repeasantization," p. 216.

28. Díaz-Briquets and Pérez-López, *Conquering Nature*.

29. Whittle and Rey Santos, "Protecting Cuba's Environment," p. 77.

30. Whittle and Rey Santos, "Protecting Cuba's Environment," p. 84.

31. Houck, "Thinking about Tomorrow."

32. Eckstein, "Dollarization and its Discontents," p. 323. 2000년 센서스에 따르면 미국에 거주하는 1백만 명이 넘는 쿠바인들 가운데 84퍼센트가 스스로를 백인이라고 말했다. Blue, "The Erosion of Racial Equality in the Context of Cuba's Dual Economy," p. 57 참조.

33. McGarrity and Cárdenas, "Cuba"; de la Fuente and Glasco, "Are Blacks 'Getting Out of Control'?"; Pérez Sarduy, "¿Qué tienen los negros en Cuba?" 참조.

34. Blue, "The Erosion of Racial Equality," pp. 46-47.

35. Htun, "Gender Equality in Transition Policies," p. 137.

36. Shayne, *The Revolution Question*, p. 143.

37. Fusco, "Hustling for Dollars," p. 157.

38. Fusco, "Hustling for Dollars," p. 165.

39. Human Rights Watch, "Cuba: Repression," p. 7.

40. Daniel Williams, "Suddenly, the Welcome Mat Says 'You're Illegal,'" *Washington Post*, August 20, 1994.

41. "12,000 Remain at Guantanamo," *Washington Post*, August 19, 1995.

42. José Pertierra, "The Cuban Five: A Cold War Case in a Post-Cold War World, *Counterpunch*(July 10. 12, 2009), www.counterpunch.org/pertierra07102009. html.

43. 미국의 라틴계 사람들에 관한 톰 밀러의 논평, KUT Radio, Austin, Texas, May 5, 2006. www.utexas.edu/coc/kut/latinousa/stationservices/ podcast/2006/05/0505_06_lusa_podcast.mp3. Transcript by Walter Lippman available at www.walterlippmann.com/docs608.html.

44. Stephenson, "International Educational Flows between the United States and Cuba(1959-2005)," p. 139.

45. 이러한 현상은 상대적으로 드물긴 하지만 다음을 보라. Smith and Morales Domínguez, Subject to Solution; Coatsworth and Hernández, *Culturas encontradas*; Domínguez and Hernández, *U.S.-Cuba Relations in the 1990s*; Domínguez, Pérez Villanueva and Barberia, *The Cuban Economy at the Start of the Twenty-First Century*(Harvard University Press, 2004); Tulchin *et al.*, *Changes in Cuban Society since the 1990s*

46. Dilla, "Changing Scenarios of Governability," p. 61.

47. Díaz-Briquets and Pérez-López, *Corruption in Cuba*, pp. 111-113.

48. "PCC 정치국 보고는 3월 24일에 열린 PCC 5차 중앙위원회에서 승인되고, 군사령관 라울 카스트로가 낭독했다." FBIS Translated Text, March 28, 1996.

49. Randall, *To Change the World*, p. 111.

50. Randall, *To Change the World*, p. 112.

51. *Reforma*, May 14, 1996.

52. Mimi Whitefield and Juan O. Tamayo, Knight-Ridder News Service, "Raúl Castro's attack on intellectuals stirs backlash," May 6, 1996.

53. Whitefield and Tamayo, "Raúl Castro's attack on intellectuals stirs backlash."

54. IPS, "Inusual debate sobre la prostitucion abre organo de prensa," April 22, 1996 참조.

9. 쿠바와 21세기

1. "Violenta crítica de Raúl Castro contra académicos y periodistas," *La Jornada*[Mexico], March 28, 1996. www.jornada.unam.mx/1996/03/28/cuba. html.
2. Javier Corrales called 1993-95 "the peak of economic reform." Corrales, "The Gatekeeper State" 참조.
3. Mesa-Lago, *The Cuban Economy Today*, p. 25.
4. Pérez-López, "Rectification Redux? Cuban Economic Policy at the End of 2005," p. 1.
5. Pérez-López, "The Cuban Economy in 2005-2006," p. 13.
6. Mesa-Lago, *The Cuban Economy Today*, p. 25.
7. González Corzo, "Cuba's De-Dollarization Program," p. 59.
8. Mesa-Lago, *The Cuban Economy Today*, p. 27.
9. Díaz-Briquets and Pérez-López, *Corruption in Cuba*, p. 18.
10. Corrales, "The Gatekeeper State," p. 48.
11. Mesa-Lago, *The Cuban Economy Today*, p. 29.
12. Pérez-López, "The Cuban Economy in 2005-2006," p. 10. 참조.
13. Corrales, "The Gatekeeper State," pp. 36, 46.
14. Ritter, "Cuba's Strategic Economic Re-orientation," p. 140.
15. 예컨대, 페드로 몬레알과 훌리오 카란사의 글 참조. Monreal (ed.), *Development Prospects in Cuba*.
16. Ritter, "Cuba's Strategic Economic Re-orientation," pp. 147-149.
17. Ritter, "Cuba's Strategic Economic Re-orientation," p. 148.
18. González, "A New 'Cold War'?" p. 65.
19. Ritter, "Cuba's Strategic Economic Re-orientation," p. 151.
20. Díaz-Briquets and Pérez-López, *Corruption in Cuba*, p. 129.
21. Benjamin, Collins and Scott, No Free Lunch, p. 46.
22. Mesa-Lago, *The Cuban Economy Today*, pp. 30-31.
23. Mesa-Lago, *The Cuban Economy Today*, pp. 13-14.
24. Mesa-Lago, *The Cuban Economy Today*, p. 14.
25. Díaz-Briquets and Pérez-López, *Corruption in Cuba*, pp. 114-115.
26. Lumsden, *Machos, Maricones, and Gays*, p. 102.

27. Wintz, "The Church in Cuba."

28. Catholic Relief Services, "Cuba," http://crs.org/cuba/.

29. Hagedorn, *Divine Utterances*, chap. 9; Catherine Bremer, "Santería Lures Tourist Cash to Cuba," www.reuters.com/article/idUSN2936782720070507.

30. Martínez Furé, "Modas y modos: pseudofolklorismo y folklor," p. 24.

31. Fernandes, *Cuba Represent!*, p. 46.

32. Stock, *On Location in Cuba*, pp. 15-16.

33. www.oswaldopaya.org/es/up/VARELA%20PROJECT.pdf.

34. "Press Conference by Foreign Minister," www.granma.cu/documento/ingles03/012.html.

35. Dilla, "The Changing Scenarios of Governability," p. 66.

36. International Republican Institute, "Cuban Public Opinion Survey, March 14-April 12, 2008," www.iri.org/lac/cuba/pdfs/2008%20June%20 5%20Survey%20of%20Cuban%20Public%20Opinion,%20March%20 14-April%2012,%202008.pdf.

37. Mesa-Lago, *The Cuban Economy Today*, p. 20.

38. Glionna, "Bush's Cuban American Support May Be Slipping."

39. Bustillo and Williams, "Cuban Americans' Attitudes Shift."

40. Eckstein, *Back from the Future*, pp. 95-96.

41. Feinsilver, "Cuban Medical Diplomacy."

42. Mesa-Lago, "The Cuban Economy in 2006. 2007," p. 10.

43. Roig-Franzia, "Raúl Castro Urges Students to Debate 'Fearlessly,'" *Washington Post*, December 22, 2006.

44. The Lexington Institute's Philip Peters, quoted in Tim Padgett, "Hints of More Reform in Cuba," Time(April 30, 2008), www.time.com/time/world/article/0,8599,1736186,00.html. As of early 2010, though, the Congress had still not been held or scheduled.

45. Ballvé, "On the 50th Anniversary of the Cuban Revolution, Obama should signal an end to the embargo," *The Progressive*, December 29, 2008, www.progressive.org/mp/balve122908.html.

46. CNN, "Poll: Three-quarters favor relations with Cuba," April 10, 2009, www.cnn.com/2009/POLITICS/04/10/poll.cuba/.

47. Freedom House, "Another 'Special Period' in Cuba? How Cuban Citizens View

their Country's Future," March 25, 2009, www.freedomhouse.org/template.
cfm?page=383&report=78.

48. Alfredo Jam, Director of Macroeconomic Analysis at the Ministry of the Economy and Planning, quoted in Nick Miroff, "Cubans Face Dire Formula," Global Post, June 25, 2009, www.globalpost.com/dispatch/the-americas/090624/cuba- economy?page=0,1.

49. Lacey, "In Cuba, Hopeful Tenor Toward Obama is Ebbing."

맺음말

1. 몇몇 온라인 문서 모음집은 다음 도서관들에서 이용할 수 있다. JFK 도서관(www.jfklibrary.org/Historical+Resources/JFK+in+History/Cuban+Missile+Crisis.htm), 국립 국가안보기록보관소의 비밀 해제된 쿠바, 소련 및 동유럽 문서(www.gwu.edu/~nsarchiv/nsa/cuba_mis_cri/index.htm), 의회도서관(www.loc.gov/exhibits/archives/colc.html).

1. "영원한 자유인가, 아니면 자유를 위해 영원히 투쟁할 것인가." ⓒ Jackie McCabe

2. "아투에이, 아메리카 첫 반란자. 바라코아 야라에서 화형에 처해짐." ⓒ 삼천리

3. "반란의 상징, 야라." ⓒ 삼천리

4. 쿠바의 중소도시 어디에서나 찾아볼 수 있는 호세 마르티의 흉상. ⓒ 삼천리

5. "우리는 체 게바라처럼 될 거야" ⓒ Sandra Ramos

6. 활짝 웃고 있는 체 게바라와 피델 카스트로. http://www.lapastera.org.ar

7. 아바나 외곽 리베르타드 시에 있는 문자해득 박물관 ⓒ Aviva Chomsky

8. "히론, 라틴아메리카에서 당한 양키 제국주의의 첫 패배." ⓒ Tracey Eaton

9. 아이티 지진 현장에서 진료하고 있는 쿠바 의료진http://introniuilasspring2013.
   blogspot.kr

10. 23회 아바나 국제도서전. ⓒ 삼천리

11. 아바나에 있는 쿠바영화예술산업원. ⓒ Aviva Chomsky

12. 대중음악 운동의 기수, 실비오 로드리게스. http://arnleon14.blogspot.k

13. 카마구에이 시 중심가의 달러상점. ⓒ 삼천리

14. 시에고데아빌라 도 모론 시의 농민시장. ⓒ삼천리

15. 아바나의 보데가. ⓒ Arnold Weissberg

16. 바라코아 시 도서관 한켠에 전시되어 있는 '5인의 쿠바인' 사진 ⓒ 삼천리

17. "차베스, 우리의 좋은 친구." ⓒ 삼천리

* Adorno, Rolena. "Havana and Macondo: The Humanities in U.S. Latin American Studies, 1940–2000." In *The Humanities and the Dynamics of Inclusion Since World War II*, edited by David A. Hollinger. Baltimore: Johns Hopkins University Press, 2006.
* Allyn, Bruce J., James G. Blight, and David A. Welch. *Back to the Brink: The Moscow Conference on the Cuban Missile Crisis*. Lanham, MD: University Press of America, 1991.
* Allyn, Bruce J., James G. Blight, and David A. Welch. *Cuba on the Brink: Fidel Castro, the Missile Crisis and the Collapse of Communism*. New York: Pantheon, 1993.
* American Association of World Health. *Denial of Food and Medicine. The Impact of the U.S. Embargo on Health and Nutrition in Cuba*. Washington, DC: American Association of World Health, 1997.
* Amnesty International. "The U.S. Embargo Against Cuba: Its Impact on Economic and Social Rights." Amnesty International Publications, 2009.
* Anderson, Dave. "Sports of the Times: El Duque's Man Stashes Two More." *New York Times*, February 11, 1999.
* Ayers, Bradley Earl. *The War that Never Was: An Insider's Account of CIA Covert Operations against Cuba*. Indianapolis: Bobbs Merrill, 1976.
* Azcuy, Hugo. "Democracia y derechos humanos." In *Cuba en las Américas: una perspectiva sobre Cuba y los problemas hemisféricos*, edited by Centro de Estudios sobre América. Havana: Centro de Estudios sobre América, 1995.
* Azcuy Henríquez, Hugo. "Estado y sociedad civil en Cuba." *Temas* 4(1995).
* Barnet, Miguel. *Afro-Cuban Religions*. Princeton: Markus Wiener, 2001.
* Barreiro, José. *Panchito: cacique de montaña*. Santiago de Cuba: Ediciones

323

Catedral, 2001.

* Bemis, Samuel Flagg. *The Latin American Policy of the United States: An Historical Interpretation.* New York: Harcourt, Brace, 1943.

* Benjamin, Jules R. *The United States and the Origins of the Cuban Revolution: An Empire of Liberty in an Age of National Liberation.* Princeton: Princeton University Press, 1990.

* Benjamin, Medea, Joseph Collins, and Michael Scott. *No Free Lunch: Food and Revolution in Cuba Today.* San Francisco: Institute for Food and Development Policy, 1984.

* Bergad, Laird W., Fe Iglesias García, and María del Carmen Barcia. *The Cuban Slave Market, 1790–1880.* Cambridge: Cambridge University Press, 1995.

* Berthier, Nancy. "Memorias del subdesarrollo/Memories of Underdevelopment." In *The Cinema of Latin America*, edited by Alberto Elena and María Díaz López. London: Wallflower Press, 2003, pp. 99-108.

* Black, Jan Knippers. "Introduction: Understanding the Persistence of Inequity." In *Latin America, its Problems and its Promise: A Multidisciplinary Introduction*, 4th ed. Edited by Jan Knippers Black. Boulder: Westview Press, 2005.

* Blanco, Juan Antonio, with Medea Benjamin. *Cuba: Talking About Revolution.* Melbourne, Australia: Ocean Press, 1994.

* Blight, James G. *The Shattered Crystal Ball: Fear and Learning in the Cuban Missile Crisis.* Savage, MD: Rowman and Littlefield, 1990.

* Blight, James G., and David A. Welch. *On the Brink: Americans and Soviets Reexamine the Cuban Missile Crisis.* New York: Hill and Wang, 1989.

* Blue, Sarah A. "The Erosion of Racial Equality in the Context of Cuba's Dual Economy." *Latin American Politics & Society* 49:3(Fall 2007), 35-68.

* Blum, William. *Killing Hope: U.S. Military and CIA Interventions Since World War II.* Updated ed., Monroe, ME: Common Courage Press, 2008.

* Bolívar, Simón. *Selected Writings of Bolívar*, vol. II, compiled by Vicente Lecuna and edited by Harold A. Bierck, Jr. London: Colonial Press, 1951.

* Bonsal, Philip Wilson. *Cuba, Castro, and the United States.* Pittsburgh: University of Pittsburgh Press, 1971.

* Bourne, Peter G. *Fidel: A Biography of Fidel Castro.* New York: Dodd, Mead and Company, 1986.

* Branch, Taylor, and George Crile III. "The Kennedy Vendetta: How the CIA Waged a Silent War against Cuba." *Harpers Magazine* CCLI(August 1975).

* Brent, William Lee. *Long Time Gone: A Black Panther's True-Life Story of His Hijacking and Twenty-Five Years in Cuba.* New York: Random House/Times Books, 1996.

* Brock, Lisa, and Digna Castañeda Fuertes, eds. *Between Race and Empire: African-Americans and Cubans before the Cuban Revolution.* Philadelphia: Temple University Press, 1998.

* Brunendius, Claes. *Revolutionary Cuba: The Challenge of Economic Growth with Equity.* Boulder: Westview Press, 1984.

* Bunck, Julie. *Fidel Castro and the Quest for a Revolutionary Culture in Cuba.* University Park: Penn State University Press, 1994.

* Burgos, Elisabeth. "The Story of a Testimonio." *Latin American Perspectives* 26:6(November 1999), 53-63.

* Bustillo, Miguel and Williams, Carol J. "Cuban Americans' Attitudes Shift." *Los Angeles Times*, February 26, 2008.

* Campoy, Ana. "Dancers Who Stretch the Limits." In *Capitalism, God, and a Good Cigar*, edited by Lydia Chávez. Durham: Duke University Press, 2005.

* Carpentier, Alejo. "On the Marvelous Real in America." In *Magical Realism: Theory, History, Community*, edited by Wendy B. Faris and Lois Parkinson Zamora. Durham: Duke University Press, 2003.

* Casal, Lourdes. "Literature and Society." In *Revolutionary Change in Cuba*, edited by Carmelo Mesa-Lago. Pittsburgh: University of Pittsburgh Press, 1971.

* Castañeda, Jorge J. "Gone but Not Forgotten: Che's Ideology Outlived Him, to Devastating Effect." *Newsweek*(web edition), October 13, 2007.

* Chang, Laurence, and Peter Kornbluh, eds. *The Cuban Missile Crisis, 1962: A National Security Archive Documents Reader.* 2nd ed. New York: The New Press, 1998.

* Chávez, Juan Carlos. "Cuban Doctors Help Treat Injured." Miami Herald, January 23, 2010, www.miamiherald.com/news/americas/haiti/story/1441144.html.

* Chomsky, Aviva. "'Barbados or Canada?' Race, Immigration, and Nation in Early Twentieth Century Cuba." *Hispanic American Historical Review* 80:3(August

2000), 415-462.

* Chomsky, Aviva. *They Take Our Jobs! And 20 Other Myths about Immigration.* Boston: Beacon Press, 2007.

* Clytus, John. *Black Man in Red Cuba.* Coral Gables, FL: University of Miami Press, 1970.

* Coatsworth, John H., and Rafael Hernández, eds. *Culturas encontradas: Cuba y los Estados Unidos.* Havana: Centro Juan Marinello and Cambridge: Harvard University Press, 2001.

* Coltman, Leycester. *The Real Fidel Castro.* New Haven: Yale University Press, 2005.

* Conde, Yvonne M. *Operation Pedro Pan: The Untold Exodus of 14,048 Cuban Children.* New York: Routledge, 1999.

* Corbitt, Duvon C. "Cuban Revisionist Interpretations of Cuba's Struggle for Independence." *Hispanic American Historical Review* 43(August 1963), 395-404.

* Corn, David. *Blond Ghost.* New York: Simon and Schuster, 1994.

* Corrales, Javier. "The Gatekeeper State: Limited Economic Reforms and Regime Survival in Cuba." *Latin American Research Review* 39:2(2004), 35-65.

* Crahan, Margaret E. "Cuba: Religion and Revolutionary Institutionalization." *Journal of Latin American Studies,* 17:2(1985), 319-340.

* Craven, David. "Cuban Art and Culture." In *Cuba: A Different America,* edited by Wilber A. Chaffee and Gary Prevost. Rev. ed. Lanham, MD: Rowman and Littlefield, 1992.

* Craven, David. *Art and Revolution in Latin America,* 1910–1990. New Haven: Yale University Press, 2006.

* Daniel, Yvonne. *Dancing Wisdom: Embodied Knowledge in Haitian Vodou, Cuban Yoruba, and Bahian Candomblé.* Champaign: University of Illinois Press, 2005.

* Davis, Shelton H. *Victims of the Miracle: Development and the Indians of Brazil.* Cambridge: Cambridge University Press, 1977.

* de la Fuente, Alejandro. *A Nation for All: Race, Inequality and Politics in Twentieth-Century Cuba.* Chapel Hill: University of North Carolina Press, 2001.

* de la Fuente, Alejandro. "Recreating Racism: Race and Discrimination in Cuba's Special Period." In *A Contemporary Cuba Reader,* edited by Philip Brenner, Marguerite Rose Jiménez, John M. Kirk, and William M. LeoGrande. Lanham,

MD: Rowman and Littlefield, 2007.

* de la Fuente, Alejandro, and Laurence Glasco. "Are Blacks 'Getting Out of Control'? Racial Attitudes, Revolution, and Political Transition in Cuba." In *Toward a New Cuba? Legacies of a Revolution*, edited by Miguel A. Centeno and Mauricio Font. Boulder: Lynne Rienner, 1997.

* DePalma, Anthony. *The Man Who Invented Fidel: Castro, Cuba, and Herbert L. Matthews of the New York Times*. New York: Public Affairs/Perseus, 2006.

* Díaz-Briquets, Sergio, and Jorge Pérez-López. *Conquering Nature: The Environmental Legacy of Socialism in Cuba*. Pittsburgh: University of Pittsburgh Press, 2000.

* Díaz-Briquets, Sergio, and Jorge Pérez-López. *Corruption in Cuba: Castro and Beyond*. Austin: University of Texas Press, 2006.

* Dilla Alfonso, Haroldo. "¿Cuál es la democracia deseable?" In *La democracia en Cuba y el diferendo con los Estados Unidos*, edited by Haroldo Dilla Alfonso and William I. Robinson. Havana: Centro de Estudios sobre América, 1995.

* Dilla Alfonso, Haroldo. "Cuba: The Changing Scenarios of Governability." *boundary 2* 29:3(2002), 55-75.

* Dinges, John, and Saul Landau. *Assassination on Embassy Row*. New York: Pantheon, 1980.

* Domínguez, Jorge I. *Cuba: Order and Revolution* . Cambridge, MA: Harvard University

* Press , 1978 .

* Domínguez, Jorge I. "Cuba's Foreign Policy." *Foreign Affairs* (Fall 1978).

* Domínguez, Jorge I. *To Make a World Safe for Revolution: Cuba's Foreign Policy*. Cambridge, MA: Harvard University Press, 1989.

* Domínguez, Jorge I. "Cuba since 1959." In *Cuba: A Short History*, edited by Leslie Bethell. Cambridge: Cambridge University Press, 1993.

* Domínguez, Jorge I., and Rafael Hernández, eds. *U.S.–Cuba Relations in the 1990s*. Boulder: Westview Press, 1989.

* Domínguez, Jorge I., Omar Everleny Pérez Villanueva, and Lorena Barberia, eds. *The Cuban Economy at the Start of the Twenty-First Century*. Cambridge, MA: Harvard University Press, 2004.

* Eckstein, Susan. *Back from the Future: Cuba under Castro*. New York: Routledge,

2003.

* Eckstein, Susan. "Dollarization and its Discontents: Remittances and the Remaking of Cuba in the Post-Soviet Era." *Comparative Politics* 36:3(April 2004), 313-330.

* Enríquez, Laura. "Economic Reform and Repeasantization in Post-1990 Cuba." *Latin American Research Review* 38:1(2003), 202-218.

* Escalante, Fabián. *CIA Targets Fidel: The Secret Assassination Repor.* Melbourne: Ocean Press, 2002.

* Escalante, Fabián. *The Cuba Project: CIA Covert Operations 1959–1962.* Melbourne: Ocean Press, 2004.

* Espin, Olivia M. "Leaving the Nation and Joining the Tribe: Lesbian Immigrants Crossing Geographical and Identity Borders." In *Sexualities*, edited by Marny Hall. Binghamton, NY: The Hayworth Press, 1996, pp. 99-107.

* Everleny, Omar. "Ciudad de La Habana: desempeño económico y situación social." *In La economía cubana en el 2000: desempeño macro-económico y transformación empresarial.* Havana: CEEC, 2001.

* Fagen, Richard R. *The Transformation of Political Culture in Cuba.* Stanford, CA: Stanford University Press, 1969.

* Fagen, Richard R. "Studying *Latin American Politics*: Some Implications of a Dependencia Approach." Latin American Research Review 12:2(1977), 3-26.

* Fagen, Richard R. "Latin America and the Cold War: Oh For the Good Old Days?" *LASA Forum* 26(1995), 5-11.

* Falk, Pamela S. "Cuba in Africa." *Foreign Affairs* 65:5(summer 1987), 1077-1096.

* Fanon, Frantz. *The Wretched of the Earth.* Translated by Richard Philcox, New York: Grove Press, 2004.

* Fanon, Frantz. *Black Skin, White Masks.* Translated by Richard Philcox, New York: Grove Press, 2008.

* Feinsilver, Julie. *Healing the Masses: Cuban Health Politics at Home and Abroad.* Berkeley: University of California Press, 1993.

* Feinsilver, Julie. "Cuban Medical Diplomacy: Where the Left Got It Right." Council on Hemispheric Affairs, 2006, www.coha.org/2006/10/cuban-medical-diplomacywhen-the-left-has-got-it-right/.

* Fernandes, Sujatha. *Cuba Represent! Cuban Arts, State Power, and the Making of*

New Revolutionary Cultures. Durham: Duke University Press, 2006.

* Ferrer, Ada. *Insurgent Cuba: Race, Nation, and Revolution, 1868–1898*. Chapel Hill: University of North Carolina Press, 1999.

* Foner, Philip S. *The Spanish–Cuban–American War and the Birth of American Imperialism, 1895–1902*(Vols. 1, 2). New York: Monthly Review Press, 1972.

* Fornet, Ambrosio. "El quinquenio gris: revisitando el término." *Criterios*(2006), 5, www.criterios.es/pdf/fornetquinqueniogris.pdf.

* Frankenberg, E., C. Lee, and G. Orfield. *A Multiracial Society with Segregated Schools: Are We Losing the Dream?* Cambridge. MA: The Civil Rights Project at Harvard University, 2003.

* Fusco, Coco. "Hustling for Dollars: *Jineterismo* in Cuba." In *Global Sex Workers: Rights, Resistance, and Redefinition*, edited by Kamala Kempadoo and Jo Doezema. New York: Routledge, 1998.

* García, María Cristina. *Havana USA: Cuban Exiles and Cuban Americans in South Florida, 1959–1994*. Berkeley: University of California Press, 1996.

* García, María Cristina. "Exiles, Immigrants, and Transnationals: The Cuban Communities of the United States." In *The Columbia History of Latinos in the United States since 1960*, edited by David G. Gutiérrez. New York: Columbia University Press, 2006.

* Garfield, Richard, and S. Santana. "The Impact of the Economic Crisis and the U.S. Embargo on Health in Cuba." *American Journal of Public Health* 87(1997), 15–20.

* Garthoff, Raymond L. *Reflections on the Cuban Missile Crisis*. Washington, DC: The Brookings Institution, 1987.

* Garthoff, Raymond L. *Détente and Confrontation: American–Soviet Relations from Nixon to Reagan*. Rev. ed. Washington, DC: The Brookings Institution, 1994.

* Gerassi, John. *Fidel Castro: A Biography*. Garden City, NY: Doubleday, 1973.

* Geyer, Georgie Ann. *Guerrilla Prince: The Untold Story of Fidel Castro*. 3rd ed. Kansas City, MO: Andrews McMeel, 2001.

* Gleijeses, Piero. "Cuba's First Venture in Africa: Algeria, 1961–1964." *Journal of Latin American Studies* 28:1(1996), 159–195.

* Gleijeses, Piero. *Conflicting Missions: Havana, Washington, and Africa, 1959–1976*. Chapel Hill: University of North Carolina Press, 2002.

* Gleijeses, Piero. "Moscow's Proxy? Cuba and Africa, 1975–1988." *Journal of Cold War Studies* 8:4(2006), 98–146.

* Glionna, John M. "Bush's Cuban American Support May Be Slipping." *Los Angeles Times*, September 21, 2004.

* González, Michelle A. *Afro-Cuban Theology: Religion, Race, Culture and Identity.* Gainesville: University Press of Florida, 2006.

* González, Mónica. "A New 'Cold War'?" *Berkeley Review of Latin American Studies*(Spring 2008), 65–67.

* González Corzo, Mario A. "Cuba's De-Dollarization Program: Principal Characteristics and Possible Motivations." In Association for the Study of the Cuban Economy, *Cuba in Transition* 16. Proceedings of the Sixteenth Annual Meeting of the ASCE, August 2006.

* González Echevarría, Roberto. "Criticism and Literature in Revolutionary Cuba." In *Cuba: Twenty-Five Years of Revolution, 1959–1984*, edited by Sandor Halebsky and John M. Kirk. New York: Praeger, 1985.

* Gosse, Van. *Where the Boys Are: Cuba, Cold War America and the Making of a New Left.* London: Verso, 1993.

* Gosse, Van. "The African American Press Greets the Cuban Revolution." In *Between Race and Empire: African-Americans and Cubans before the Cuban Revolution*, edited by Lisa Brock and Digna Castañeda Fuertes. Philadelphia: Temple University Press, 1998.

* Hagedorn, Katherine J. *Divine Utterances: The Performance of Afro-Cuban Santería.* Washington, DC: Smithsonian Institution Press, 2001.

* Hamilton, Nora. "The Cuban Economy: Dilemmas of Socialist Construction." In *Cuba: A Different America*, edited by Wilber A. Chaffee, Jr. and Gary Prevost. Lanham, MD: Rowman and Littlefield, 1989.

* Healy, David. "One War from Two Sides: The Cuban Assessment of U.S.–Cuban Relations." *Cercles* 5(2002), 31–38.

* Helg, Aline. Our Rightful Share: *The Afro-Cuban Struggle for Equality, 1886–1912.* Chapel Hill: University of North Carolina Press, 1995.

* Hernández, Rafael, and Haroldo Dilla. "Political Culture and Popular Participation." In *The Cuban Revolution into the 1990s: Cuban Perspectives*, edited by Centro de Estudios Sobre América. Boulder: Westview Press, 1992.

* Hersh, Seymour M. *The Price of Power: Kissinger in the Nixon White House.* New York: Summit Books, 1984.

* Hinckle, Warren and William W. Turner. *Deadly Secrets: The CIA–Mafia War against Castro and the Assassination of J.F.K.* New York: Thunder's Mouth Press, 1993.

* Houck, Oliver A. "Thinking about Tomorrow: Cuba's 'Alternative Model' for Sustainable Development." *Tulane Environmental Law Journal* 16. Special Issue: *Environmental Law and Sustainable Development in 21st Century Cuba*(summer 2003), 521-532.

* Htun, Mala. "Gender Equality in Transition Policies: Comparative Perspectives on Cuba." In *Looking Forward: Comparative Perspectives on Cuba's Transition*, edited by Marifeli Pérez-Stable. Notre Dame: University of Notre Dame Press, 2007.

* Human Rights Watch. *Cuba: Repression, the Exodus of August 1994, and the U.S.* Response. New York: Human Rights Watch, 1994.

* Hunt, E. Howard. *Give Us This Day.* New York: Arlington House, 1973.

* James, C. L. R. *The Black Jacobins: Toussaint L'Ouverture and the San Domingo Revolution.* London: Secker and Warburg, 1938.

* Janos, Leo. "The Last Days of the President." *Atlantic*(July 1973).

* Jenks, Leland H. *Our Cuban Colony: A Study in Sugar.* New York: Vanguard Press, 1928.

* Kainz, K., and Vernon-Feagans, L. "The Ecology of Early Reading Development for Children in Poverty." *The Elementary School Journal*, 107:5(2007), 407-427.

* Kirk, John, and Peter McKenna. "Trying to Address the Cuban Paradox." *Latin America Research Review* 34:2(1999), 214-226.

* Kirkpatrick, A. F. "Role of the USA in Shortage of Food and Medicine in Cuba." *The Lancet* 348(1996), 1489-1491.

* Kohan, Nestor, and Nahuel Scherma. *Fidel: A Graphic Novel Life of Fidel Castro.* New York: Seven Stories Press, 2008.

* Kornbluh, Peter, ed. *Bay of Pigs Declassified: The Secret CIA Report on the Invasion of Cuba.* New York: The New Press, 1998.

* Kozol, Jonathan. *Children of the Revolution: A Yankee Teacher in the Cuban Schools.* New York: Dell, 1978.

* Kozol, Jonathan. *The Shame of the Nation: The Restoration of Apartheid Schooling in America*. New York: Random House, 2005.
* Kuntz, D. "The Politics of Suffering: The Impact of the U.S. Embargo on the Health of the Cuban People. Report of a Fact-Finding Trip to Cuba, June 6–11, 1993. *International Journal of Health Services* 24(1994), 161–179.
* Lacey, Marc. "In Cuba, Hopeful Tenor Toward Obama is Ebbing." *New York Times*, December 30, 2009.
* Lancaster, Roger N. *Life Is Hard: Machismo, Danger, and the Intimacy of Power in Nicaragua*. Berkeley: University of California Press, 1993.
* Leiner, Marvin. "The 1961 Cuban National Literacy Campaign." In *National Literacy Campaigns: Comparative and Historical Perspectives*, edited by Robert F. Arnove and Harvey J. Graff. New York: Plenum Press, 1987.
* Lekus, Ian. "Queer Harvests: Homosexuality, the U.S. New Left, and the Venceremos Brigades to Cuba." In *Imagining Our Americas: Toward a Transnational Frame*, edited by Sandhya Rajendra Shukla and Heidi Tinsman. Durham: Duke University Press, 2007.
* LeoGrande, Leo M., and Julie M. Thomas. "Cuba's Quest for Economic Independence." *Journal of Latin American Studies* 34:2(May 2002), 325–363.
* Leonard, Thomas M. *Fidel Castro: A Biography*. Westport, CT: Greenwood Press, 2004.
* Liss, Sheldon B. *Roots of Revolution: Radical Thought in Cuba*. Lincoln: University of Nebraska Press, 1987.
* Lockwood, Lee. *Castro's Cuba, Cuba's Fidel: An American Journalist's Inside Look at Today's Cuba in Text and Picture*. New York: Vintage Edition, 1967.
* López, Ana M., and Nicholas Peter Humy. "Sergio Giral on Filmmaking in Cuba." In *Cinemas of the Black Diaspora: Diversity, Dependence, and Oppositionality*, edited by Michael T. Martín. Detroit: Wayne State University Press, 1995, pp. 274–280. Originally published in *Black Film Review* 3:1(1986–1987), 4–6.
* Luis, William. "Lunes de Revolución y la Revolución de Lunes." *Otro Lunes: Revista Hispanoamericana de Cultura* 1, May 2007, www.otrolunes.com/hemeroteca-ol/numero-01/html/sumario/este-lunes/este-lunes-n01-a07-p01-200705.html.
* Lumsden, Ian. *Machos, Maricones, and Gays: Cuba and Homosexuality*.

Philadelphia: Temple University Press, 1996.

* Lutjens, Sheryl L. "Restructuring Childhood in Cuba: The State as Family." In *Children in the Streets of the Americas*, edited by Roslyn Arlin Mickelson. New York: Routledge, 2000.

* Marable, Manning. "Race and Revolution in Cuba: African American Perspectives." In *Dispatches from the Ebony Tower: Intellectuals Confront the African American Experience*, edited by Manning Marable. New York: Columbia University Press, 2000.

* Marchetti, Victor, and John D. Marks. *The CIA and the Cult of Intelligence*. New York: Dell, 1974.

* Marks, John. *The Search for the "Manchurian Candidate": The CIA and Mind Control, the Story of the Agency's Secret Efforts to Control Human Behavior*. New York: Times Books, 1979.

* Martí, José. "Nuestra América." *El Partido Liberal*(Mexico City), March 5, 1892.

* Martínez Furé, Rogelio. "Modas y modos: pseudofolklorismo y folklor." Interview by Evangelina Chio, *Revolución y Cultura* 33:5(September–October 1994), 32–35.

* Masud-Piloto, Felix Roberto. *From Welcomed Exiles to Illegal Immigrants: Cuban Migration to the U.S., 1959–1995*. Lanham, MD: Rowman and Littlefield, 1996.

* McClintock, Michael. *Instruments of Statecraft*. New York: Pantheon, 1992.

* McGarrity, Gayle, and Osvaldo Cárdenas. "Cuba." In *No Longer Invisible: Afro-Latin Americans Today, edited by Minority Rights Group*. London: Minority Rights Publications, 1995, pp. 77–107.

* McNamara, Robert S. "A Conversation in Havana." *Arms Control Today*, November 2002, www.armscontrol.org/act/2002_11/cubanmissile.

* McNamara, Robert S. "Forty Years after Thirteen Days." *Arms Control Today*, November 2002, www.armscontrol.org/act/2002_11/cubanmissile.

* Mesa-Lago, Carmelo. *Growing Economic and Social Disparities in Cuba: Impact and Recommendations for Change*. Miami: University of Miami Institute for Cuban and Cuban-American Studies/Cuba Transition Project, 2002.

* Mesa-Lago, Carmelo. *The Cuban Economy Today: Salvation or Damnation?* Miami: University of Miami Institute for Cuban and Cuban-American Studies/ Cuba Transition Project, 2005.

* Monreal, Pedro. "Development as an Unfinished Affair: Cuba after the 'Great

Adjustment' of the 1990s." *Latin American Perspectives* 29:3(May 2002), 75-90.

* Monreal, Pedro, ed. *Development Prospects in Cuba: An Agenda in the Making.* London: Institute of Latin American Studies, University of London, 2002.

* Moore, Carlos. *Castro, the Blacks, and Africa.* Los Angeles: Center for Afro-American Studies, UCLA, 1988.

* Moore, Robin. *Nationalizing Blackness: Afrocubanismo and Artistic Revolution in Havana, 1920–1940.* Pittsburgh: University of Pittsburgh Press, 1997.

* Moore, Robin. "Black Music in a Raceless Society: Afro-Cuban Folklore and Socialism." *Cuban Studies* 37(2006), 1-32.

* Morley, Morris H. *Imperial State and Revolution: The United States and Cuba 1952–1986.* Cambridge: Cambridge University Press, 1987.

* Nearing, Scott, and Joseph Freeman. *Dollar Diplomacy: A Study in American Imperialism.* New York: B. W. Heubsch and the Viking Press, 1925.

* Opatrný, Josef. *U.S. Expansionism and Cuban Annexationism in the 1850s.* Lewiston, NY: E. Mellen Press, 1993.

* Orfield, G., and C. Lee. *Why Segregation Matters: Poverty and Educational Inequality.* Cambridge, MA: The Civil Rights Project at Harvard University, 2005.

* Orfield, G., and J. T. Yun. *Resegregation in American Schools.* Cambridge, MA: The Civil Rights Project at Harvard University, 1999.

* Ortiz, Fernando. *Cuban Counterpoint: Tobacco and Sugar.* Translated by Harriet de Onis. New York: Alfred Knopf, 1947 Reprint ed. Durham, NC: Duke University Press, 1995.

* Ospina, Hernando Calvo. "Cuba Exports Health." *Le Monde Diplomatique* International Edition, August 2006, http://mondediplo.com/2006/08/11cuba.

* Padilla, Heberto. "Fuera del juego." Translated by Jorge Guitart. *Dissent Magazine*(spring 1973).

* Padura, Leonardo. *Havana Black: A Lieutenant Mario Conde Mystery.* London: Bitter Lemon Press, 2006.

* Parascandola, Louis J. *Look for Me All Around You: Anglophone Caribbean Immigrants in the Harlem Renaissance.* Detroit: Wayne State University Press, 2005.

* Paterson, Thomas G. "Fixation with Cuba: The Bay of Pigs, Missile Crisis, and

Covert War against Castro." In *Kennedy's Quest for Victory: American Foreign Policy, 1961–1963*, edited by Thomas G. Paterson. New York: Oxford University Press, 1989.

* Paterson, Thomas G. *Contesting Castro: The United States and the Triumph of the Cuban Revolution.* New York: Oxford University Press, 1994.

* Perez, Christina. *Caring for Them from Birth to Death: The Practice of Community-Based Cuban Medicine.* Plymouth, UK: Lexington Books, 2008.

* Pérez, Louis A., Jr. *Lords of the Mountain: Social Banditry and Peasant Protest in Cuba, 1878–1918.* Pittsburgh: University of Pittsburgh Press, 1989.

* Pérez, Louis A., Jr. "History, Historiography, and Cuban Studies: Thirty Years Later." In *Cuban Studies since the Revolution*, edited by Damián Fernández. Gainesville: University Press of Florida, 1992.

* Pérez, Louis A., Jr. *Cuba: Between Reform and Revolution.* 2nd ed. New York: Oxford University Press, 1995.

* Pérez, Louis A., Jr. *On Becoming Cuban: Identity, Nationality and Culture.* Chapel Hill: University of North Carolina Press, 1999.

* Pérez, Louis A., Jr. *Cuba and the United States: Ties of Singular Intimacy.* 3rd ed. Athens: University of Georgia Press, 2003.

* Pérez de la Riva, Juan. *La república neocolonial*(Anuario de Estudios Cubanos vols. 1 and 2). Havana: Instituto Cubano del Libro/Editorial de Ciencias Sociales, 1973, 1979.

* Pérez Sarduy, Pedro. "¿Qué tienen los negros en Cuba?" *América Negra* 15(1998), 217-228.

* Pérez-López, Jorge F. "Rectification Redux? Cuban Economic Policy at the End of 2005." *Cuban Affairs* 1:1(January 2006).

* Pérez-López, Jorge F. "The Cuban Economy in 2005–2006: The End of the Special Period?" Association for the Study of the Cuban Economy. *Cuba in Transition* 16. Proceedings of the Sixteenth Annual Meeting of the ASCE, August 2006, 1-13.

* Pérez-Stable, Marifeli. "Review: The Field of Cuban Studies." *Latin American Research Review* 26:1(1991), 239-250.

* Pettavino Paula, and Geralyn Pye. *Sport in Cuba: The Diamond in the Rough.* Pittsburgh: University of Pittsburgh Press, 1994.

* Pixley, Jorge. "Baptists and Liberation Theology: Mexico, Central America, and the Caribbean." *Baptist History and Heritage*(Winter 2000).

* Portes, Alejandro, and Alex Stepick. *City on the Edge: The Transformation of Miami.* Berkeley: University of California Press, 1993.

* Powers, Thomas. "Inside the Department of Dirty Tricks." *Atlantic Monthly* CCXLIV(August 1979).

* Powers, Thomas. *The Man who Kept the Secrets: Richard Helms and the CIA.* New York: Pocket Books, 1979.

* Poyo, Gerald E. "Evolution of Cuban Separatist Thought in the Emigré Communities of the United States, 1848–1895." *Hispanic American Historical Review* 66:3(August 1986), 485-507.

* Poyo, Gerald E. *"With All, and for the Good of All": The Emergence of Popular Nationalism in the Cuban Communities of the United States.* Durham: Duke University Press, 1989.

* Prados, John. *Presidents' Secret Wars: CIA and Pentagon Secret Operations since World War II.* New York: William Morrow, 1986.

* Prebisch, Raúl. *The Economic Development of Latin America and its Principal Problems.* New York: United Nations, 1950.

* Prieto, Alfredo. "Made in América: la imagen de Cuba en el exterior." In *Cuba en las Américas: una perspectiva sobre Cuba y los problemas hemisféricos*, edited by Centro de Estudios sobre América. Havana: Centro de Estudios sobre América, 1995.

* Quinn, Kate. "Cuban Historiography in the 1960s: Revisionists, Revolutionaries, and the Nationalist Past." *Bulletin of Latin American Research* 26:3(2007), 378-398.

* Quirk, Robert E. Fidel Castro. New York: W. W. Norton, 1995.

* Quiroz, Alfonso W. ""Martí in Cuban Schools." In *The Cuban Republic and José Martí: Reception and Use of a National Symbol*, edited by Mauricio Augusto Font and Alfonso W. Quiroz. Lanham, MD: Lexington Books, 2006.

* Ramonet, Ignacio. *Fidel Castro: My Life: A Spoken Autobiography.* New York: Scribner, 2008.

* Randall, Margaret. *To Change the World: My Years in Cuba.* New Brunswick, NJ: Rutgers University Press, 2009.

* Ripoll, Carlos. "Writers and Artists in Today's Cuba." In *Cuban Communism*, edited by Irving Louis Horowitz. 7th ed. New Brunswick, NJ: Transaction Publishers, 1989.

* Risquet, Jorge. "La epopeya de Cuba en África negra." In *Cuba y África: historia común de lucha y sangre*, edited by Piero Gleijeses, Jorge Risquet, and Fernando Remírez. Havana: Editorial de Ciencias Sociales, 2007.

* Ritter, Archibald R. M. "Cuba's Strategic Economic Re-orientation." Association for the Study of the Cuban Economy, *Cuba in Transition* 16. Proceedings of the Sixteenth Annual Meeting of the ASCE, August 2006, 140-154.

* Ritter, Archibald R. M., and Nicholas Rowe. "Cuba: From 'Dollarization' to 'Euroization' or 'Peso Reconsolidation?'" *Latin American Politics and Society* (summer 2002), 99-123.

* Roca, Sergio G. "The Comandante in His Economic Labyrinth." In *Conflict and Change in Cuba*, edited by Enrique A. Baloyra and James A. Morris. Albuquerque: University of New Mexico Press, 1993.

* Rodney, Walter. *How Europe Underdeveloped Africa*. London: Bogle-L'Ouverture Publications, 1972.

* Rodriguez, Felix I., and John Weisman. *Shadow Warrior: The CIA Hero of a Hundred Unknown Battles*. New York: Simon and Schuster, 1989.

* Rodríguez Exposito, Cesar. *Hatuey, El primer libertador de Cuba*. Havana: Cubanacán, 1944.

* Roig de Leuchsenring, Emilio. *La Enmienda Platt: su interpretación primitiva y sus aplicaciones posteriores hasta 1921*. Havana: Siglo XX, 1922.

* Roig de Leuchsenring, Emilio. *Análisis y consecuencias de la intervención norteamericana en los asuntos interiores de Cuba*. Havana: Siglo XX, 1923.

* Rossett, Peter, and Medea Benjamin. *The Greening of the Revolution: Cuba's Experiment with Organic Agriculture*. Melbourne: Ocean Press, 1995.

* Rostow, Walt W. *The Stages of Economic Growth: A Non-Communist Manifesto*. Cambridge: Cambridge University Press, 1960.

* Safa, Helen. *The Myth of the Male Breadwinner: Women and Industrialization in the Caribbean*. Boulder: Westview Press, 1995.

* Sawyer, Mark Q. *Racial Politics in Post-Revolutionary Cuba*. New York: Cambridge University Press, 2006.

* Schlesinger, Arthur M., Jr. *Robert Kennedy and His Times*. Boston: Houghton Mifflin, 1978.

* Schoultz, Lars. *That Infernal Little Cuban Republic: The United States and the Cuban Revolution*. Chapel Hill: University of North Carolina Press, 2009.

* Serviat, Pedro. "Solutions to the Black Problem." In *AfroCuba: An Anthology of Cuban Writing on Race, Politics and Culture*, edited by Pedro Pérez Sarduy and Jean Stubbs. Melbourne: Ocean Press, 1993.

* Shayne, Julie D. *The Revolution Question: Feminisms in El Salvador, Chile, and Cuba*. New Brunswick, NJ: Rutgers University Press, 2004.

* Shnookal, Deboarah, and Mirta Muñiz, eds. *José Martí Reader: Writings on the Americas*. Melbourne: Ocean Press, 1999.

* Silverman, B., ed. *Man and Socialism in Cuba: The Great Debate*. New York: Atheneum, 1971.

* Skierka, Volker. *Fidel Castro: A Biography*. Cambridge: Polity, 2004.

* Smith, Lois M., and Alfred Padula. *Sex and Revolution: Women in Socialist Cuba*. New York: Oxford University Press, 1996.

* Smith, Peter H. "Memoirs from LASA's 14th President." *LASA Forum* XXXVII(spring 2006), 20.

* Smith, Wayne S., and Esteban Morales Domínguez, eds. *Subject to Solution: Problems in Cuban-U.S. Relations*. Boulder: Lynne Rienner, 1988.

* Smorkaloff, Pamela Maria. *Readers and Writers in Cuba: A Social History of Print Culture, 1830s–1990s*. New York: Garland Reference Library of the Humanities, 1997.

* Stein, Jeff. "Inside Omega 7." *Village Voice*, March 10, 1980.

* Stephenson, Skye. "International Educational Flows between the United States and Cuba(1959–2005): Policy Winds and Exchange Flows." *Cuban Studies* 37(2006), 122–155.

* Stock, Ann Marie. *On Location in Cuba: Street Filmmaking during Times of Transition*. Chapel Hill: University of North Carolina Press, 2009.

* Suárez Salazar, Luis. "El sistema electoral cubano: apuntes para una crítica." In *La democracia en Cuba y el diferendo con los Estados Unidos*, edited by Haroldo Dilla Alfonso and William I. Robinson. Havana: Centro de Estudios sobre América, 1995.

* Sweig, Julia E. *Inside the Cuban Revolution: Fidel Castro and the Urban Underground*. Cambridge, MA: Harvard University Press, 2002.

* Szulc, Tad. *The Illusion of Peace: Foreign Policy in the Nixon Years*. New York: Viking Press, 1978.

* Szluc, Tad. *Fidel: A Critical Portrait*. New York: Morrow, 1986.

* Torres, María de los Ángeles. *The Lost Apple: Operation Pedro Pan, Cuban Children in the US and the Promise of a Better Future*. Boston, MA: Beacon Press, 2003.

* Tulchin, Joseph S., Lilian Bobea, Mayra P. Espina Prieto, and Rafael Hernández, eds. *Changes in Cuban Society since the 1990s*. Woodrow Wilson International Center for Scholars, 2005.

* Uriarte, Miren. "Social Policy Responses to Cuba's Economic Crisis of the 1990s." *Cuban Studies* 35(2004), 105-136.

* Uriarte, Miren. "Social Impact of the Economic Measures." In *A Contemporary Cuba Reader: Reinventing the Revolution*, edited by Philip Brenner, Marguerite Rose Jiménez, John M. Kirk, and William LeoGrande. Lanham, MD: Rowman and Littlefield, 2007, pp. 285-291.

* Valdés, Juan. "Democracia y sistema político." In *Cuba en las Américas: una perspectiva sobre Cuba y los problemas hemisféricos*, edited by Centro de Estudios sobre América. Havana: Centro de Estudios sobre América, 1995.

* Valdés, Zoé. *Dear First Love: A Novel*. Translated by Andrew Hurley. New York: Harper Collins, 2002.

* Vilas, Carlos M. "Is Socialism Still an Alternative for the Third World?" *Monthly Review*(July–August 1990).

* Whittle, Daniel, and Orlando Rey Santos. "Protecting Cuba's Environment: Efforts to Design and Implement Effective Environmental Laws and Policies in Cuba." *Cuban Studies* 37(2006), 73-103.

* Williams, Eric. *Capitalism and Slavery*. Chapel Hill: University of North Carolina Press, 1944.

* Winn, Peter, ed. *Victims of the Chilean Miracle: Workers and Neoliberalism in the Pinochet Era, 1973–2002*. Durham: Duke University Press, 2004.

* Wintz, Jack. "The Church in Cuba: Is a New Day Dawning?" *St. Anthony's Messenger Magazine*, May 1996(online edition), www.americancatholic.org/Messenger/May1996/feature1.asp.

* Wunderlich, Annelise. "Hip Hop Pushes the Limits." In *Capitalism, God, and a Good Cigar: Cuba Enters the Twenty-First Century*, edited by Lydia Chávez. Durham: Duke University Press, 2005.
* Yaremko, Jason M. *U.S. Protestant Missions in Cuba: From Independence to Castro*. Gainesville: University Press of Florida, 2000.
* Zimmermann, Matilde. *Sandinista: Carlos Fonseca and the Nicaraguan Revolution*. Durham: Duke University Press, 2001.

* 그 밖에 다음 온라인 자료가 유용하다. JFK 도서관(www.jfklibrary.org/Historical+Resources/JFK+in+History/Cuban+Missile+Crisis.htm), 국립 국가안보기록보관소의 비밀 해제된 쿠바, 소련 및 동유럽 문서(www.gwu.edu/~nsarchiv/nsa/cuba_mis_cri/index.htm), 의회도서관(www.loc.gov/exhibits/archives/colc.html).